일본 경제 대전환

일러두기

- 외국 인명, 지명, 독음 등은 외래어표기법을 따랐으나 널리 쓰는 관용적 표현이 있는 경우 관용적 표현을 따랐다.
- 엔원 환율은 2024년 12월 31일, 100엔당 936원 기준이다.

인구소멸의
위기를 기회로

대전환 일본경제

우리금융경영연구소 지음

위즈덤하우스

日本經濟大轉換

서문

일본은행日本銀行(일본의 중앙은행) 총재를 지낸 시라카와 마사아키白川方明는 "인구통계 효과는 슬로모션 영화를 보는 것과 같다"라고 이야기한 바 있습니다. 매우 느리게 변화하지만 계속 움직이고 있다는 사실을 잊지 말아야 한다고 강조한 것이죠.

2025년 대한민국은 어느덧 다섯 명 중 한 명이 65세를 넘어서는 초고령사회에 들어섰으며, 합계출산율은 여전히 1.0명에도 미치지 못하고 있습니다. 어르신들은 점점 많아지고 아기 울음소리는 듣기 힘들어지는 활력 떨어진 세상, 이것이 이제 우리가 살아갈 현실이 되는 건 아닌지 우려스럽습니다. 우리는 이런 변화된 세상에 얼마나 준비되어 있을까요?

인생 100세 시대가 도래했지만 정작 개인들은 노후준비에 대한 걱정과 불안이 커지고 있습니다. 인지 저하로 고생하시는 부모님은 어떻게 모셔야 할지와 관련된 현실적 고민 또한 깊어집니다. 기업 입장에서는 인구감소에 따른 국내 수요 축소라는 상황에 대응해야 하고, 생산을 위한 우수인력 확보도 어려워지기 때문에 이에 맞는 성과와 보상체계, 기업문화 개선 등 대안 마련이 필요한 시점입니다.

  이에 대응해 금융기관은 개인이 전 생애에 걸쳐 안정적인 생활을 할 수 있도록 지원하고, 기업이 새로운 성장산업에 투자할 수 있도록 돕는 역할을 해야 합니다. 금융기관 자체의 생존을 위해 해외시장을 적극 개척하는 일도 빼놓을 수 없습니다.

  정부 역시 사회 안전망을 더욱 튼튼히 하고, 저성장과 경기 침체의 악순환에 빠지지 않도록 선제적인 정책 대응에 힘써야 할 것입니다.

  그렇다면 이러한 과제를 구체적으로는 어떻게 해결해나갈 수 있을까요?

  2024년 우리금융경영연구소는 한국보다 먼저 저출산·고령화·저성장을 경험한 일본을 심층적으로 연구했습니다. 일본 경제의 회복 여부를 판단하기에는 아직 유보적인 측면이 있는 게 사실입니다. 하지만 한국이 변화된 환경에 적응하고 새롭게 도약할 수 있는 실마리는 과거 일본이 거쳐온 과정에 대한 사례연구를 통해 찾을 수 있다고 생각했습니다.

우리금융경영연구소는 단순한 문헌연구에 그치지 않고 일본을 수차례 방문해 관련자들과 면담을 진행하는 등 현장 중심의 조사로 얻은 생생한 인사이트를 《일본 경제 대전환》에 담고자 노력했습니다. 자국 경제의 부활을 위한 일본 정부의 정책을 비롯해 개인고객들에게 일본 금융기업들이 제공하는 전全 생애 자산관리 서비스, 글로벌 수준으로 도약한 그들의 기업문화, 그들의 적극적인 해외진출 사례와 새로운 기업금융 분야 발굴 및 디지털 전환 등 이 책에서 다루는 주제들은 한국 기업들에게 많은 시사점을 제공할 것입니다.

우리금융경영연구소는 우리금융그룹의 싱크탱크Think Tank로서 금융산업의 발전과 미래전략의 수립을 위한 연구를 지속적으로 수행해오고 있습니다. 그 결과가 이 책에 담겨 있습니다.

이 책이 우리금융그룹 내부에 국한되지 않고 대한민국 금융업 전반의 발전, 더 나아가 국가 경제성장에 조금이나마 보탬이 되는 통찰을 제공할 수 있기를 바랍니다. 아울러 이 연구를 주관한 우리금융경영연구소의 박정훈 소장, 자료수집과 분석 및 집필 등 연구 전 과정에 헌신적으로 임해주신 참여 연구원들에게 감사드립니다.

- 임종룡(우리금융그룹 회장)

추천의 글

과거에 알던 일본이 아니다! 이 책은 지난 30년간 저출산·고령화·저성장이라는 구조적 문제에 당면했던 일본이 경제와 금융 시스템을 근본적으로 재편해가면서 새로운 변화를 모색하는 생생한 사례들을 보여줍니다. 시급한 변화와 혁신을 고민하는 한국 금융 산업과 기업 그리고 정부에게 실질적 통찰을 제공해주는 필독서입니다.

- 김주현(전 금융위원회 위원장)

'예정된 미래'인 저출산·고령화에 한국보다 앞서 대응을 준비해온 일본의 여러 사례를 심층적으로 연구분석한 이 책은 장수가 두려움이 아닌 축복이 되는 사회로 가는 길을 찾고자 하는 독자들에게 많은 시사점을 줄 것으로 기대됩니다. 《일본 경제 대전환》은 고령사회 도래에 따른 일본의 경제·사회의 변화 과정과 일본 정부의 다양한 대응 정책, 현재 한국 사회에서도 논란이 되고 있는 정년연장 등에 대한 일본 기업의 조직문화 혁신 사례, 부동산 및 금융 서비스 분야에서 일본 자산 시장이 발전해온 과정 등을 심도 있게 다룹니다. 현장감과 전문성 모두를 갖춘 이 책에서의 분석들은 미래를 준비하는 분들께 좋은 정보를 제공할 것입니다.

- 이용재(국제금융센터 원장)

《일본 경제 대전환》은 일본 금융이 어떻게 고령화와 저성장의 위기를 기회로 만들어왔는지를 생생한 현장의 목소리와 함께 담아내고 있습니다. 심각한 인구구조 변화의 어두운 그림자 속에서 우리금융경영연구소가 들려주는 일본의 경험은 한국의 금융회사와 정책당국에게 소중한 길잡이가 될 것입니다.

- 이항용(금융연구원 원장)

《일본 경제 대전환》은 매우 유효한 벤치마킹 자료를 담고 있습니다. 우리가 무엇을(What) 해야 하는지, 그 과제에 대한 정의를 명확히 내려줍니다. 하지만 그 과제를 어떻게(How) 우리가 풀어나갈지는 더욱 어려운 몫입니다. 이 소중한 자료가 앞으로의 How를 고민하는 중요한 단초가 되었으면 합니다.

- 황형준(BCG코리아 대표)

우리금융경영연구소는 공식자료 조사, 데이터 분석, 일본 현지에서 진행한 심층 인터뷰 등에서 확보한 생생한 정보를 《일본 경제 대전환》에 담아냈습니다. 이 책은 일본의 금융업계와 정책 당국이 저출산과 고령화라는 사회 문제에 대응하는 노력을 최신 사례를 중심으로 조명하며 깊이 있는 통찰력을 제공합니다. 아울러 같은 문제를 겪고 있는 한국과 일본의 대응 방식은 어떠한 공통점과 차이점을 갖는지 체계적으로 비교·분석함으로써 한국의 정책 및 금융 분야 종사자들에게 유익한 시사점을 제시합니다.

- 아마야 토모코天谷知子(전 일본 금융청 차관)

차례

서문 ... 5
추천의 글 ... 9
들어가며 일본에서 한국의 미래를 읽다 ... 17

1부 노인의 나라, 그들이 사는 법

① 고령화가 바꾼 자산관리 패러다임

빨리 죽기를 희망하는 사회, 노후파산 공포 ... 27
국민 노후 챙기는 정부 ... 33
장수가 축복이 되는 전제조건, 자산관리 ... 36
국민이 사랑하는 투자계좌, NISA ... 38
인터넷 증권사의 승부수, '매매수수료 제로' ... 46
전 국민을 위한 노후대비책, iDeCo ... 49
거주와 노후, 동시에 해결하는 방법 ... 56
새로운 먹거리, 요양산업 ... 60
노노부양 비극, 멈출 수 있을까 ... 66
요양 금융의 탄생: 간병보험의 진화 ... 68
대상속 시대의 도래 ... 74

| 초고령화 시대의 만능 상품, 신탁 | 76 |
| 걸음마 뗀 한국의 노후금융서비스 | 83 |

2 꿈틀대는 일본 경제

부활의 신호 vs. 추락의 징조	86
디플레이션 터널에서 탈출하는 일본	88
일본 경제 부활의 동인 1: 아베노믹스 세 개의 화살	94
일본 경제 부활의 동인 2: 수출경쟁력 높인 '슈퍼엔저'	97
일본 경제 부활의 동인 3: 활기를 되찾은 자본시장	98
일본 경제 부활의 동인 4: '성장 핵심엔진', 기업이 살아났다	100
일본 경제 부활의 동인 5: 증시의 활황과 가계소득 증가	103
한국 경제가 마주한 갈림길 : 고령화·민간부채·기업경쟁력의 '3대 경고등'	105
한국이 과거 일본과는 다른 다섯 가지 이유	114
꽉 막힌 한국 경제, 돌파구가 필요하다	126

3 인구변화가 부른 기업문화 혁신

일본 기업문화에 대한 선입견	129
인구구조의 변화가 가져온 파장	131
일본 금융사 기업문화의 세 가지 특징	134
정년파괴, 70세에도 일한다	137
전문성을 존중하는 고령자 고용제	140
'워라밸 보장' 선언식을 하는 상사들	144
동료가 육아휴직하면 응원수당 10만 엔	148
연차보다는 능력	150
변화관리에 왕도는 없다	154
근무시간 줄이라는 정부	156

주3일만 출근하는 금융인들	159
기업문화와 신뢰의 상관관계	162
신뢰받는 기업이 되는 방법	164
일본을 따라가는 한국 노동시장	165
'무엇을'보다 '어떻게'를 배워야	170

2부 달라진 일본, 멈춰 선 한국

④ 일본 경제의 핏줄, 금융회사의 화려한 부활

'만년 저평가주' 탈피한 일본 3대 금융그룹	177
제로금리의 역설: 국경 넘어 수익을 찾다	181
'선진국-신흥국' 이원화 접근법	187
지분투자로 개척하는 금융영토	191
CVC, 디지털혁신의 엔진이 되다	197
지역본부 기반의 효율적 관리	200
글로벌은 선택 아닌 생존의 문제	202

⑤ 장기불황을 넘는 기업금융의 힘

장기불황 속 몸부림, '다운사이징'	207
끈질긴 부양책과 구조개혁, 기업에 돈이 돈다	210
일본 부동산시장, 무엇이 다른가	213
투자 중심의 생태계가 정착된 일본 부동산시장	215
도시의 변화를 주도하는 디벨로퍼	218
일본 부동산시장의 큰손, J-리츠	223
J-리츠의 성공비결 1: 탄탄한 건전성	227

J-리츠의 성공비결 2: 주주가치 최우선 정책	231
J-리츠의 성공비결 3: 지배구조의 신뢰성	233
J-리츠의 성공비결 4: 정보의 투명성	236
변화를 모색하는 한국 리츠시장	238
신뢰, 도약의 필수조건	240
도시경쟁력이 곧 국가경쟁력인 시대	242

6 일본이 던진 새 어젠다, 전환금융

기후변화, 당장 대응해야 할 현안	244
아시아 기후대응 리더로 부상한 일본	246
녹색과 전환, 기후대응의 두 축	249
전환금융 시대의 개막	253
메가뱅크, 전환의 마중물	258
수조 원의 블루오션이 열린다	262

7 메가뱅크의 디지털 반격

'디지털 후진국' 오명 벗는 일본	265
핀테크 포식자, MUFG	267
미국에 인터넷전문은행을 세운 SMFG	274
미즈호의 변신을 이끄는 합작의 기술	278
아시아 유망 핀테크업체들을 싹쓸이한 일본	283

부록 지난 30년간의 일본 경제와 은행	285
주	292
참고문헌	298

들어가며

일본에서 한국의 미래를 읽다

2025년 1월, 분당신도시 한복판에 위치한 청솔중학교에서는 마지막 졸업식이 열렸다. 졸업생 열한 명을 포함해 전교생 스물여덟 명, 교직원 스물여섯 명이 한자리에 모여 눈물을 훔쳤다. 30년의 역사를 가진 청솔중학교는 2021년까지만 해도 학생 수가 102명에 달했지만 결국 폐교되고 말았다. 학교 인근에 6500가구 규모의 청솔마을 단지가 있었음에도 6~17세 학령인구의 감소를 막을 수는 없었다.

강원도 삼척의 한 마을은 폐가가 늘어 공동화空洞化 현상이 가속화되고 있다. 마을 어귀에 자리 잡았던 슈퍼마켓과 국밥집은 이미 문을 닫은 지 오래다. 남은 주민들은 대부분 70대 이상으로, 감기에 걸려 병원에 가려면 읍내까지 한 시간 넘게 이동해야 하는 실정이다. 서울의 대형 병원에서도 고령 환자는 꾸준히 증가하는 반면, 간호와 돌봄 인력은 턱없이 부족해 초고령사회로 진입한 한국의 사회·경제 전반에 걸친 거대한 변화를 여실히 드러내고 있다.

이 모든 것은 한국이 맞이한 저출산·고령화의 현실로 인구소멸의 위기마저 느끼게 한다. 2024년 한국의 합계출산율은 0.75명으로 2023년의 0.72명에서 증가해 9년 만에 반등을 기록했으나 여전히 세계 최저 수준이다. 2025년에는 공식적으로 65세 이상 인구가 전체 인구의 20%를 넘어서는 초고령사회에 진입했다.

이러한 변화 속에서도 우리가 무엇을 어떻게 할지 참고할 만한 사례가 존재한다는 점은 그나마 위안이 된다. 일본은 이미 2007년에 초고령사회에 진입했고, 지금은 65세 이상 인구 비율이 30%에 육박하며 사회적·경제적 변화를 지속적으로 겪고 있다. 일본이 지나온 저출산·고령화의 길을 따라가고 있는 한국 입장에서는 일본의 대응 방식이 곧 미래 준비의 나침반이 될 수 있다. 일본은 버블경제(1984~1990년)가 붕괴된 1991년부터 코로나 위기(2020~2021년)까지 약 30년간 저출산·고령화의 큰 흐름 속에서 저성장, 저물가, 저금리의 삼중고를 경험했기 때문이다.

최근 일본 경제는 점차 침체에서 벗어나 새로운 변화를 모색하며 긍정적인 모습을 보여주고 있다. 우리 연구소는 금융그룹의 씽크탱크로서 이러한 변화뿐만 아니라 금융 분야에서 나타난 놀랍고 신선하고 독창적인 몇몇 사례들을 접하면서 일본의 경제와 금융에 더 깊은 관심을 가지게 됐다.

그 첫 번째는 일본 금융그룹들의 글로벌화 사례다. 10년 전만 해도 그들의 글로벌 수익이나 활동은 우리의 관심을 끌 만한 수준이 아니었다. 그런데 우리금융의 글로벌 벤치마크 사례를 찾는 과정에서 일본 3대 메가뱅크의 글로벌 수익 비중이 전체 수익의 50%에 이른다는 놀라운 사실을 알게 되었다. 심지어 이는 미국, 영국, 홍콩, 싱가포르 등의 금융 선진국들에서 존재감을 보이며 거둔 실적이었다. 과연 10년 동안 일본에는 어떤 변화가 있었던 것일까?

두 번째는 자산관리 사례다. 2024년부터 한국의 주식시장을 풍미하고 있는 '밸류업'의 벤치마크가 바로 일본 기시다 후미오岸田文雄 내각의 '새로운 자본주의 정책'에 담긴 기업가치 제고 프로그램이다.

일본은 정부 주도로 기업가치 제고뿐 아니라 소액투자 비과세계좌Nippon Individual Savings Account, NISA, 개인형 확정기여연금 Individual-type Defined Contribution Pension, iDeCo 등 저출산·고령화에 대비하는 체계적 자산관리 정책을 마련했고, 금융회사들은 이를 구체화해나가고 있었다.

특히 일본에서 만난 전 일본은행 출신이자 현재 외국계 투자은행Investment Bank, IB에서 리서치를 담당하는 시니어 이코노미스트의 이야기는 상당히 놀랍고 신선했다. 그의 전언에 따르면 일본 기업의 가치를 높이기 위한 인수합병M&A 제도개편은 경제산업성이 주도한 결과였다. 이는 상당히 획기적이라 평가받는 행보다. 그간 일본 경제산업성은 자국 기업들의 입장을 대변하며 M&A 활성화에 소극적 태도를 보여왔기 때문이다. 이런 정책 변화를 이끌어낸 것은 'M&A의 활성화 없이는 외국인 투자를 유치하고 일본 경제의 활력을 키우기가 어렵다'는 절박한 현실 인식이었다.

세 번째는 혁신하고 있는 일본 기업문화다. 우리는 일본 금융회사들이 자사 직원들의 육아휴직을 권장하기 위해 육아휴직 신청자가 속한 부서의 직원들에게 10만 엔(약 93만 6000원)의 특별 성과급을 지급한다는 것을 알게 되었다. 성과급의 규모를 떠나 이는 매우 창의적인 접근법이다.

이와 더불어, 투자 중심의 생태계가 정착된 일본 부동산시장도 우리는 주목하게 됐다. 일본에선 신뢰도 높은 대형 디벨로퍼가 도시를 개발하며 변화를 주도하고, J-리츠J-REITs(일본에 상장된 부동산 투자신탁회사를 지칭)들은 탄탄한 건전성을 갖춘 덕에 안정적인 자금유입이 지속되며 성장하고 있다. 이 같은 일본의 선순환 사례는 부동산 프로젝트파이낸싱Project Financing, PF 위기가 반복되는 한국시장이 어떻게 변화를 모색해야 할지에 대한 시사점을 준다.

또한 국내에선 다소 생소한 개념이지만, 우리는 일본의 '전환금융'을 우리가 벤치마크할 분야로 살펴보게 됐다. 일본은 기후변화 대응과 관련해 '녹색'과 '전환'의 단계를 구분하고, '탄소제로'로 가기 전의 탄소배출을 감축하는 단계의 움직임을 '전환'이라는 새로운 시장으로 창출해냈다.

그 외 많은 일본 사례들을 접하면서 우리는 단순하고 단편적인 사례 분석을 넘어, 일본의 경제·사회 전반을 관통하는 특징들을 보다 깊이 살펴볼 필요성을 더욱 크게 느꼈다. 일본 연구는 그렇게 자연스럽게 시작되어 지난 1년여 간 진행되었다. 그 과정에서 집필자들은 거시경제는 물론 자산관리, 기업문화, 글로벌, 기업금융, 디지털 등 개별 주제에 대한 이해도를 높여왔다. 보다 깊은 이해를 위해 10여 명의 연구원은 일본을 방문해 일본 3대 금융그룹 등과의 면담을 진행했고, 그 결과 한국 금융그룹들에 도움이 될 만한 시사점을 많이 찾을 수 있었다.

그리고 우리는 그 연구결과를 이렇게 단행본으로 별도 출간하고자 결정했다. 저출산·고령화, 생산성 둔화 등의 사회구조적 문제를 해결하려면 정부, 기업, 가계 등 모든 경제 주체가 관심을 갖고 함께 준비해야 할 과제가 많다는 점을 일본 사례들을 연구하며 깨달았기 때문이다. 일본에서는 이런 문제에 대응하기 위해 국가와 일반 기업, 금융사, 가계 차원의 변화와 혁신이 꾸준히 이어졌다는 점, 경제·산업·금융·사회 시스템이 근본적으로 재편되는 전환점도 바로 그 과정에서 만들어졌다는 점이 우리에겐 매우 인상적이었기에 다양한 독자와 이 내용을 나누고 싶었다.

이 책을 쓰는 과정에서 일본을 다녀온 집필자들이 현지에서 느낀 것은 명확했다. 일본은 '미리 가본 우리의 미래'였다. 연구소에서 데이터와 보고서를 통해 접했던 일본의 사례들은 한국의 현재는 물론 미래의 모습과 중첩되어 다가왔다. 정부가 주도하고 기업과 금융, 가계가 적극적으로 만들어가는 일본의 변화와 혁신은 바로 지금 한국에서도 필요하다는 것, 그것도 시급하게 필요하다는 것을 우리는 절실하게 느꼈다. 그것이 그저 단순한 벤치마킹이 아니라 우리 환경에 맞는 혁신적·전략적 선택이어야 함은 당연하다.

다만 독자들이 특별히 유념했으면 하는 것이 있다. 이 책에 담긴 일본의 모습은 우리 연구소가 금융그룹들에게 도움이 되는 과제를 찾는 과정에서 금융그룹 관점으로 이해하게 된, 일본의 다양한 면면 중 일부에 불과할 수 있다는 점이다. 우리는 일본에 대한 연구와 논의가 앞으로 다양한 시각에서 더욱 넓은 분야에 걸쳐 이뤄지길 바란다. 그런 의미에서 이 책이 저출산·고령화라는 거스를 수 없는 큰 흐름 속에서 저성장을 극복하고 더 밝은 미래를 만들어가는 국가적 노력의 초석이 되기를 기대해본다.

일본 연구를 진행하고 그 결과를 책으로 출간할 수 있도록 관심과 배려를 아끼지 않은 임종룡 우리금융그룹 회장님께 깊은 감사를 드린다. 일본 연구를 총괄하며 리더 역할을 맡은 손준범 경영전략연구실장과 일본 연구에 헌신적으로 참여해준 연구소 연구원들, 그리고 책의 발간 업무를 주도적으로 이끌어준 김동준 연구기획센터장의 노력은 이 프로젝트의 성공적 마무리에 있어 핵심적 역할을 했다. 연구 전반에 대한 조언과 함께 일본 주요 금융회사들과의 연결고리를 마련해준 아마야 토모코 전 일본 금융청 차관님께도 특별한 감사를 전한다. 또한 인터뷰에 성실히 응해준 일본 3대 금융그룹 임원들과 담당자들, 우리은행 도쿄지점의 김건우 지점장님과 직원들의 지원은 이 책의 깊이를 더해주었다.

이번 집필의 자문을 맡아준 하수정 기자께 특히 진심으로 감사드린다. 이번 책이 출간되기까지는 출판사의 세심한 관심과 노력이 큰 역할을 했다. 출판 과정을 총괄해주신 위즈덤하우스 편집장님, 세부 편집과 디자인을 맡아주신 디자이너들, 그리고 모든 과정을 세심하게 조율해주신 출판사 직원들께 깊은 감사를 드린다. 이분들의 전문성과 헌신 덕분에 이 책이 더욱 높은 완성도로 세상에 나올 수 있었다. 이 자리를 빌어 다시 한번 진심으로 감사의 인사를 전한다.

— 박정훈(우리금융경영연구소 대표이사)

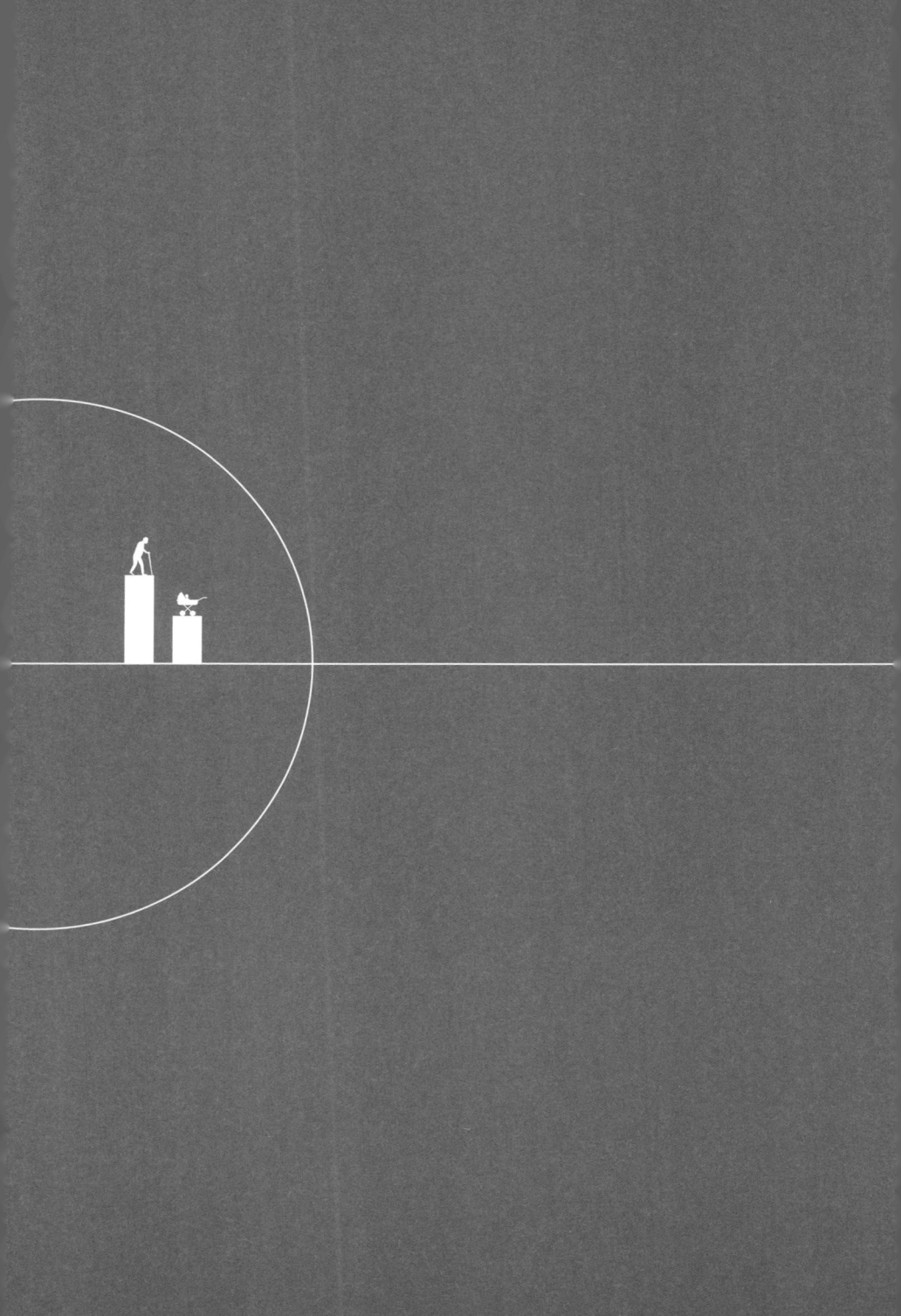

1부

노인의 나라,
그들이 사는 법

1

고령화가 바꾼 자산관리 패러다임

빨리 죽기를 희망하는 사회, 노후파산 공포

"솔직히 말하면, 빨리 죽고 싶어요."

일본 방송사의 한 다큐멘터리에서 어느 80대 노인은 "죽으면 돈 걱정을 안 해도 된다"라며 죽고 싶다는 말을 반복했다. 그는 아플 때에도 돈을 아끼기 위해 병원에 가지 못했고 100엔, 그러니까 1000원도 되지 않는 돈으로 하루 한 끼를 해결했다. 집의 전기는 진즉에 끊겼고 모든 대인관계도 그렇게 되었다. 해가 지면 어둠 속에서 홀로 추위를 견뎌야 하는 노인에게 있어 이보다 더 가혹한 현실은 내일이면 또다시 가난한 하루가 찾아온다는 사실이다.

2007년 10월, 일본은 초고령사회[1]에 진입했다. 65세 이상 인구(2747만 명)가 전체 인구(1억 2770만 명)의 21%를 넘어서면서였다. 당시 일본 남성의 평균수명은 79.19세, 여성은 85.99세로 해마다 최고치를 갱신했고, 특히 여성의 평균수명은 세계 최장 수준을 기록했다. 그야말로 장수가 보편인 사회가 된 것이다.

장수에 대한 일본 고령자들의 두려움은 점점 커지고 있다. 기대수명이 길어지자 자신이 죽기 전에 자산부터 먼저 바닥날지 모른다는 불안감이 고조되는 것이다. 치매나 노화로 인지·판단 능력이 떨어져 돈 관리를 비롯해 정상적으로 삶을 유지하는 데 어려움을 겪는 주변 사람들을 목격하는 경우도 많아졌다. 이제 장수는 더 이상 축복이 아닌 저주의 모습으로 다가오고 있다.

일본 내각부의 '2024년 고령사회백서'에 따르면 65세 이상의 노인이 있는 고령자 가구는 약 2700만 가구, 독거노인은 750만 명에 이른다. 고령자 가구 중 60만 가구, 독거노인 중 35만 명은 예금 없이 생활하고 있다. 연금을 받는다 하더라도 질병에 걸리거나 은퇴 후 창업 실패 등의 이유로 생활고에 시달리다 결국 파산으로 몰리는 경우가 많다. 실제 일본의 파산 사건 기록을 보면 파산채무자 중 60세 이상의 비율은 2002년에 약 17%였으나 2020년에는 약 26%로 상승했다.

노후파산에 대한 두려움은 근본적으로 '예측하기 어려운 자신의 건강 상태와 수명'에서 기인한다. 비교적 충분한 자산과 연금을 갖춘 이들이라도 이런 두려움으로부터 마냥 자유로울 수 없는 이

유가 이것이다. 그러나 이 두려움의 원인은 누구도 해결할 수 없고, 그렇기에 결국 상대적으로 해결이 가능한 영역에서 답을 찾으려 하게 된다.

노후파산을 막기 위해 사람들이 할 수 있는 것은 자신의 사망 전에 자산이 고갈되지 않게끔 최대한 많은 자산을 축적해두는 것이다. 한 번 파산한 뒤에 재기하는 것은 나이가 들수록 어려운 일이기에 그런 상황에 미리 대비하려는 심리가 강해진다. 따라서 고령자들은 소비를 더욱 줄이고 자산을 오래 보존하려 안간힘을 쓰는데, 이로 인해 발생하는 것이 이른바 '부의 고령화' 현상이다. 부의 고령화는 돈을 안 쓰는 고령자들에게 사회적 부가 집중되는 것을 뜻한다. 적당한 절약은 미덕이지만 과한 절약은 부작용을 낳는다. 또한 과도한 소비 통제는 개인의 측면에서 볼 때 삶의 질을 희생시키고 현재 삶에 대한 만족과 행복을 포기하게 만든다.

과한 절약은 사회적으로도 적지 않은 영향을 미친다. 일본 고령자들의 소비 지출은 민간 지출의 약 37%[2]를 차지할 정도다. 이들이 소비 지출을 줄이면 내수소비가 위축되고 향후 경기둔화에 영향을 미칠 수 있다. 일본 내각부는 '2010년도 연차경제재정보고서'에서, 고령화로 인한 소비 의욕 감소가 민간 소비를 억제하는 방향으로 작용해 경기의 회복 및 성장에 부정적 영향을 미치고 있다고 분석했다.

일본의 고령자들은 이렇게 소비를 줄이는 한편, 예상치 못한 장수에 대비하기 위해 생전에 자녀들에게 자산을 물려주는 일을 자제하고 있다. 그 결과 일본에서는 소위 '노노老老상속', 즉 80~90대의 부모가 사망해 그들의 자산을 50~60대 자녀가 이전받는 경우가 늘어났다. 그러나 노부모의 재산을 상속받은 자녀 세대들 역시 그 돈을 쓰기보다는 아껴두는 분위기가 형성되는 추세다. 이미 그들에게도 노년의 삶이 훌쩍 다가와 있기 때문이다. 부富는 소비와 세대 간 이전을 통해 경제 시스템 속에서 적절히 순환되어야 하지만, 이런 추세 탓에 지금은 고령층에서만 맴돌고 있다.

그 결과 일본에서는 세대 간 자산격차가 늘어나는 현상이 초래되었다. 전체 가계 금융자산 중 60세 이상 가구주의 가계가 보유한 금융자산의 비중은 2004년에 52.4%였으나 2019년에는 63.5%로 높아졌다. 연령대별 가계 평균 자산 규모에서도 이러한 경향을 보다 명확히 확인할 수 있다. 일본의 '2019년 전국가계구조조사'에 따르면 30대와 40대의 경우에는 부채를 뺀 금융자산이 마이너스 수준인 데 비해 60대는 1639만 엔, 70대는 1567만 엔으로 젊은 세대를 압도했다.

그렇다면 세대 간 자산격차의 심화는 어떤 문제를 야기할까? 이는 궁극적으로 사회와 경제의 활력을 저하시키는 요인이 된다. 장수를 우려해 자산 인출에 소극적이고 자산운용이 안정 지향적인 고령층의 특성을 고려하면, 이들에게 금융자산이 집중될수록 돈의 흐름이 둔화되고 자본시장으로 유입되는 자금의 규모가 줄어들 가능성이 높다. 이렇게 투자가 줄어들면 기업의 성장 또한 둔화되기 마련이다.

뿐만 아니다. 부의 고령화 현상은 예상하지 못한 사회 문제를 곳곳에서 일으킨다. 최근 일본에서 골칫거리가 되고 있는 빈집 급증 현상이 대표적 예다. 부모가 생전에 처분 혹은 증여하지 않은 부동산에 대해 자녀들이 상속을 포기하거나 유지·관리 비용의 부담을 이유로 방치하는 사례가 속출하고 있는 것이다. 2023년 기준 일본의 빈집 수는 약 900만 채로 30년 새 두 배 늘었다. 이는 전체 주택의 14.5%에 달한다. 방치된 빈집이 늘어날수록 주변 경관을 해치고 집값 하락과 지역 공동화현상을 초래하는 문제가 연쇄적으로 발생하고 있다. 〈니혼게이자이신문日本経済新聞〉은 빈집으로 인한 국가 전체의 경제손실이 2018년부터 2023년까지의 5년간 3조 9000억 엔에 달한다고 보도했다.

그림 1-1. 일본 가계 금융자산의 연령대 분포 변화

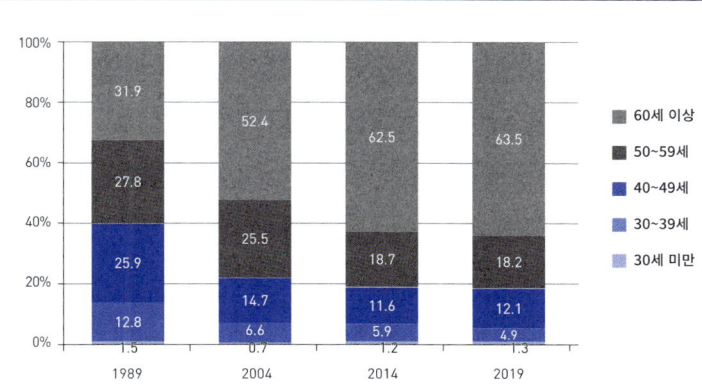

* 출처: 후생노동성, 우리금융경영연구소.

세대 간 자산격차는 세대 간 갈등으로 이어지기도 한다. 몇 년 전 예일대의 일본인 경제학 교수가 한 온라인 뉴스 프로그램에 출연해 "유일한 고령화 해법은 노인들이 집단 할복하는 것"이라고 말해 일본 열도가 발칵 뒤집혔다. 일본 젊은이 수십만 명은 이 교수의 소셜미디어를 팔로우했고 뜨거운 논쟁이 벌어졌다.

고령화에 따른 경제·사회적 문제는 그저 이웃나라만의 이야기가 아니다. 2025년 한국은 65세 이상 인구가 전체의 20%를 넘는 초고령사회에 들어섰다. 이대로 손 놓고 있으면 한국 역시 '경제 활력이 멈춘 사회', '빨리 죽기를 희망하는 사회'가 되고 만다. 한

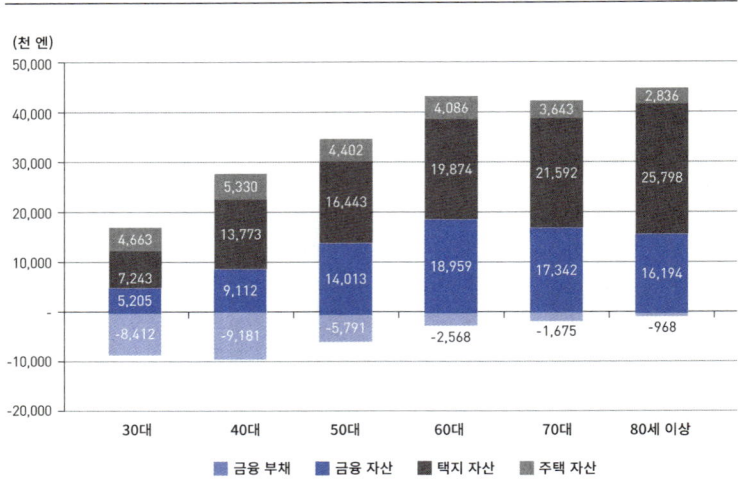

그림 1-2. 일본 연령대별 가계자산 구성

* 출처: 일본 통계청 '2019 전국 가계구조 조사', 우리금융경영연구소.

국보다 18년 앞서 초고령사회를 맞은 일본을 철저히 분석하고 절실하게 해결책을 찾아야 하는 이유다.

국민 노후 챙기는 정부

장수에 따른 고령화가 개인의 노후 불안을 넘어 사회 및 경제 전반에 미치는 영향이 커져감을 인식한 일본 정부는 2010년대 후반부터 정책적 대응을 본격화했다. 특히 일본 금융청은 준비되지 않은 불안한 노후를 막는 데 필요한 금융정책을 꽤 세부적으로 마련했다. 여기에서는 우선 노후파산 예방을 위한 일본 정부의 움직임을 먼저 짚어보기로 한다.

일본 금융청은 매년 '금융행정방침'을 통해 해당연도 금융정책의 기본 방향성을 설명하고 중점 과제, 사회적 문제에 대한 대응방침을 공표해왔다. 오랜 경기침체, 저금리·고령화로 인한 성장 정체를 타파하기 위한 아베 신조安倍晋三 내각의 성장전략이 추진되던 2017년, 금융청은 '금융행정방침'을 통해 본격적으로 고령화 대응전략을 다루기 시작했다. 2018년에는 고령화 사회에서 금융업과 금융정책의 역할은 가계가 안정적으로 자산을 형성할 수 있도록 장기·적립·분산 투자를 지원하는 것, 그리고 고령자들이 만족스러운 노후 생활을 영위할 수 있게끔 돕는 것이라 정리하며, 이를 바탕으로 구체적인 네 가지 금융 서비스의 방향성을 제시했다.

첫 번째는 '생애주기에 맞는 금융상품과 금융 서비스의 제공'이다. 이는 국민들이 한창 경제 활동을 하는 시기에는 효과적으로 자산을 축적하고, 퇴직 후에는 이를 잘 운용하고 원활하게 인출할 수 있도록 돕기 위한 것이다. 금융청은 정책적으로 이와 관련된 상품과 서비스가 원활히 공급되게끔 지원하고 관련 환경도 정비할 것임을 명시했다.

두 번째는 '노후 수지收支, 금융상품 및 서비스 정보에 대해 가시화可視化된 제시'다. 일본 금융청은 정보가 가시화, 즉 이미지나 그래프 등을 활용해 시각적으로 이해하기 쉽게 제공되면 소비자들이 자신의 상황을 명확히 인식하고 노후나 수입·지출 계획, 저축 목표를 세우는 데 도움을 줄 수 있다고 판단했다. 그래서 소비자들의 보다 나은 선택을 위해 금융회사들이 가시화된 상품 및 서비스 정보를 제공하도록 적극 장려했다.

세 번째는 '자산 혹은 사업의 원활한 세대 간 승계를 지원하는 금융 서비스의 개발'이다. 일본 금융청은 개인적 차원에서 고령자들이 지출을 줄이고 자산을 장기 소유함으로써 발생하는 문제 외에도, 기업과 산업 측면에서 부의 세대 간 이전이 원활하지 못해 나타나는 문제에 주목했다. 특히 중소기업 경영자가 고령화되는 가운데 후계자 부재 탓에 폐업이 증가하는 상황에 대한 대책이 필요하다고 봤다.

마지막 네 번째는 '인지 능력 저하 등 예상 가능한 고령기 문제에 대응하는 세밀한 보호 대책의 마련'인데, 이는 고령자들이 안심

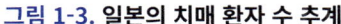

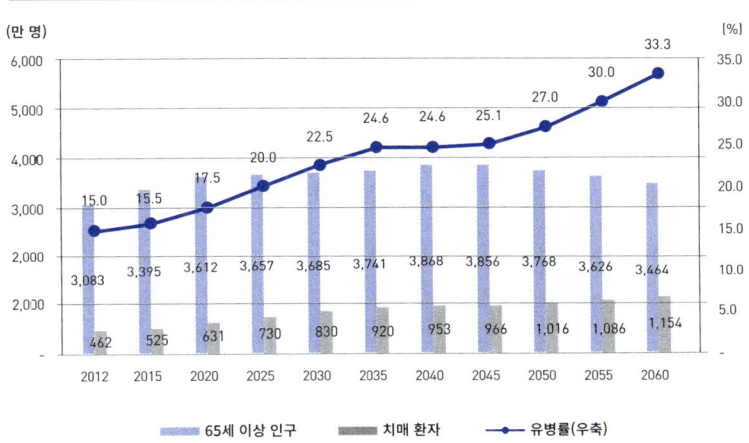

하고 자산을 관리·활용할 수 있도록 돕는다는 취지에서 비롯되었다. 2012년 일본 내 치매 환자는 462만 명으로, 65세 이상 고령자 일곱 명 중 한 명 꼴이었다. 그리고 2025년이 되면 치매 환자 수가 730만 명으로 증가해 고령자 다섯 명 중 한 명이 치매 환자가 될 정도로 상황이 악화될 것으로 예측되었다. 이에 일본 금융청은 고령기의 인지 및 판단 능력 저하는 누구에게나 일어날 수 있다는 인식하에 금융노년학Financial Gerontology 등을 활용한 적절한 대응책을 마련 중이다.

장수가 축복이 되는 전제조건, 자산관리

앞서와 같은 네 가지 정책 방향성을 바탕으로 2019년 6월 일본 금융심의회日本金融審議会 시장워킹그룹은 각계의 의견을 종합하여 '고령사회에서의 자산형성과 관리'라는 제목의 보고서를 발표했다. 핵심은 '고령 단계에 접어들어 준비하면 늦다'는 것, 따라서 각 개인의 생애주기 단계별로 장수에 대비한 자산형성 계획과 실행이 필요하다는 것이었다.

보고서는 고령사회를 둘러싼 인구 동태, 가계의 수입·지출 상황, 세대별 금융자산 보유 현황 등의 변화를 언급하고 정부와 금융권이 어떻게 대응해야 하는지 다루었다. 고령사회 대응을 위한 개인과 금융권의 인식 변화, 법·제도 등 환경 정비 요소를 서술하면서 개인의 생애주기 프레임을 기본 틀로 활용했다는 점이 특징이다. 이는 일본 정부가 '고령화'를 특정 세대의 문제나 일시적 환경 변화가 아닌, 전 세대에 지속적으로 영향을 미칠 문제로 인식했음을 의미한다.

고령사회에서 요구되는 기본 사고방식, 즉 정부와 금융회사, 국민들이 자산을 관리함에 있어 주지해야 할 원칙은 다음과 같다. 한창 일하는 경제활동기에는 장수에 대비해 장기·적립·분산 투자를 활용하여 자산을 형성하는 데 집중한다. 그리고 퇴직 전후에는 자산의 중장기적 운용·인출 계획을 수립하고 실행해야 하며, 고령기에는 계획적으로 자산을 인출하는 것과 인지·판단 능력 저

그림 1-4. 총괄적 고령사회 대응 방안

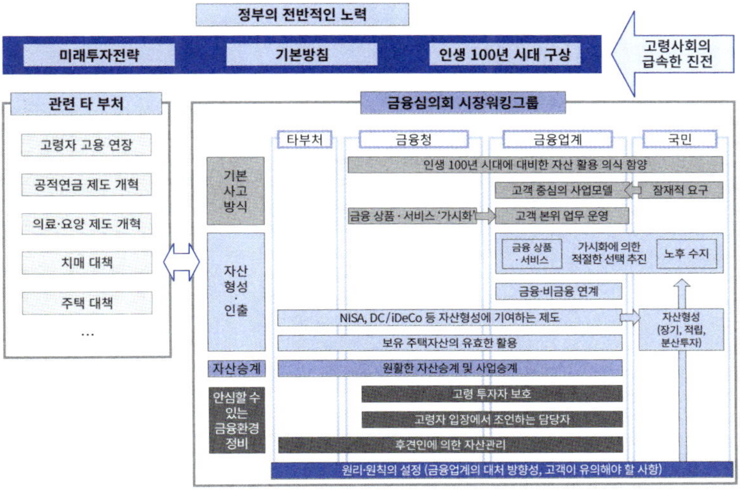

* 출처: 일본금융심의회 시장워킹그룹 보고서 '고령사회에서의 자산형성과 관리'(2019.6.), 우리금융경영연구소.

하에 대해 미리 준비해야 한다.

특히 이 보고서는 구체적인 대응 방법도 다루고 있는데, 먼저 경제활동기의 자산형성을 지원하기 위해 NISA 및 iDeCo 제도를 개선하는 내용을 담았다. 퇴직 후 주택자산을 효과적으로 활용할 수 있는 환경의 정비, 고령기 이후 원활한 자산승계를 위한 상속세 평가액 산출 방식과 사업승계 제도에 대한 재검토 등의 내용 또한 포함되어 있다. 일본 금융청이 선제적으로 나서서 고령사회를 위한 금융 서비스의 방향성을 큰 틀에서 정리하고 생애주기 프레임에 따른 정책적 대응을 구체화하자, 금융업계도 그에 맞춰 중

그림 1-5. 일본 금융청의 생애주기 구분에 따른 주요 금융상품 및 서비스

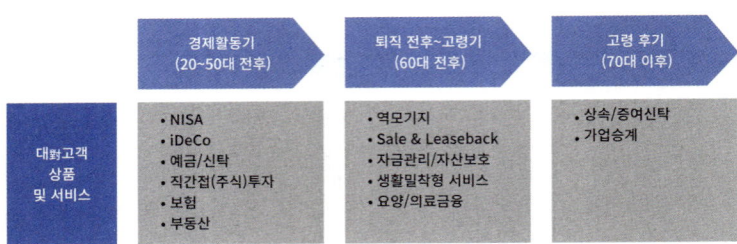

* 출처: 우리금융경영연구소.

요한 상품과 서비스 개발에 역량을 집중할 수 있었다.

국민이 사랑하는 투자계좌, NISA

과거 일본에선 주식투자에 대해 '주식 하면 패가망신'이라는 부정적 인식이 짙었고 '예금바보'라는 말이 있을 정도로 예금·현금 선호 현상이 강했다. 돈을 금융회사에 맡기지 않고 집 안에 두는 '단스タンス예금', 즉 '장롱예금'의 규모만도 60조~100조 엔에 달할 것으로 추정된다. 원화로 1000조 원에 육박하는 돈이 각 가정에서 잠자고 있는 것이다.

이에 일본 정부는 어떤 정책을 만들어야 예금통장 및 장롱에 들어가 있는 현금이 자본시장으로 들어와 시중에 유동성이 공급되고 개인은 투자를 통해 자산을 늘리는 선순환을 만들어낼 수 있을

지 고심했다. 이것이 NISA와 iDeCo를 경제활동기의 자산관리 도구로 활용하게 된 배경이다. NISA와 iDeCo는 이미 기존부터 존재해온 금융상품이었는데, 일본 정부는 노후에 대비한 가계자산의 형성을 강조하면서 이 상품들을 지속적으로 개편했다. 그에 따라 혜택이 늘자 상품 가입자 수와 투자금액이 눈에 띄게 증가했다.

이제 일본 국민의 대표적인 투자 계좌로 자리 잡은 NISA는 영국의 개인종합자산관리계좌ISA를 모델 삼아 일본 정부가 2014년 1월에 도입한 소액투자 비과세 계좌다. 도입목적은 크게 두 가지로, 그중 하나는 가계의 안정적 자산형성 지원이었다. 2012년 당시 일본에서는 미래 대비 목적의 예적금이나 펀드 등을 전혀 보유하지 않은 소위 '금융자산 제로 세대'의 비중이 26%에 달했고, 그 수가 매년 증가하고 있다는 문제가 제기되었다. NISA는 젊은 세대들이 소액일지라도 미래를 위해 꾸준히 자산을 형성해나갈 수 있도록 돕자는 취지에서 만들어졌다.

NISA의 두 번째 목적은 가계가 보유한 금융자산이 산업과 경제의 성장에 활용될 수 있는 통로를 만드는 데 있었다. 당시 일본 가계가 보유한 금융자산은 1500조 엔에 달했으나 그중 과반 이상이 예적금이라 전반적 자금 흐름은 정체된 상태였다. 정부는 NISA를 통해 '저축'에 치우쳐 있는 가계 금융자산을 자본시장에 대한 '투자'로 전환하고자 했다. 이를 통해 기업에 대한 자금공급이 확대되면 산업과 경제가 성장하고, 개인 소득과 자산의 증가로 이어지는 선순환이 발생할 것이라 기대한 것이다.

뚜렷한 목적하에 기획된 상품이었기에 NISA는 주식 및 펀드 투자 위주로 혜택을 부여했다. 예적금이나 채권은 편입할 수 없고 국내외 상장 주식, 국내외 공모주식집합투자증권(공모펀드), 상장지수펀드ETF, 부동산투자신탁REITs에만 투자할 수 있게 한 것이다. 또한 매년 100만 엔(2016년 이후 120만 엔으로 상향 조정됨) 한도 내에서 투자한 결과로 발생한 배당금 및 분배금, 양도차익에 대한 세금(20.315%)을 최장 10년까지 전액 면제하는 혜택도 제공했다.

도입 당시 NISA는 표면적으로만 보면 금융청이 강조해온 경제활동기의 자산형성에 꼭 들어맞는 상품이었다. 장기 투자가 가능하고 비과세를 통해 실질수익을 높여줄 수 있기 때문이다. 그러나 정작 자산을 열심히 축적해야 할 젊은 세대는 여유자금이 충분치 않아 NISA에 큰 관심을 보이지 않았다.

이러한 젊은 세대를 끌어들이기 위해 일본 정부는 2018년, 소액 장기 투자를 장려하는 데 초점을 맞춘 적립형 NISA를 새로 도입했다. 적립형 NISA는 연간 투자상한액은 줄이되 비과세 기간은 기존 5년에서 20년으로 연장해 장기 적립을 유도하는 상품이었다. 이에 따라 비과세 투자상한액은 600만 엔(연간 120만 엔씩 5년)에서 800만 엔(연간 40만 엔씩 20년)으로 확대됐다.

다만 일반형과 달리 적립형 NISA에는 장기 투자에 적합한 투자신탁만 편입할 수 있었다. 장기 운용을 통해 노후자금을 마련하려는 투자자는 적립형 NISA를 선택하도록, 단기로 투자하려는 사람은 기존의 일반형 NISA를 이용하도록 투자 목적에 따라 구분을 둔 것이다.

비과세 혜택이 확대된 이후 NISA 계좌 수와 투자금액은 꾸준히 늘었다. 2024년 9월 기준 NISA 계좌 수는 2509만 개, 누적 투자금액은 49조 엔에 달한다. 2015년 9월과 비교했을 때 이는 각각 연평균 11.3%, 26.6%가 증가한 수치다. 더불어 이 기간에는 가계 금융자산 중 투자자산의 규모가 증가하면서 NISA를 통해 기대했던 '저축에서 투자로의 전환'이 점차 가시화되었다. NISA가 출시된 2014년 이후 9년간 일본 가계의 금융투자자산은 278조 엔에서 402조 엔으로 약 1.4배 증가했다.

NISA 도입이 금융투자를 일정 부분 견인하고 있다는 사실을 확

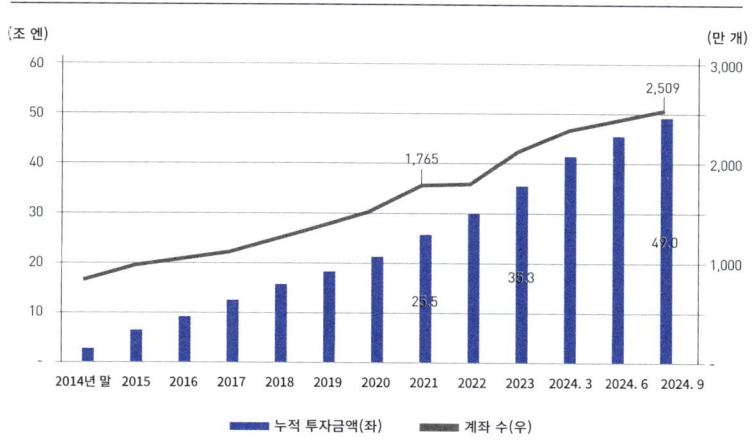

그림 1-6. NISA 계좌 수 및 누적 투자금액

* 출처: 일본 금융청, 우리금융경영연구소.
* 주: 주니어 NISA는 제외한 수치임.

그림 1-7. 가계의 현금·예금 및 금융투자자산 규모

* 출처: 일본은행 'Flow of Funds', 우리금융경영연구소.

인한 기시다 내각은 가계 금융자산 증대를 목적으로 하는 '자산소득배증계획資産所得倍增計画'[3]의 첫 번째 기둥으로 NISA를 선정했다. 그리고 2024년 1월에는 기존 NISA보다 구조를 단순화하고 절세 혜택을 대폭 확대한 '신新 NISA'를 선보였다.

신 NISA의 가장 큰 특징은 비과세 투자금액 한도가 대폭 상향되고 비과세 기간의 제한이 사라졌다는 점이다. 구舊 NISA에서는 일반형과 적립형 중 하나를 선택해야 했던 데 반해, 신 NISA에서는 성장형(기존 일반형)과 적립형 모두를 하나의 계좌에 통합해 각 한도 내에서 병행하는 것이 가능해졌다. 또한 비과세 투자금액 한도는 총 1800만 엔(성장형만으로는 1200만 엔)까지 획기적으로 확대됐다. 연간 납입한도의 경우 적립형은 기존 대비 세 배인 120만 엔으로, 성장형은 기존 대비 두 배인 240만 엔으로 늘었다. 더불어 중도에 매도하는 경우에는 이듬해에 그만큼 한도가 복원되고 무기한 투자가 가능해 운용 편의성도 크게 높아졌다.

2024년 1월 출시된 신 NISA는 이렇듯 대폭 확대된 혜택, 그리고 출시 당시의 일본 주식시장 호조에 힘입어 계좌 수와 투자금액이 급격히 증가했다. 2024년 9월 기준 신 NISA의 계좌 수는 전

표 1-1. 구 NISA와 신 NISA 비교

구분	구 NISA(2014~2023년)		신 NISA(2024년~)	
	적립형	일반형	적립형	성장형
범위	적립형·일반형 중 택1		적립·성장형 병행	
연간 납입한도	40만 엔	120만 엔	360만 엔(적립형 120만 엔, 성장형 240만 엔)	
비과세 한도	800만 엔	600만 엔	1800만 엔(성장형 상한 1200만 엔) ※ 매도 시 이듬해 해당분 한도 재사용 가능	
비과세 기간	20년	5년	무기한	
투자 가능 상품	투자신탁	국내외 상장주식, ETF, 리츠, 공모주식투자신탁 등	투자신탁	국내외 상장주식, ETF, 리츠, 공모주식투자신탁 등
대상 금융기관	은행·증권사·신용금고 등			
가입 대상	만 18세 이상 일본 거주자(외국인도 가능)			

* 출처: 일본 금융청, 우리금융경영연구소.

년 동기 대비 23.3%가 늘었고, 2024년 1월부터 9월까지의 누적 투자금액은 전년 동기간의 4조 엔보다 3.4배 늘어난 13조 7000억 엔을 기록해 '정부의 과감한 제도 개선이 국민들의 호응을 이끌었다'는 평가를 받았다.

NISA는 국민의 투자자산 증대에 기여하고, 특히 경제활동 계층의 투자확대를 이끌고 있다는 측면에서 고령사회에 대응하는 효과적인 금융상품으로 자리 잡았다. 일본은행이 발표한 2024년 1분기 일본 가계의 금융자산은 전년 동기 대비 7.1% 증가한 2199조 엔으로 사상 최고치를 기록했다. 비중을 살펴보면 주식 등이 전년 동기 대비 33.7% 증가한 313조 엔, 투자신탁 잔고는 31.5% 증가한 119조 엔을 차지했다.

2014~2017년까지 2조 엔 내외였던 증권사 NISA 계좌의 연간 매입금액은 2023년에 4조 5000억 엔까지 뛰었다. 연령대별 매입금액 비중을 보면 2017년에 20~50대의 매입 비중은 45.2%였으나 적립형 NISA 도입 이후 지속적으로 상승해 2023년에는 62%까지 높아졌다. 적립형 NISA 계좌에서 20~50대의 매입액이 90% 이상을 차지했기 때문이다. 이는 NISA가 경제활동 계층이 투자를 통해 자산을 축적하는 데 있어 핵심수단으로 기능하고 있다는 점을 보여준다.

한국에도 일본의 NISA와 비슷한 개념의 절세계좌가 있다. 일본이 NISA를 도입하고 2년 뒤인 2016년에 탄생한 ISA가 그것이다. ISA는 한 계좌 내에서 종합적으로 자산을 관리하고 축적하는 것을 장려하는 상품이다. NISA와 ISA는 한 계좌 안에서 여러 상품을 동시에 운용할 수 있다는 공통점이 있다. 하지만 투자상품으로만 편입을 제한한 NISA와 달리 당시 ISA는 예적금 등 확정금리형 상품으로도 운용이 가능하다. 또한 이 두 상품은 세제혜택을 부여하는 기준에 다소 차이가 있다. 투자금액을 기준으로 세제혜택을 주는 NISA는 제한된 투자금액 내에서 발생한 수익이 얼마가 되든 그에 대해서는 전액 과세하지 않는다. 반면 ISA는 수익금액이 기준이어서 200만 원까지의 수익에 대해서는 세금을 면제해주지만 그것을 초과한 수익에는 저율과세(9.9%)를 한다.

한국의 ISA는 도입 초반에 반짝 인기를 끌었다. 그러나 긴 의무가입기간, 소득자로 제한된 가입자격 등의 이유로 대중의 관심도가 낮아지면서 계좌 수가 감소하고 투자금액 증가세도 둔화했다.

이에 2021년 한국 정부는 ISA 활성화를 위한 제도 개선에 나섰다. 국내 상장주식 편입이 가능한 중개형 ISA를 도입하고, 의무가입기간을 3년으로 축소하며 가입자격도 확대한 것이다. 또한 만기 후 해지대금을 연금계좌로 이체할 경우에는 납입액의 10%에 대한 세액공제 혜택을 제공함으로써 ISA를 노후자금으로 활용하도록 장려했다. 그 결과 2020년 말 6조 4000억 원이었던 ISA 투자금액은 2021년 이후 꾸준히 늘어나 2024년 말에는 32조 원으로 다섯 배 증가했다.

지금까지 살펴봤듯 일본의 NISA와 한국의 ISA는 가계자산 증대라는 도입 목적 면에서 유사하나, 각국의 금융 제도 및 세제에 따라 세부 내용과 혜택은 다소 다르게 설계됐다. 흥미로운 점은 한일 금융당국 모두 제도 활성화를 위해 투자자 친화적인 방향으로 지속적 제도 개편을 실행해오고 있다는 점이다. 일본 NISA의 성공이 한국 중개형 ISA 도입의 선례로 작용한 만큼, 국내에서도 ISA를 통해 가계자산의 자본시장 유입과 투자자산 증대 효과가 나타나길 기대해본다.

인터넷 증권사의 승부수, '매매수수료 제로'

NISA 시장은 누가 주도하고 있을까? 계좌 개설 기관을 살펴보면 증권사의 비율이 절대적이다. 신 NISA 출시 이전이었던 2023년 12월 말 기준 전체 NISA 계좌 수는 2125만 개였는데, 그중 증권사에서 개설된 계좌가 1428만 개로 67.2%를 차지했다. 2024년 9월 말에는 이 비중이 70.3%까지 높아졌는데, 이는 신 NISA 개설 시에도 증권사가 선호되고 있음을 보여준다.

특히 상당한 영향력을 발휘한 것은 인터넷 증권사들이었다. 신 NISA 도입 전에도 일본 주요 19개 증권사의 NISA 계좌 중 인터넷 증권사들의 계좌가 차지하는 비중은 3분의 2에 달했고, 신 NISA 도입 후 한 달간의 계좌 증가분 중에서도 인터넷 증권사 몫은 90% 이상이었다.

인터넷 증권사들이 NISA 시장에서 대형 증권사를 이길 수 있었던 비결은 무엇일까? 답은 상품과 가격경쟁력에 있다.

일본의 주요 인터넷 증권사들은 적립형의 경우 234~250개, 성장형의 경우 1200~1305개에 달하는 상품을 취급하고 있다. 반면 일반 증권사와 은행의 상품 라인업 수는 그에 비해 훨씬 적다. 일반 증권사는 적립형의 경우 12~36개, 성장형의 경우 72~473개 상품을 제공하고 있으며, 은행은 각각 4~24개, 61~392개 수준이다.[4]

인터넷 증권사의 또 다른 강점은 수수료 무료 정책이다. 적립형 NISA의 경우 정책적으로 어느 금융회사에서 거래하더라도 수수료가 없지만, 성장형의 경우에는 금융회사마다 수수료에 차이가 있다. 전통 증권사나 은행과 달리 주요 인터넷 증권사들은 투자신탁(펀드)과 주식 거래에 수수료를 부과하지 않는다.

NISA 계좌 수 1위 증권사는 라쿠텐증권楽天証券이다. 라쿠텐증권은 2024년 12월 NISA 계좌 600만 개를 돌파하며 견고한 선두 자리를 유지하고 있다. 이 인터넷 증권사는 NISA 계좌유치를 위해 신 NISA 계좌 내에서의 매매수수료를 전면 무료화하는 파격적 전략을 폈다. 투자신탁과 일본 주식에 대한 매매수수료를 잇달아 없앤 데 이어[5] 신 NISA의 출시 이후에는 신 NISA 계좌에서 투자하는 일본 주식, 미국 주식, 해외(미국, 중국, 싱가포르) ETF, 투자신탁에 대한 매매수수료 무료화를 내세운 것이다. 지금은 일본의 인터넷 증권사 대부분이 이와 유사한 정책을 펼치고 있는데, 이 흐름을 만들고 이끈 것이 바로 NISA 시장에서 점유율 1, 2위를 달리는 라쿠텐증권과 SBI증권SBI証券이다.

라쿠텐증권의 또 다른 차별화 경쟁력은 포인트 연계 서비스다. 일본 최대 인터넷 쇼핑몰 중 한 곳이자 일본 2위의 이커머스인 라쿠텐樂天은 포인트를 기반으로 그룹 내 금융 계열사와 쇼핑몰 서비스를 연결했다. 라쿠텐 카드나 캐시를 이용해 투자신탁 적립금을 결제하고 포인트를 적립해주는 식이다. 또한 라쿠텐증권은 고객들의 선호도가 높은 일부 인덱스펀드의 월평균 보유잔액에 대해 연 0.017~0.05% 수준의 포인트를 환원해줌으로써 고객의 지속적 납입과 계좌 유지를 유도했다. 고객은 지급받은 포인트를 투자에 다시 활용하거나 라쿠텐 쇼핑몰 사이트에서 활용할 수 있는데, 이는 특히 포인트 혜택에 민감하게 반응하는 젊은 고객을 빨아들이는 유인이 됐다.

라쿠텐증권의 연계 서비스는 그룹 밖에서도 적극적으로 이뤄지고 있다. 미즈호증권みずほ証券은 지난 2022년 10월 라쿠텐증권의 주식 19.99%를, 2023년 11월에는 추가로 29.01%를 인수해 총 지분율을 49.0%로 확대했다. 이는 온라인 경쟁력을 강화하고 젊은 층 고객이 주를 이루는 라쿠텐증권과의 시너지를 창출하기 위한 미즈호증권의 전략적 선택이었지만, 라쿠텐증권 입장에서도 부족한 경쟁력을 보완하는 기회가 됐다. 라쿠텐증권은 이를 통해 미즈호증권의 장점인 대면 서비스나 자산관리 컨설팅 측면에서의 협업을 기대하고 있다.

전 국민을 위한 노후대비책, iDeCo

NISA와 쌍벽을 이루는 자산관리의 또 다른 축은 바로 iDeCo다. iDeCo는 2001년 도입된 '개인형 확정거출연금個人型確定拠出年金'의 별칭인데, 이름은 어렵지만 그 의미는 생각보다 간단하다. 이는 직장에서 납입해주는 것이 아니라 근로자 '개인'이 스스로 가입하고 일정 금액을 '납입'하여 스스로 운용하는 연금이다. 한국의 개인형 퇴직연금IRP과 비슷한 개념이다.

도입 당시 개인형 확정거출연금은 납부금액 전액에 대한 소득공제, 연금수령 전까지의 운용수익 비과세, 수령 시의 세제우대(퇴직소득 또는 공적연금 등 공제 적용)와 같은 강력한 세제혜택으로 관심을 끌었다. 그러나 가입 대상이 자영업자, 또는 기업연금에 가입하지 않은 직장인으로 한정된 탓에 인기몰이에는 실패했다.

일본 정부는 이러한 한계를 인식하고 2017년 이후 개인형 확정거출연금의 대중화를 위한 제도 개편에 나섰다. 우선 인지도 향상을 위해 대중이 친숙하게 부를 수 있는 'iDeCo'라는 별칭을 지었다.

또한 기업연금이 있는 회사원과 공무원, 가정주부도 가입할 수 있게 했다. 사실상 20세 이상 60세 미만의 모든 국민으로 가입 대상 범위를 넓힌 것이다. 이는 향후 공적연금의 역할이 축소될 것에 대비, 국민들이 사적연금을 통해 안정적인 노후 생활을 할 수 있게끔 하기 위한 조치였다. 이렇게 가입 대상의 벽을 허물자

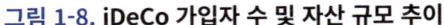

그림 1-8. iDeCo 가입자 수 및 자산 규모 추이

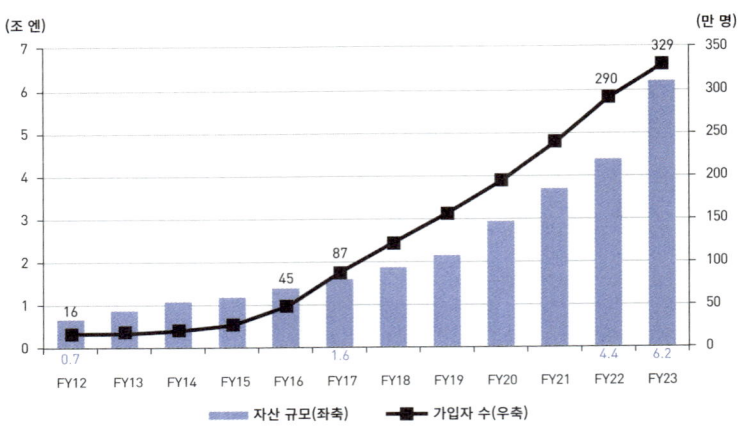

* 출처: 운영관리기관연락협의회, 우리금융경영연구소.
* 주: 가로축의 각 'FY'는 '회계연도Fiscal Year'를 뜻함. 가령 'FY23'은 2024년 3월에 끝나는 회계연도를 의미.

2017년 이후 iDeCo의 가입자 수와 자산 규모는 큰 폭으로 늘었다. 2024년 3월 기준 가입자 수는 329만 명, 자산액은 6조 2000억 엔 규모에 이른다.

노후 대비 자산의 형성을 위한 사적연금인 iDeCo는 적립·운용·수령 시 세제혜택을 부여한다는 장점이 있지만, 제도의 목적에 맞게 활용될 수 있게 하는 여러 제약도 존재한다. 가입가능 연령이 제한적이고, 국민연금 피보험자 지위에 따라 납입한도를 차등 적용하며, 원칙적으로 중도해지가 불가능하고, 최소가입기간을 충족한 뒤 60~75세가 되어야 연금 또는 일시금으로 수령할 수 있는 것이 그 예다.

그러나 iDeCo에 장기 투자하는 이용자가 편리하게 계좌를 운용하고 투자 위험을 관리할 수 있게끔 도와주는 제도적 장치도 있다. iDeCo는 전 금융사에서 1인당 하나의 계좌만 개설이 가능하기에 이용자가 납입한도, 세제혜택 등을 쉽게 파악할 수 있다. 또한 개인이 iDeCo 계좌에서 운용할 상품들을 선택할 때 느낄 어려움을 줄여주기 위해 금융회사는 최대 35개의 상품만 엄선해 제시해야 한다. 주식에 대한 직접투자는 허용하지 않고 투자신탁, 예금, 보험 등으로 편입상품을 제한한 것 역시 투자위험을 관리하여 안정적으로 노후자산을 마련하도록 하기 위한 조치였다.

2022년 6월 기시다 내각은 자산소득배증계획의 두 번째 기둥으로 iDeCo 개혁을 발표했다. 2022년 3월 말 기준 iDeCo 가입자 수는 239만 명으로 NISA의 7분의 1에 불과했고, 공적연금 가입자(6725만 명)에 비해서도 매우 적은 수준이어서 보다 적극적인 이용여건 조성이 필요한 상황이었다. 일본 정부는 이 개혁의 일환으로 기업연금 가입과 상관없이 iDeCo 가입이 가능하게 하고, 가입가능 연령의 연장을 검토하겠다고 발표했다. 또한 2024년 12월에는 기업연금 가입자와 공무원 등의 iDeCo 월간 납입한도액을 1만 2000엔에서 2만 엔으로 상향한다고 발표했다.

노후 대비용 자산의 축적을 장려하는 일본 정부의 기조에 따라 iDeCo 개정 논의는 지금도 계속되고 있다. 2025년 세법 개정안에는 iDeCo 납입한도를 대폭 상향하고 가입가능 연령을 70세까지 연장하는 내용이 포함됐다. 노후에 대비하려는 가계들의 니즈 증

표 1-2. iDeCo 월 납입한도액 변화

가입자 구분			납입한도		
			2022년 10월~	2024년 12월~	2025년 개정안
국민연금 제1호 피보험자 (자영업자,프리랜서 등), 국민연금 임의가입 피보험자			6.8만 엔	6.8만 엔	7.5만 엔
			국민연금기금 + 국민연금 부가보험료 합산한도		
제2호 피보험자	회사원	기업연금 미가입	2.3만 엔	2.3만 엔	6.2만 엔
		DC만 가입	2만 엔 / DC사업주 납입액 합산 5.5만 엔 한도	2만 엔 / DC사업주 납입액 + DB 및 타제도 납입 상당액 합산 5.5만 엔 한도	DC사업주 납입액 + DB 및 타제도 납입상당액 합산 6.2만 엔 한도
		DC, DB 병행	1.2만 엔 / DC사업주 납입액 합산 2.75만 엔 한도	2만 엔	
		DB만 가입	1.2만 엔	2만 엔	
	공무원		1.2만 엔	2만 엔	
제3호 피보험자(피부양자)			2.3만 엔	2.3만 엔	2.3만 엔

* 출처: iDeCo나비ナビ, iDeCo 공식 사이트, 일본 후생노동성, 〈니혼게이자이신문〉, 우리금융경영연구소.

가, 제도 개선을 통한 iDeCo 접근성 및 혜택 확대 덕에 iDeCo 시장은 향후에도 성장세를 지속할 것으로 예상된다.

앞서 말했듯 iDeCo는 1인당 계좌 하나만 개설이 가능하고, 중도해지가 어려운 노후 대비용 장기 상품이다. 금융회사 입장에서는 장기적이고 안정적인 거래를 확보할 수 있기에 iDeCo 계좌 유치에 힘을 쏟을 수밖에 없다. 그렇다면 iDeCo 계좌 쟁탈전에서 주도권을 가진 핵심 플레이어로는 어떤 기업들이 있을까?

1위는 약 100만 계좌를 유치(2024년 9월 기준)한 SBI증권이고 2위는 라쿠텐증권(86만 개), 3위는 미즈호은행(34만 6000개)이 차지했다. NISA 시장에서와 유사하게 iDeCo 시장에서도 인터넷 증권사가 과반의 점유율을 차지하며 두각을 나타내고 있지만, 대형 은행과 전통 증권사도 자사 타깃 고객의 니즈에 맞춘 전략으로 대응하는 모습이다.

인터넷 증권사의 주요 무기인 가격경쟁력은 iDeCo 시장에서도 효력을 발휘했다. iDeCo 계좌는 금융회사마다 상품 특성에 차이가 없고 장기 투자를 전제로 하기 때문에 투자자들은 거래회사를 선택할 때 비용을 우선시할 수밖에 없어서다. iDeCo 계좌에는 매월 계좌관리 수수료가 부과되는데, 이 중 국민연금기금연합회國民年金基金連合会(105엔)와 신탁은행(66엔)에 지불하는 171엔이 기본 수수료이고 이에 더해 각 금융회사가 자사의 정책에 따라 별도 수수료를 부과한다. 주요 인터넷 증권사들은 고객 확보를 위해 추가 수수료 무료화라는 정책을 앞장서서 내세웠다. 경쟁력을 잃지 않기 위해 주요 증권사와 은행이 이 흐름에 동참하면서 2025년 1월 현재 iDeCo를 취급하는 주요 금융회사 72개사 중 20개사가 추가 수수료를 받지 않고 있다.[6]

일본의 인터넷 증권사들은 비용경쟁력 향상을 위해 운용관리비용(신탁보수)이 비교적 저렴한 투자신탁을 판매하는 전략을 취하고 있다. 신탁보수는 잔고에 대해 일정 비율로 부과되기 때문에 장기 투자로 잔고가 증가하면 비용도 덩달아 늘어나고, 어떤 상품을 선택하느냐에 따라 격차도 커진다. 이에 인터넷 증권사들은 저비용의 인덱스펀드를 중심으로 편입상품을 구성해 투자자들의 비용 부담을 낮췄다.

대형 은행과 일반 증권사의 경우에는 자신들의 강점인 점포망 기반의 대면 상담과 컨설팅 역량을 강화했다. 이는 인터넷 증권사가 제공하기 어려운 서비스인 데다 자사의 주요 타깃 고객인 중장년층[7]의 상담 수요가 높다는 점에 착안한 전략이다. iDeCo는 국민연금 피보험자 유형에 따라 납입한도가 다르고 제도 개편 또한 계속되는 점 때문에 NISA에 비해 상대적으로 상담 수요가 높다. 미즈호은행은 영업점을 기반으로 일본 전역에 걸쳐 광범위한 상담 채널을 구축했다. 600여 명의 전문 자산관리 상담사(라이프플랜 어드바이저)를 지점에 배치하고 휴일 및 야간에도 상담이 가능한 온라인 자산운용 상담 데스크도 운영 중이다.

일본 대형 금융사들의 강점은 오랜 기간 축적한 데이터를 바탕으로 고객의 선호를 반영한 상품들을 제시한다는 것이다. 상품 라인업 구성에 있어 인터넷 증권사와 차별화하기 위해, 또 안정을 추구하는 자사 고객들의 성향을 맞추기 위해 선택한 것이 바로 자산배분형 펀드다. 타깃데이트펀드Target Date Fund, TDF, 밸런스형 펀드가 대표적이다. 대형 전통 금융사들은 이들 펀드의 개수를 늘리고 고객이 선호하는 계열사 상품을 우선적으로 편입했다. 미즈호은행은 그룹 계열 자산운용사인 AM원Asset Management One의 '글로벌

표 1-3. iDeCo 편입상품 구성 및 주요 추천상품

금융 회사	상품구성						주요 추천상품	신탁보수 (%)
	원금 보존	국내 주식	국내 채권	해외 주식	해외 채권	복합 자산		
SBI 증권	1	6	1	15	4	8	e맥시스슬림 미국주식(S&P500)	0.09372
							e맥시스슬림 선진국주식인덱스	0.09889
라쿠텐 증권	1	6	2	11	3	8	타와라 노로드 선진국주식	0.09889
							라쿠텐플러스 S&P500인덱스	0.077
미즈호 은행	1	3	1	9	2	13	투자소믈리에 TDF2040	0.825
							타와라 노로드 스마트글로벌밸런스	0.55
							글로벌ESG 하이퀄리티 성장주식	1.848
노무라 증권	1	6	1	8	3	13	마이타겟 TDF2040	0.242
							노무라 세계ESG 주식인덱스	0.264

* 출처: iDeCo나비, 각사 홈페이지, 우리금융경영연구소.

ESG 하이퀄리티 성장주식펀드'를 독점 판매 중이고, 노무라증권野村証券은 투자의 대상과 비율을 자동으로 조정하는 복합자산 펀드 중에서도 상대적으로 안정적인 패시브 유형에 집중하고 있다.

거주와 노후, 동시에 해결하는 방법

경제활동기가 투자를 통해 자산을 축적하는 시기라면, 퇴직 전후는 본격적으로 펼쳐질 고령기를 재무적·비재무적으로 준비해야 하는 시기다. 재무적 준비에서 무엇보다 중요한 것은 자산운용 및 자금인출 방안에 대한 계획 수립이다. 이와 관련해 2019년 일본금융심의회 시장워킹그룹 보고서는 '개인은 퇴직 전후에 퇴직금을 포함한 자신의 자산을 점검해 적절한 인출 계획을 수립해야 하고, 금융회사는 이를 돕기 위해 자산관리 컨설팅을 제공하고 상품과 서비스 내용을 적절히 시각화해 제시해야 한다'고 강조했다.

재무적 준비와 함께 고령기 생활에 대비하는 또 다른 한 축은 비재무적 준비다. 이는 40년에 가까운 노후 생활의 종합적인 그림을 그리는 일이라 할 수 있는데, 그중 핵심은 주거와 의료다. 이 두 가지는 노년기 삶의 질을 좌우하는 가장 중요한 요소임과 동시에 비용부담 또한 만만치 않기 때문에 금융의 역할이 반드시 요구되는 분야다.

일본도 한국과 마찬가지로 가계자산의 대부분이 부동산에 치우쳐 있다. 일본 고령자 가계자산의 60% 이상은 부동산이다. 그렇기에 노후에 받을 연금과 금융자산이 충분하지 않다면 결국엔 부동산을 유동화하는 방안을 고려해야 한다. 이때 중요한 것은 부동산을 활용해 자금을 마련하되 지속적 거주도 보장받을 수 있어야 한다는 점이다. 노후를 위해 주택을 유동화하는 방식을 살펴보면, 소유권 이전 여부에 따라 크게 대출과 매각 방식으로 나뉜다. 대출 방식의 대표적인 예는 역모기지Reverse Mortgage, 즉 고령자가 자기 소유의 주택을 담보로 월지급금 또는 일시금을 받는 대출이다. 해당 주택의 소유권은 대출 계약이 종료되기 전까지 가입자에게 있기 때문에 지속적 거주를 보장받을 수 있다.

한국에서는 한국주택금융공사가 보증하는 종신연금 형태의 '주택연금'이 활성화되어 있다. 다만 공공정책에 기반한 상품이다 보니 가입대상 주택의 가격, 계약자 연령 등에 제한이 따른다. 가입 관련 제한이 적은 민간 역모기지 상품도 판매 중이긴 하나, 종신이 아닌 일정 기간 동안에만 월 지급금이 주어지는 등의 이유로 수요가 적어 일부 은행에서만 제한적으로 취급하고 있다. 일본에도 한국과 마찬가지로 공적 방식과 민간 방식의 역모기지가 있다. 일본 금융회사들은 주택금융지원기구Japan Housing Finance Agency, JHF와 협약을 맺은 정책형 역모기지 '리버스60'과 민간 역모기지 상품 모두를 취급한다.

한국과 비교했을 때 일본 역모기지의 가장 큰 차이점은 일시금 지급이다. 한국을 비롯한 대부분의 국가에서 역모기지는 고령의 대출자가 대출금을 한꺼번에 써버리지 않고 노후 생활비로 활용하게끔 연금 형태로 매월 나눠 지급한다. 그러나 일본에 보편화된 역모기지는 신청 시점에 고령자에게 일시금을 지급하는 형태다. 대출을 받은 고령자는 남은 생애 동안 계속해서 이자를 납부하다가 사망하면 대출원금을 상환해야 한다. 일반 주택담보대출의 만기를 계약자 사망 시점까지 연장하고, 원리금 상환을 이자 상환 방식으로 바꾼 형태라 할 수 있다. 일본의 역모기지는 다른 나라의 상품과 달리 직접적으로 노후 생활비를 마련해주진 않지만, 목돈을 창출해 꼭 필요한 자금 수요에 대응하게 하고 대출상환의 부담을 줄여주는 방식으로 고령자의 노후 생활에 기여한다.

한국과의 비교를 통해 일본의 역모기지 상품을 좀 더 구체적으로 살펴보자. 먼저 공적 역모기지인 한국의 주택연금과 일본의 리버스60은 가입자의 사망 시점이 곧 계약 종료 시점이라는 공통점을 갖는다. 그러나 주택연금은 상품이 규격화된 반면 리버스60은 이를 취급하는 금융회사가 가입가능 연령과 대출한도, 금리적용 방식, 차액상환 의무의 여부[8] 등을 달리 설계할 수 있다. 리버스60은 도입 초기에 성장이 더뎠으나 대출상환 시 상속인에게 차액상환 의무를 부과하지 않는 비소구 방식이 적용되면서 급격히 성장했다. 2016년 연간 16건에 불과했던 리버스60 실행 건수는 2023년에 1382건으로 증가했고, 2024년 3월에는 누적 7000건을 넘어섰다.

민간 역모기지 시장은 일본이 한국보다 상대적으로 활성화돼 있다. 주택의 구입·건축, 요양시설 입주금, 주택융자 차환 등 대출

자금 용도에 제한을 두는 리버스60과 달리 민간의 일반형 역모기지는 사용 목적에 제한이 없고, 대출금액 상한도 더 높아 이용자에게 보다 많은 선택권을 제공한다. 금융회사들은 자체적으로 담보 주택의 유형 혹은 소재지를 제한하거나 변동금리를 적용하는 방식으로 상품 리스크를 관리하고 있다.

한편 매각을 통해 주택자산을 유동화하는 방식도 있다. 임대 제도가 발달한 일본에서 주목받는 서비스 중 하나인 '세일 앤드 리스백Sale and Leaseback'이 그것이다. 이 방식을 활용하면 주택 소유권

표 1-4. 일본 주요 은행 역모기지 상품의 예시

	MUFJ은행	미즈호은행	미쓰이스미토모은행	
유형	리버스60	리버스60	리버스60	일반형
가입연령	60세 이상	60세 이상	50세 이상	60세 이상
대출금액	100만 엔 ~5000만 엔	100만 엔 ~8000만 엔	100만 엔 ~8000만 엔	1000만 엔 ~2억 엔
금리	변동	변동, 고정	변동	변동
자금용도	주택 구입·건축 거주주택 리폼 요양시설 입주금	주택 구입·건축 주택융자 차환 주택 리모델링 거주주택 리폼 요양시설 입주금	주택 구입·건축 거주주택 리폼 자녀 주택의 지원	자유 사용 (단 사업자금, 금융상품 투자 자금은 불가)
차액상환의무	있음(소구형)	없음(비소구형)	없음(비소구형)	있음(소구형)

* 출처: 각사 홈페이지, 우리금융경영연구소.
* 주: 비소구형은 담보부동산 매각 후 부채가 남을 경우 상속인의 상환 의무가 없으나 소구형에 비해 적용금리가 높음.

이 부동산 회사 등 매수인에게 넘어가긴 하지만, 그와 동시에 임대 계약을 맺고 해당 주택에서 계속 지낼 수 있어 지속적 거주를 보장받을 수 있다. 일시금을 수령한다는 점은 역모기지와 동일한데, 이자를 상환하지 않는 대신 거주 주택에 대한 임차료를 지급한다는 차이점이 있다.

세일 앤드 리스백은 고령자만을 위한 제도가 아니기 때문에 가입가능 연령에 제한이 없고, 매각자금을 원하는 대로 쓸 수 있으며, 향후 주택 가격이 하락하더라도 위험을 피할 수 있다는 장점이 있다. 실제로 이 서비스의 이용자를 대상으로 한 주식회사 세이비セイビ-의 조사에 따르면 주택 매각자금은 주로 모기지 조기상환(43.6%)이나 생활비(27.4%), 상속자금(27.0%), 노후자금(26.6%)으로 자유롭게 활용했다. 그러나 역모기지와 달리 종신 임차를 보장하지 않는다는 점은 고령자들에게 있어 위험요소이며, 수수료 등의 비용이 다소 높은 것으로 인식되고 있다. 2013년 일본 최초로 주택 리스백 서비스를 도입한 선도업체인 안도홀딩스&Doホールディングス는 2014년에 16건이었던 연간 주택 리스백 건수가 2023년에 1147건으로 증가했으며 누적 5000건을 달성했다고 밝혔다.

새로운 먹거리, 요양산업

2025년은 한국이 초고령사회로 진입한 첫해이기도 하지만, 일

본에서도 인구구조상 중요한 해다. '단카이 세대団塊の世代'라 불리는 베이비붐 세대의 막내인 1949년생들이 75세를 넘어서면서 모두 '후기 고령자'[9]가 되었기 때문이다. 일본 사회에서는 2025년 이후 후기 고령자 증가로 인한 문제가 본격화될 것이란 우려가 많다. 의료·요양 시설의 인력 부족뿐 아니라 정부의 사회보장비 지출 급증 및 이로 인한 세금 부담 증가, 세대 갈등이 주된 문제로 꼽히고 있다.

이미 2007년에 초고령사회에 진입한 일본은 병들고 쇠약한 노령층에 대한 대응책을 오랜 기간 마련해왔다. 가장 대표적인 것이 요양 서비스 확충이다. 2000년 일본 정부는 기존의 노인복지 제도와 노인보건 제도를 결합한 사회보험인 '개호介護[10]보험'을 도입했다. 우리나라 노인장기요양보험의 모델이 된 이 제도는 노화와 질병 탓에 치료와 돌봄이 필요한 고령자들의 비용 부담을 덜어준다.

개호보험의 도입은 일본 요양산업 성장의 발판으로 작용했다. 일본 후생노동성에 따르면 개호보험이 적용된 요양 서비스 규모는 2006년 6조 2000억 엔에서 2023년 11조 5000억 엔으로 두 배 가까이 성장했다. 개호보험이 지원되지 않는 유료 양로원 등의 매출액을 포함하면 요양산업 규모는 이를 훨씬 능가한다. 일본 내수 경제와 산업은 지난 20여 년간 제자리걸음을 했지만 요양 분야는 몇 안 되는 성장산업 중 하나였고, 후기 고령자 증가에 따라 향후에도 지속적으로 시장이 확대될 것으로 전망된다.

일본의 기업들은 요양산업에서 새로운 사업기회를 찾고 있다.

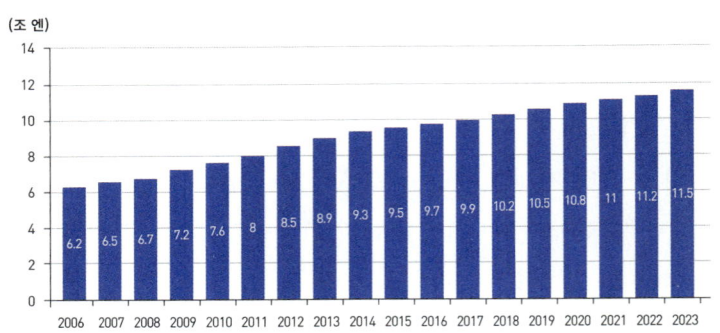

그림 1-9. 요양산업의 규모 및 추이

* 출처: 일본 후생노동성, 우리금융경영연구소.
* 주: 공적 개호보험 서비스 비용(보험급부액+이용자부담액)만을 포함.

교육업체 베네세ベネッセ, 건설업체 츠쿠이ツクイ, 보안경비업체 세콤Secom 등은 1990년대 말부터 2000년대 초반에 방문요양 서비스, 그룹홈 설립 등을 통해 일찌감치 요양산업에 진출했다. 이후 저금리·저성장 국면에서 보험업 이익의 성장에 한계를 느낀 대형 보험회사들도 정부의 금산분리 규제완화[11] 흐름을 타고 미래 유망 분야인 요양산업에 발을 들였다.

대형 보험그룹들은 자본력을 바탕으로 주로 업계 상위의 요양업체를 인수하는 방식을 통해 요양산업에 진출, 단숨에 시장 지위를 확보했다. 대표적인 성공 사례로 꼽히는 것이 솜포홀딩스SOMPOホールディングス다.

솜포홀딩스는 2015년 업계 3위인 메시지メッセージ와 6위 와타미

개호ワタミ介護를 차례로 인수했다. 이후 메시지를 기반으로 2018년 솜포케어SOMPOケア를 설립하고, 기존에 인수한 다른 요양업체들을 그 산하로 흡수 합병했다. 이어 규모 확대를 위해 부동산 기업인 도쿄건물시니어라이프서포트東京建物シニアライフサポート(2020년), 지역 요양업체인 넥서스케어ネクサスケア(2022년), 에네르기아개호서비스エネルギア介護サービス(2023년), 미나케아니이자みなけあ新座(2023년)에 대한 인수·합병을 지속했다.

솜포케어는 요양업체 인수합병을 통해 전국에 거점을 두고 유료 노인홈, 치매 그룹홈, 서비스 제공형 주택 등의 고령자 거주시설과 방문 서비스, 데이케어 서비스, 요양지원 사업, 복지용구대여 사업을 수행하는 종합요양회사가 됐다. 솜포케어의 2023회계연도 매출액은 약 1758억 엔으로 업계 2위 수준이며, 고령자 거주시설 규모만 보면 약 2만 8500호실로 업계 1위다. 솜포케어는 중소 및 영세업체 중심이었던 기존 요양산업 구조를 변화시킴은 물론, 대기업의 경영 노하우를 활용해 본사 중심의 관리 체계를 갖추고 비용을 절감해 이익률을 개선하는 성과를 달성했다.

솜포케어가 성공 사례로 언급되는 이유는 외형적인 재무적 성과 때문만이 아니다. 솜포케어는 2019년 요양관련 기술을 연구·개발하는 연구소 '퓨쳐케어랩'을 설립했다. 이 연구소는 정보통신기술ICT과 디지털 솔루션을 통한 요양 서비스 품질 개선을 지향하고 있으며, 요양 업무의 디지털화를 통해 인력 부족 문제를 해결하고자 한다. 또한 솜포케어는 교육기관인 '솜포케어 유니버시

표 1-5. 일본 주요 요양업체들의 영업 현황

순위	기업명	매출액 (2023 회계연도)	영업이익 (2023 회계연도)	주요 내용
1	니치이학관	2673억 엔 (2022회계연도)	121억 엔	• 거주시설 484개소(16015실), 재가/데이 서비스 955개소
2	솜포케어	1758억 엔	88억 엔	• 시설 규모 1위 • 거주시설 472개소(28500실) 재가/데이 서비스 618개소
3	베네세홀딩스	1393억 엔	95억 엔	• 교육업체 기반, 거주시설 중심(2022년 기준), 요양인력 교육에 강점 • 거주시설 355개소(60~70명 수용), 재가/데이 서비스 37개소
4	츠쿠이	920억 엔	16억 엔	• 건설업체 기반, 재가서비스 중심 • 거주시설 80개소, 재가/데이 서비스 709개소(방문목욕 등 포함)
5	세콤	801억 엔	52억 엔	• 보안경비업체 기반 • 거주시설 14개소, 재가의료 33개소, 재가/데이 서비스 11개소

* 출처: 각사 IR 및 언론 자료, 우리금융경영연구소.
* 주: 베네세홀딩스는 개호 및 보육 사업, 세콤은 의료 분야의 매출 및 이익 자료만 포함.

티'를 통해 요양 인력에게 양질의 교육을 실시함으로써 이들의 전문성을 강화하는 한편 '케어프라이드 마이스터' 제도를 도입해 요양 인력의 직업적 자긍심을 높이고 처우를 개선해 이직률을 낮췄다. 솜포케어의 이러한 시도는 기존 요양산업에서 제기되었던 고질적 문제들을 개선하고자 하는 선도적 노력으로 평가되고 있다.

2023년 11월에는 일본 1위 생명보험회사인 닛폰생명日本生命이 요양업계 1위인 니치이학관ニチイ学館이 속한 니치이홀딩스ニチイホールディングス를 전격 인수, 요양 서비스업으로의 진출을 선언하면서 업계가 술렁였다. 솜포홀딩스가 여러 업체를 인수·합병하는 방식을 취한 것과 달리 닛폰생명은 업계 1위 업체를 단숨에 인수하는 방법을 택했다. 사실 닛폰생명은 일본 내 생명보험시장의 포화로 보험상품의 판매 부진이 계속되자 새로운 성장동력을 찾는 차원에서 오랫동안 요양업으로의 진출을 오랫동안 고민해왔다. 그러던 중 2020년 니치이홀딩스를 인수했던 미국의 사모펀드 베인캐피털Bain Capital이 매각 의사를 밝혔고, 이전부터 니치이학관과 업무제휴를 맺고 협력 관계에 있었던 닛폰생명은 그 기회를 놓치지 않았다.

닛폰생명은 니치이홀딩스 인수를 계기로 요양 및 의료 사업을 그룹의 핵심사업 중 하나로 육성할 계획이다. 연차보고서에서 제시한 단기 계획은 자사의 브랜드와 광범위한 네트워크, 영업직원과 고객 기반을 활용해 니치이홀딩스의 사업을 견고히 확장하는 것이다. 중장기적으로는 니치이학관의 요양·의료 서비스를 보험상품과 연계함으로써 자사의 본업인 보험 비즈니스를 강화할 계획이다. 닛폰생명의 이러한 '대어大魚' 인수전략은 요양 비즈니스와의 시너지 창출을 통해 본업 경쟁력을 강화하려는 궁극적 목적을 보다 빨리 달성케 할 수 있는 전략으로 평가된다.

노노부양 비극, 멈출 수 있을까

노인이 된 자녀가 노부모를 돌보는 '노노부양'은 초고령사회의 비극을 보여주는 단면이다. 돌봄이 필요한 노인이 다른 노인을 수발하느라 고통받는 '간병 지옥'이 벌어지기 때문이다. 재정이 뒷받침되지 않을 경우에는 여러 세대가 연이어 파산할 수도 있기에, 일본에서도 노노부양은 일찌감치 사회적 난제로 떠올랐다.

한국도 일본을 비롯한 여타 OECD 국가들을 능가하는 빠른 고령화 속도, 그리고 75세 이상인 후기 고령자의 증가를 우려하고 있다. 한국 통계청에 따르면 2035년에는 후기 고령자가 709만 명에 달해 전체 노인 인구의 47%에 이를 것으로 추정된다.

이러한 상황에 대비하고자 정부는 2008년 노인장기요양보험을 일찌감치 도입, 제도적 지원을 통해 요양 서비스 공급을 확대하고자 했다. 2022년 보건복지부의 장기요양실태조사에 따르면, 장기요양보험 적용을 받는 지정기관 수는 요양 수요의 상승에 따라 지속적으로 증가해왔다. 그러나 기관의 대다수(83.6%)는 개인사업자라 규모가 영세하다. 또한 장기요양기관의 65.8%는 재정 운영상의 어려움을 겪고 있으며 72.9%가 인력 채용에 어려움을 겪는다고 답했다. 종합해보면 많은 소규모 영세 요양기관들이 낮은 수익성 등의 이유로 양질의 서비스를 제공·유지하기 어려운 상황에 있는 것으로 파악된다.

고령자의 삶에 밀착된 서비스를 제공하는 요양 업종의 특성상 지역 영세 요양사업자가 많은 비중을 차지한다는 점은 일본과 한국이 동일하다. 그러나 일본의 경우 전국적으로 거점을 두고 다양한 요양 서비스를 제공하는 '브랜드화된 종합요양회사[12]'가 많은 데 비해 한국에서는 요양전문 법인을 찾기 어렵다. 일본은 요양산업의 양적·질적 성장을 위해 제도적으로 민간의 시장참여와 경쟁을 적극 유도했지만 한국은 그렇지 않았기 때문이다.

한국의 경우 노인복지법 시행규칙상 일정 규모(입소자 30명) 이상의 노인요양시설을 운영하려면 해당 토지와 건물을 소유해야 한다. 즉, 상당한 초기 투자비용이 필요하기 때문에 민간 자본의 진입이 활발하게 이루어지지 못했다. 일각에서는 비급여 서비스의 수와 종류가 제한적이어서 요양 서비스업의 수익성에 한계가 있다는 문제가 제기되기도 한다.

비교적 규제의 영향이 적은 '시니어 주거'(실버타운, 유료양로원) 분야에서는 서울송도병원, 삼성생명공익재단, 건국대 등이 2000년대부터 일찍이 사업을 시작해 성공적으로 운영을 지속하고 있으며 최근에는 대형 건설사들도 잇달아 진출하고 있다. 반면 토지 및 건물 소유 규제가 적용되는 '입소 정원 30인 이상 요양시설'의 경우는 의료법인이나 종교법인, 공익재단에 의해 운영되는 경우가 많았다.

그러던 중 2016년 11월, KB손해보험이 금융권 최초로 요양업 자회사인 KB골든라이프케어를 설립했다. 2011년 1월 보험업법 시행령이 개정되어 보험회사가 노인복지시설을 운영하는 자회사를 소유할 수 있게 되었기 때문이다. 주·야간 보호 서비스 시설(케어센터) 사업에서 시작한 KB골든라이프케어는 사업 범위를 노인요양시설 및 노인복지주택으로 점차 넓히고 있다. 수요는 많지만 시설 설립에 많은 비용이 들어 공급이 부족한 서울 및 수도권을 중심으로 도심형 요양시설을 설립하겠다는 것이 KB골든라이프케어의 전략이다. 모기업인 KB금융그룹은 요양업에서의 선진 노하우를 얻기 위해 일본 솜포홀딩스와 업무협약을 체결하며 적극적 지원에 나섰다.

요양산업의 전망이 밝아짐에 따라 타 업종 기업들의 요양업 진출과 성공적 운영 사례가 늘어나고 있고, 금융권에서도 보험업을 중심으로 이러한 흐름이 나타나고 있다. 정부는 양질의 요양 서비스 제공과 요양산업의 성장을 촉진하기 위해 노인복지시설 관련 소유 규제의 완화를 검토 중이다. 금융당국 또한 2024년 8월 보험회사의 부수업무로 재가요양기관 운영을 허용하는 등 규제완화 기조에 발맞추고 있다. 다양한 플레이어의 진입이 국내 요양산업의 지형을 어떻게 변화시킬지, 공적 요양보험과 민간 요양 서비스가 어떻게 조화를 이뤄나갈지 주목해볼 만하다.

요양 금융의 탄생: 간병보험의 진화

앞서 설명했듯 일본의 공적 보험인 개호보험은 고령자들이 큰

비용부담 없이 요양 서비스를 받을 수 있도록 설계된 것이다. 그러나 사실 이는 최소한의 안전망에 가깝다. 일본생명보험문화센터日本生命保険文化センター의 '2024년 생명보험 실태조사' 결과를 보면, 세대주가 장기 간병 상태에 이르렀을 때 개호보험 적용 항목 외에 추가로 필요한 비용의 규모를 가늠할 수 있다. 응답자들은 주택 개조나 간병용품 구입을 위한 초기 비용으로 평균 209만 엔이 들고, 매월 15만 7000엔 정도가 필요해 간병 기간 동안 총 2850만 엔(2억 6680만 원)가량[13]이 들 것이라고 답했다. 이는 개호보험으로 해결이 불가능한 간병자금을 미리 준비하고자 하는 니즈가 상당할 것임을 시사한다.

일본 보험회사들은 미래에 발생할 수 있는 요양비 부담에 대응하기 위한 금융상품을 판매하고 있다. 대표적인 예가 간병보험과 치매보험이다. 간병보험에 가입하면 개호보험에서 '2단계 또는 3단계의 요개호要介護 등급'[14]임을 인정받을 경우 일시금이나 월지급금 형태로 보험금을 받을 수 있다. 간병보험은 단일보험이나 특약 형태로 가입하는데, 2024년 세대 기준 가입률은 20.1%로 2009년 이후 증가 추세를 보인다. 간병 필요 시 매월 지급받기로 설정한 금액은 평균 9만 2000엔이다. 앞선 실태조사 결과에서 응답자들이 '세대주가 간병이 필요한 상태에 이르렀을 때 매월 필요해질 금액'으로 예상한 15만 7000엔에는 미치지 못하는 액수지만, 높은 보험료 부담 등의 현실을 감안해 가능한 수준에서 대비하고 있는 것으로 보인다.

그림 1-10. 일본의 간병보험 가입률과 간병자금 월액(가입액)

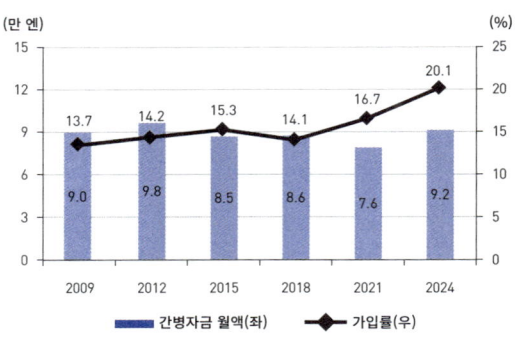

* 출처: 일본생명보험문화센터, 우리금융경영연구소.
* 주: 간병자금 월액은 실제 지급된 금액이 아닌, 가입한 금액의 평균치임.

일본의 민간 간병보험은 1985년경 출시되어 공적 제도인 개호보험보다 그 역사가 오래되었으나, 개호보험이 등장하기 전까지는 시장의 주목을 받지 못했다. 당시에는 지방자치단체가 요양비용을 대부분 부담했기에 간병비용의 준비 필요성을 느끼는 사람이 적었고, 제3보험 분야에 대한 규제 탓에 민간 간병보험을 판매할 수 있는 보험사도 한정적이었기 때문이다. 개호보험 도입과 더불어 간병에 대한 사회적 관심이 증가하면서 간병보험에 대한 관심이 함께 높아졌지만, 개호보험과 보장 내용이 중복되다 보니 한때 간병보험 보유계약고는 감소하는 모습을 보이기도 했다.

흥미로운 점은 민간 간병보험이 그러한 위기를 딛고 개호보험이 다루지 못하는 위험을 보장하는 방향으로 확대, 진화하고 있다는 것이다. 대표적 예가 요양등급 개선 시 보험금을 지급하는 보험이다.

2017년 아이얼소액단기보험アイアル少額短期保険은 고령자의 신체 기능 회복을 촉진하고 요양상태의 악화를 방지하기 위한 보험인 '내일을 향한 힘明日へのちから'을 출시했다. 솜포홀딩스 산하 요양시설 입소자 전용[15]인 이 보험은 가입자가 요양이 필요한 상황에 이르면 보험금을 지급하는 일반 간병보험과 달리 가입자의 상태가 개선될 때 보험금을 지급한다는 것이 가장 큰 특징이다. 또한 일반적으로 장기 보험으로 취급하는 간병 관련 담보를 단순화해 단기(1년 만기), 소액화하는 새로운 시도를 했다는 점도 주목할 만하다.

2010년대 이후에는 기업이 단체 보험을 통해 종업원의 간병 위험을 보장하는 보험이 출현하기 시작했다. 개인적 차원의 간병 위험에 대한 대비가 조직적·사회적 차원으로 확대된 것이다.

그 배경에는 이른바 '간병퇴직'의 급증 현상이 있었다. 일본 후생노동성의 고용동향조사에 따르면 2023년 간병을 이유로 퇴직한 사람은 약 7만 3000명이었는데, 이는 2000년에 비해 두 배로 증가한 수치였다. 간병퇴직이 사회적 문제로 대두되면서 종업원의 부모 간병 부담을 줄이고, 간병을 위해 퇴직하는 것을 방지하기 위한 '임직원 간병비용 보장보험'이 개발됐다. 이를 통해 기업은 종업원들이 일을 그만두고 직접 가족을 돌보기보다는 시장의 서비스를 이용하도록 유도함으로써 인적자원 손실을 방지할 수 있었다. 기업들은 자사가 보험료를 부담하는 임직원 단체의료보험에 간병비용을 보장하는 특약을 추가했으며, 특약의 피보험자 범위를 종업원의 부모까지로 확대하는 형태를 통해 간병위험에 대한 보장을 가능하게 만들었다.

장기 간병휴직에 따른 소득상실을 보전해주는 '간병휴직 소득보상보험'도 등장했다. 일본에선 법정 간병휴직의 경우 93일까지는 급여의 67%가 지급되지만 이를 초과하는 기간에 대해서는 급여가 지급되지 않아 수입 감소에 대한 우려로 장기간 간병휴직을 사용하지 못하는 이들이 많다. 간병휴직 소득보상보험은 요양 등급을 받은 부모를 간병하기 위해 종업원이 휴직하게 될 때, 365일까지의 면책 기간과 3~36개월의 급여 보전기간 중 각 기업이 보험계약 시 설정한 바에 따라 면책기간 종료 후 보전기간 한도 내에서 보험금을 지급한다. 미쓰이스미토모해상三井住友海上과 아이오이닛세이도와손보あいおいニッセイ同和損保는 2017년부터 기업용 단체 종합생활보상보험에 '부모 간병에 의한 휴업 보상 특약'을 신설, 판매 중이다.

일본에서는 후기고령자가 증가하는 것과 더불어 치매인구도 지속적으로 늘고 있다. 후생노동성 자료에 따르면 2022년 일본의 고령치매인구는 약 443만 명이고, 고령자 중 치매 유병률은 12.3% 수준인데, 2040년이 되면 치매인구는 약 584만 명으로 늘어나고 유병률 또한 14.9%로 높아지리라 예측된다. 더욱이 치매는 일반 요양 상태에 비해 더 많은 비용이 드는 것으로 알려져 있다. 이러한 위기감 속에 일본에서는 2010년대 이후 치매보험 출시가 본격화됐다.

치매보험은 간병보험보다 보장 범위가 좁기 때문에, 간병보험 대신 치매보험으로 소비자의 가입을 유도하려면 상품을 차별화하는 전략이 필수적이다. 최근 보험사들은 피보험자의 고지사항을 줄이거나 위험인수 기준을 완화해 고령고객의 가입 편의를 높이고 있다. 또한 개호보험 요양등급 판정을 받지 못하더라도 의사로부터 '소정의 치매 상태 유지'로 진단받거나 경도인지장애 수준이라도 보험금을 받을 수 있도록 보험금 지급 요건을 완화하기도 한다.

특히 단순히 치매 진단 보험금을 지급하는 데서 나아가 치매로 인해 파생되는 다양한 피해를 보상하는 방향으로 보험이 진화하고 있다는 점을 주목할 필요가 있다. 도쿄해상일동화재보험東京海上日動火災保險의 상해종합보험 상품인 '치매안심플랜'은 치매 환자의 일상생활 불안 요소를 광범위하게 보장한다. 치매 환자가 직접적으로 사고를 당하는 것 외에도 타인에게 부상을 입히거나 선로 출입 등으로 시설 운행에 차질을 빚어 법률상 손해배상을 해야 하는 경우, 혹은 실종되어 수색비용이 청구된 경우, 타인에게 피해를 끼쳐 위문을 해야 하는 경우까지의 다양한 사고에 대해 보험금을 지급하는 것이다.

앞서 살펴본 바와 같이 간병보험과 치매보험의 담보가 다양해지는 현상은 일차적으로는 보험을 더 많이 판매하고 새로운 고객을 확보하려는 보험회사의 영업전략이 발전한 결과다. 그러나 우리가 여기서 놓치지 말아야 점이 있다. 고령화 심화에 따라 나타나는 사회적 문제, 개인이 대비해야 하는 보험사고 면면의 변화를 보험회사들이 세심히 관찰해 대응했다는 점이 그것이다. 한국에서도 일본과 유사한 흐름의 고령화가 진행되고 있지만, 그것에서 파생되는 문제는 사회의 구조 및 환경에 따라 다를 수 있다. 그렇기에 단순히 일본의 간병보험, 치매보험에서 새롭게 등장한 담보를 복제하기보다는 한국만의 상황과 제도, 인식을 분석하고 이에 적합한 맞춤형 담보들을 개발해나갈 필요가 있다.

대상속 시대의 도래

2020년대 들어 일본의 연간 사망자 수는 130만 명 이상에 이르렀다. 이는 세대 간 자산 이전이 대규모로 일어난다는 것을 의미하는데, 일본에서는 이를 두고 '대상속 시대'가 도래했다고 일컫는다. 일본 정부는 고령자들이 자산을 장기 소유함에 따라 세대 간 자산격차가 커지고 내수경제가 정체되는 현상을 우려해왔다. 하여 대상속 시대를 앞둔 2010년대에 들어 증여신탁을 활성화하고 상속세를 강화하는 등 부의 세대 간 이전을 촉진하기 위한 정책을 펼치기 시작했다.

가장 먼저 이루어진 것은 신탁 제도의 개편이다. 일본 정부는 신탁을 통해 고령층에 집중된 자산이 효율적으로 관리·이전될 수 있을 것으로 기대했고, 이에 2004년 글로벌스탠더드에 맞춰 신탁을 현대화·활성화하기 위해 신탁업법을 전면적으로 개정했다. 개정된 신탁업법은 기존에 금전, 유가증권, 금전채권 등으로 한정되었던 수탁가능 재산의 제한을 없앴다. 위탁자와 수익자에 대한 보호를 강화하고 신탁업 영위가 가능한 기관의 범위를 확대하는 내용도 담았다. 이를 계기로 현재 고령층 대상 신탁상품의 주요 형태이자, 금전과 부동산 등 다양한 재산을 통합해 관리할 수 있는 포괄신탁(종합재산신탁)이 활성화되기 시작했다. 2013년과 2015년에는 특정 목적의 증여 시 증여세를 면제하는 교육자금 증여신탁과 결혼·육아 지원 증여신탁을 도입해 다음 세대로의 자산이전을 촉진하고자 했다.

두 번째는 상속세 강화 정책이다. 2015년 일본 정부는 상속세에서의 기본공제액을 5000만 엔에서 3000만 엔으로 줄임과 동시에 법정상속인당 공제액도 1000만 엔에서 600만 엔으로 낮추는 등 공제한도를 축소했다. 또한 사망일로부터 3년 이내의 생전 증여 재산이 상속재산에 가산되었던 기존과 달리 2024년부터는 생전 증여의 기간을 사망 전 7년으로 확대했다. 이러한 정책은 단순히 상속세를 많이 걷기 위한 목적을 넘어, 부모 사망 후 자산을 상속받은 자녀들의 세금 부담을 키우기보다는 사전에 증여 작업이 이뤄지게끔 유도하려는 목적이다.

초고령화 시대의 만능 상품, 신탁

2024년 도쿄 출장 당시 일본의 대표적 번화가이자 젊은이의 거리로 불리는 시부야를 방문했다. 시부야역에 내려 역과 연결된 도큐플라자 백화점에 가보니, 핵심적 위치인 5층 라이프라운지에 일본 3대 신탁은행 중 하나인 미쓰이스미토모신탁은행三井住友信託銀行 지점이 자리 잡고 있었다. 백화점 핵심층에 패션이나 뷰티 브랜드가 아닌 은행이 있는 것은 한국에선 볼 수 없는 광경이라 매우 생소했다.

그만큼 일본에서는 한국보다 신탁이 활성화됐다고 볼 수 있다. 신탁은 일본 정부가 강조해온, 고령자의 '안심할 수 있는 자산 운용'과 '원활한 세대 간 자산이전'을 돕는 최적의 상품으로 꼽힌다. 신탁을 활용하면 위탁자는 사전계약에 따라 자신의 유고有故 시에도 흔들림 없이 자산을 운용하고 계획대로 처분할 수 있다. 신탁계약을 체결한 고령자들은 언제 건강을 장담할 수 없는 상황이 닥치더라도 자신과 남은 가족이 미리 계획한 바에 따라 안정적으로 생활할 수 있다는 면에서 크게 만족한다.

그렇다고 해서 신탁이 모든 일본 고령자들에게 가장 인기 있는 상품이 된 것은 아니다. 갑작스러운 질병이나 사고가 발생해 신체적·정신적으로 정상적인 생활이 불가능해지는 상황을 미리 예상하고 일찍부터 대비하는 사람이 많지 않기 때문이다. 이 시기에 대한 대비는 대개 70대가 되어서야 본격적으로 이뤄지곤 한다. 후기

고령기에 가까워지면서 치명적인 건강 문제를 경험하거나, 상속과 관련된 내용을 미리 정리해두지 않아 남은 식구들이 갈등을 겪는 등의 주변 사례를 많이 접하기 때문이다. 70대가 된 고령자들은 그제야 자신의 갑작스러운 유고 상황에 대비하기 위해 은행을 찾는다. 일본의 신탁은행들이 개인 대상 영업의 주 타깃을 70대 이상으로 잡고 있는 이유다.

일본의 신탁은행들은 고령고객 유치에 심혈을 기울인다. 미쓰이스미토모신탁은행의 도큐플라자 백화점 지점에서도 고객이 사라질 때까지 90도로 허리를 숙여 인사하며 배웅하는 직원의 모습을 여러 번 목격할 수 있었다. 또한 프라이빗 상담 창구들을 마련, 도심을 찾은 고령자들이 사전예약 없이도 편히 들러 금융 업무를 볼 수 있게 함은 물론 영업시간 또한 백화점에 맞춰 평일 8시까지 운영하고 있었다. 안내 직원의 말에 따르면, 이 지점에는 주요 고객인 고령자의 니즈에 맞춰 상속신탁을 상담하는 전문 컨설턴트 두세 명이 상주한다.

고객 편의에 초점을 둔 응대 외에도 일본 금융회사들은 다양한 신탁상품과 서비스를 출시해 고령자들의 자산운용과 자산이전, 가업 승계를 지원하고 있다. 상속과 관련된 상품·서비스 중 가장 먼저 등장한 것은 유언신탁이다. 유언신탁은 신탁은행이 위탁자의 유언서 작성과 공증 과정을 돕고, 유언장을 보관하다가 위탁자가 사망하면 이를 집행해주는 서비스다.

사실 이는 신탁은행에 '재산'이 아닌 '유언장'을 맡기는 서비스

이기 때문에 엄밀히 말하자면 재산신탁상품으로 보기 어렵다. 그러나 위탁자 입장에서는 사망 전까지 자기 재산의 소유권을 유지하면서 원하는 대로 자산을 운용할 수 있고, 사망 후에는 생전에 자신이 세워두었던 계획에 따라 신탁은행이 재산을 알아서 처리해준다는 장점이 있다. 무엇보다 재산의 소유권이 끝까지 안정적으로 유지된다는 점 때문에, 계약 후 재산의 소유권이 수탁자에게 넘어가는 일반 신탁에 비해 가입 관련 거부감이 적을 수 있다.

신탁은행은 유언신탁 서비스를 제공하는 대가로 30만 엔부터 100만 엔 내외까지의 기본 수수료, 그리고 상속재산에 비례(1억 엔 미만 시 1~2%가량)하는 일정 수수료를 받는다. 얼핏 보면 상당한 금액 같지만, 신탁은행 관계자의 말에 따르면 이는 실제 서비스 제공에 소요되는 비용 대비 충분한 수익성을 보장하는 수준이 아니다. 그럼에도 신탁은행이 유언신탁 서비스를 제공하는 이유는 유언신탁이 고령고객과 지속적인 관계를 유지하고 향후 자산을 물려받을 다음 세대와의 접점을 만드는 데 매우 유용한 수단이 되기 때문이다.

일본신탁협회日本信託協会의 집계에 따르면 2024년 9월 기준 유언신탁 누적 이용건수는 20만 3713건이며, 그중 유언장 보관과 집행을 겸하는 경우가 92.8%로 대부분을 차지한다. 2003회계연도 이후 3000~4000건을 유지하던 연간 유언신탁 이용건수는 2014년 이후 9000~1만 건으로 늘었고, 최근 2개 회계연도에서는 1만 3900여 건까지 증가했다.

또 다른 신탁상품인 유언대용신탁은 대표적인 상속신탁으로서, 위탁자의 생전에는 본인을 수익자로 하여 자금을 사용하고, 사후에는 사전에 지정해둔 수익자에게 남은 재산이 인계될 수 있게 설계된 상품이다. 이 상품을 계약함으로써 위탁자는 생전 및 사후의 재산 활용 방안을 미리 설정할 수 있다. 신탁이 곧 유언장의 역할을 하기 때문에 위탁자가 사망하면 별도의 유언장 집행 절차 없이 계약 내용에 근거해 재산이 수익자에게 곧바로 이전되고, 이에 따라 수익자는 장례비 등 지출이 필요한 상황에 해당 재산을 즉시 활용할 수 있다는 게 장점이다.

다만 부동산이나 유가증권은 신탁이 불가능하고 금전 등으로만 수탁가능 재산을 정할 수 있다는 제한이 있다. 또한 유류분을 침해하여 설정할 수 없다는 한계도 존재한다. 향후 상속 관련 분쟁이나 유류분 청구 등의 혼란을 방지하기 위해 신탁회사에 따라서는 고객이 보유한 금융자산의 3분의 1까지만 수탁하는 등의 제한을 두기도 한다.

유언대용신탁을 이용하고자 하는 위탁자는 신탁재산의 1~3%에 해당하는 약정수수료 및 운용관리수수료를 부담한다. 다만 신탁업자가 금전 등의 금융자산을 다른 고객 자산과 합동운용하는 등의 방식으로 비용을 절감해 수수료를 낮추는 경우도 많다. 그럴 경우 상속재산의 규모가 크지 않다면 유언신탁에 비해 저렴하게 이용할 수 있는 편이다. 유언대용신탁은 2009년 출시되었는데, 2024년 9월까지 25만 4571건의 누적 이용건수를 기록하며 유언

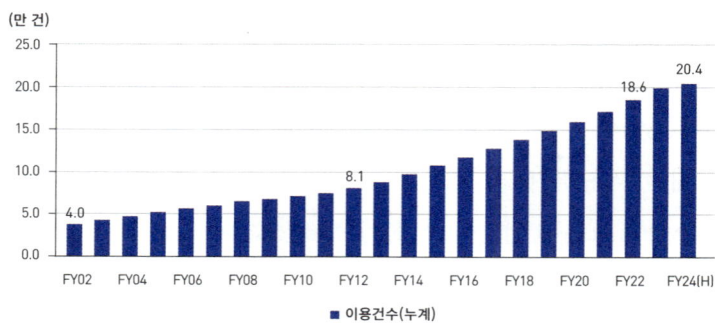

그림 1-11. 일본 내 유언신탁 이용건수의 추이

* 출처: 일본신탁협회, 우리금융경영연구소.
* 주: 가로축의 'FY24(H)'는 2024년 4~9월을 뜻함.

신탁 이용건수를 앞서고 있다.

중소기업의 소유주가 사망할 경우 후계자에게 경영권을 곧바로 승계할 수 있게 자사주를 신탁하는 사업승계신탁도 있다. 기업 소유주는 자사주를 신탁은행에 위탁하면서 자신의 사후에 이를 물려받을 후계자를 지정한다. 위탁자가 사망하면 신탁은행은 그 후계자에게 해당 자사주를 신속히 교부함으로써 안정적으로 경영권이 승계될 수 있도록 한다.

이러한 사업승계신탁의 종류에는 유언대용형 신탁, 타익 신탁, 수익자 연속신탁 등이 있다.[16] 유언대용형 사업승계신탁의 경우에는 소유주가 위탁자 겸 수익자가 된다. 위탁자가 살아 있을 때 자사주의 소유권을 가진 신탁은행이 그를 대신해 의결권을 행사하고 배당금 등을 수익자인 소유주에게 지급하는 형태다. 이후 소유

그림 1-12. 일본 내 유언대용신탁 이용건수의 추이

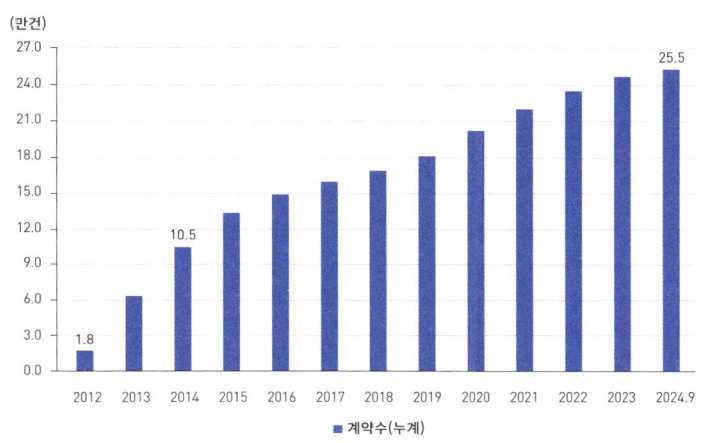

* 출처: 일본신탁협회, 우리금융경영연구소.

주가 사망하면 사전에 지정된 후계자가 수익자가 되어 자사주의 소유권과 경영권을 즉각 물려받는다. 이렇게 신탁을 활용한 사업승계는 신속하고 안정적인 경영권 승계를 통해 경영공백을 최소화하는 장점이 있다.

일본 금융회사들은 앞서 언급한 상속신탁 외에도 고령자들이 인생의 말년을 만족스럽게 정리하고 마무리할 수 있도록 다양한 특화 상품과 서비스를 제공한다. 대표적으로 생명보험신탁은 신탁은행이 보험금 청구권을 위탁받아 사망보험금을 수령하고, 계약자가 생전에 지정한 친족에게 보험금을 지급하는 상품이다. 이를 통해 계약자는 사망보험금 지급의 방식과 시기, 수익자 등을 세부적으로 계획할 수 있다. 사망보험금이 헛되이 낭비되지 않고 위탁자의 뜻에 따라 효과적으로 사용되게 함으로써 고령자들의 걱정을 덜어주고 만족도를 높여준다는 것이 장점이다. 한국에서도 일본의 선례를 따라 2024년 11월 보험금청구권 신탁이 법적으로 허용됐다. 이로써 신탁을 통해 상속재산 중 하나인 보험금의 보다 안전하고 체계적인 관리가 가능해졌고, 보험금 악용에 대한 피상속인의 우려를 덜어줌과 동시에 재산관리가 취약한 유가족의 복지를 향상시킬 수 있다.

한편 미즈호신탁은행みずほ信託銀行과 MUFG신탁은행은 디지털 기반의 상속, 종활終活('인생을 마무리하는 활동'이라는 뜻) 서비스 출시를 통해 상속 및 자산 이전에 대한 대중의 관심을 높이고자 했다. 미즈호신탁은행이 2018년 9월 업계 최초로 개설한 유산정리 사이트를 활용하면 상속인은 직접 지점에 방문하지 않고도 상속재산 목록 작성은 물론 피상속인 재산의 해지 및 명의변경, 상속인에 대한 송금 등 복잡한 절차를 쉽게 처리할 수 있다. 기본 수수료는 44만 엔으로 대면 서비스(110만 엔)에 비해 저렴하다. 상속인 수가 적고 상속재산이 금융자산과 부동산만으로 구성된 경우 이 서비스를 편리하게 활용할 수 있다.

MUFG신탁은행은 2022년 9월 스마트폰을 통해 엔딩노트를 작성할 수 있는 '마이홈 노트' 앱을 출시했다. 엔딩노트는 개인의 신상이나 재산 내역, 유언 등을 생전에 기록하는 문서로, 이의 작성은 죽음에 대비하는 대표적인 종활 중 하나다. 고객들은 '마이홈 노트' 앱을 통해 자필, 사진, 동영상, 음성 녹음 등 다양한 방식으로 엔딩노트를 작성할 수 있다. 앱에는 고객이 사전에 지정해둔 가족에게, 고객이 원하는 시점에 엔딩노트의 내용을 공개하는 기능도 포함되어 있다. 무료 앱이라 서비스가 제한적이고 앱에서 작성한 유언장이 실제 법적 효력을 갖는 것도 아니지만, '마이홈 노트'는 자산 증여와 상속에 대한 대중의 관심을 높이는 데 기여하고 있다.

걸음마 뗀 한국의 노후금융서비스

일본 금융회사들은 정부가 제시한 정책적 가이드라인을 바탕으로 생애주기 맞춤형 금융상품과 서비스를 적극 공급해오고 있다. 먼저 개인 및 가계의 종적 생애주기에 대한 그림을 그렸고, 현 시대의 여러 세대 각각에게 모두 다가가는 횡적 접근으로 촘촘한 대응 체계를 형성했다. 정부는 NISA나 iDeCo와 같은 제도를 직접 만들고 개선하며 시장을 주도함과 동시에, 규제완화를 통해 간접적으로 민간의 참여와 경쟁을 장려하기도 한다. 금융회사들이 소비자의 니즈에 따라 상속신탁이나 디지털 상속 등과 같은 상품과 서비스를 적극 개발하도록 유도하는 것이다. 종합해보면 일본은 정부와 금융회사들이 고령화라는 큰 사회적 변화의 중요성과 파장을 인식하고 그것에 함께 대응해나가는 모습이다.

한국도 일본에 비해 조금 늦긴 했으나 유사한 방향으로 나아가고 있다. 경제활동기의 자산형성과 관련된 일본 상품 NISA, iDeCo에 대응하는 한국 상품으로는 ISA와 IRP가 있다. 투자를 통한 가계자산 증대를 목표로 하는 일본과 강조점은 다소 다르지만, 한국 역시 국민들의 자산축적을 장려하기 위해 제도의 개선을 지속해오고 있다.

그러나 고령기의 생활 니즈에 대응하는 민간 주도의 금융상품 및 서비스는 일본보다 다소 부족한 것으로 평가된다. 가계자산에서 부동산이 차지하는 비중이 높다는 것은 양국의 공통점이지만, 그럼에도 한국은 일본에 비해 부동산을 유동화할 수 있는 방안이 많지 않다. 정부가 보증하는 주택연금은 다행히 어느 정도 자리를 잡았으나 민간 금융회사의 역할은 미미한 수준이다.

이는 요양 서비스 분야도 마찬가지다. 한국 내에서의 요양 서비스는 공적 제도인 노인장기요양보험에 많은 부분을 기대고 있으며, 일본과 달리 민간·금융회사의 참여가 제한적이라 발전이 더딘 편이다. 초고령사회 진입을 앞두고 요양산업에 대한 규제완화 논의가 활발해지고 있는데, 일정 부분을 시장논리에 맡겨 적절한 경쟁을 활성화시키는 방법으로 시장을 발전시키고 키워낸 일본의 과거를 참조할 필요가 있다.

생애주기의 마지막 단계인 고령 후기를 위한 신탁상품과 서비스 측면을 보자면 한국은 이제 막 걸음마를 시작한 단계에 있다. 신탁이 제도적으로 발달한 일본과 달리 한국에서는 신탁가능한 재산에 제한이 있고, 합동운용이나 업무위탁이 어렵다는 규제적 한계가 존재하기 때문이다.

제도적 제한이 있음에도 한국의 일부 은행들은 일본의 신탁은행과 제휴를 맺고 고령자의 안정적 자산운용과 상속을 돕기 위한 상품을 개발하는 데 힘을 쏟고 있다. 후기 고령자가 증가함에 따라 자산관리와 상속준비에 대한 그들의 관심과 니즈 또한 커질 것이다. 국내 신탁업 혁신에 대한 논의도 계속되고 있는 만큼, 한국 금융회사들은 지속적 연구를 통해 한국의 실정과 문화에 맞는 신탁상품과 상속 서비스를 개발하여 수요확대에 대응해나갈 필요가 있다.

2

꿈틀대는 일본 경제

부활의 신호 vs. 추락의 징조

다음 페이지 표의 두 국가 A와 B를 보자. 양국 모두 수출 중심의 경제로 급성장했고, 고도성장기를 지나며 세계 경제강국의 반열에 올랐다. 그러나 이제는 급격한 인구구조 변화와 경제활력 저하로 새로운 도전에 직면해 있다. 경제지표들을 살펴보면 두 나라의 미래는 사뭇 다르게 보인다.

2023년 합계출산율 0.72명으로 세계 최저를 기록한 A국은 2030년의 노령화지수가 301.6에 달할 것으로 예측된다. 노령화지수는 14세 이하 유년기 인구 1인당 65세 이상 노인 인구의 비율을

표 2-1. A국과 B국의 경제지표 비교

	A	B
합계출산율(2023년)	0.72명	1.20명
2030년 노령화지수 전망치	301.6	293.8
청년실업률(2024년 말)	5.90%	3.30%
10년간 주가지수상승률	25%	128%

나타내는 수치다. 즉, A국은 앞으로 5년 내 유년기 인구 100명당 노인 인구가 300명 이상인 사회가 될 것이란 뜻이다. 급격히 늙어가는 A국은 경제역동성이 약해지고 있어 최근 10년간의 대표 주가지수가 25% 상승하는 데 그쳤다. 고용시장의 활력도 떨어지는 추세라 2024년 말 청년실업률은 5.90%인데 향후에도 나아질 기미가 보이지 않는다.

B국은 어떨까. A국보다 먼저 고령화에 접어들었지만 합계출산율이나 노령화지수 등의 지표들은 A국보다 오히려 나은 상황이고, 기업들이 경쟁력을 되찾아 일자리가 늘어남과 더불어 주식시장도 상승세를 보이고 있다. 양국 모두 저출산과 고령화라는 공통된 문제를 안고 있지만 한쪽에서는 경제회복의 신호가, 다른 쪽에서는 경제하락의 징조가 나타나고 있는 것이다.

부인하고 싶지만 A국은 한국, B국은 일본이다. '잃어버린 30년'의 꼬리표를 달고 있던 일본은 부활의 조짐을 보이는 데 반해 한국은 일본이 과거에 갇혀 있던 어두운 터널에 들어갈 위험에 처한 상황이다. 향후의 한국은 일본의 전철을 밟을까, 아니면 새로운 돌파구를 찾게 될까.

디플레이션 터널에서 탈출하는 일본

일본 경제를 논할 때 가장 자주 언급되는 용어가 '디플레이션 deflation'이다. 인플레이션 inflation의 정반대 개념인 디플레이션은 경제 전반의 물가가 계속 하락하는 현상을 의미한다. 한국을 포함한 대부분의 국가에서는 최근 몇 년간 물가가 계속해서 상승하는 인플레이션으로 고통받아왔기에 개인의 입장에선 일본의 물가하락 현상을 부러워할 수도 있다. 하지만 디플레이션은 완만한 인플레이션보다 오히려 경제에 더욱 치명적인 결과를 초래한다.

디플레이션에 돌입하면 우선 각 가정은 소비를 미룬다. 물건 값은 앞으로 계속 하락할 테니 구입도 미래에 하는 편이 낫다고 생각하는 것이다. 가계의 소비가 줄면 기업의 매출이 감소하고, 그에 따라 기업은 투자를 미루고 생산을 줄이며, 그 결과 고용도 같이 줄어든다. 소비, 투자, 고용이 감소하면 재화 및 서비스의 가격은 더 하락하고 가계와 기업은 현재의 지출을 더 줄이는 악순환, 이른바 '디플레이션 스파이럴 Deflationary Spiral'이라 불리는 현상이 발생한다. 국내 경제가 이런 악순환에 빠지는 국가는 대량실업과 극

그림 2-1. 일본의 명목 GDP와 주요 경제·시장 이벤트

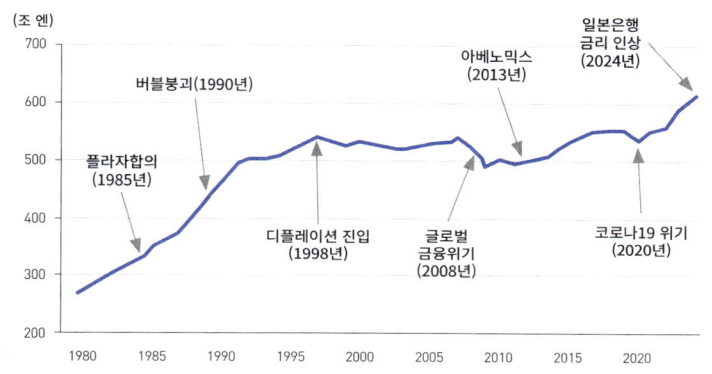

* 출처: CEIC, 우리금융경영연구소.
* 주: 2024년의 수치는 일본 내각부의 전망치임.

심한 경기침체를 장기간 겪게 된다. 1920년대 후반부터 1930년대 전 세계를 강타한 대공황Great Depression이 대표적 사례다.

일본 역시 버블경제가 붕괴된 1991년부터 코로나19 시기까지 30년간 저성장, 저물가, 저금리로 긴 침체의 늪에 빠져 있었다. 하지만 최근 들어서는 디플레이션 탈출에 대한 기대가 높아지는 모습이다. 과거 30년 동안 일본의 명목국내총생산GDP은 연 0.4% 성장[17]에 그쳤으나, 2024년에는 연 2.9%가 늘어난 609.3조 엔을 기록하면서 연간 기준으로는 처음으로 600조 엔을 돌파했다.

뿐만 아니라 1995년부터 2022년까지 대체로 마이너스 상태였던 GDP 디플레이터Deflator: 경제 전체의 물가 수준을 나타내는 지표 변동률 역시 2023년부터 큰 폭의 플러스로 반전됐다. 이렇게 디플레이션

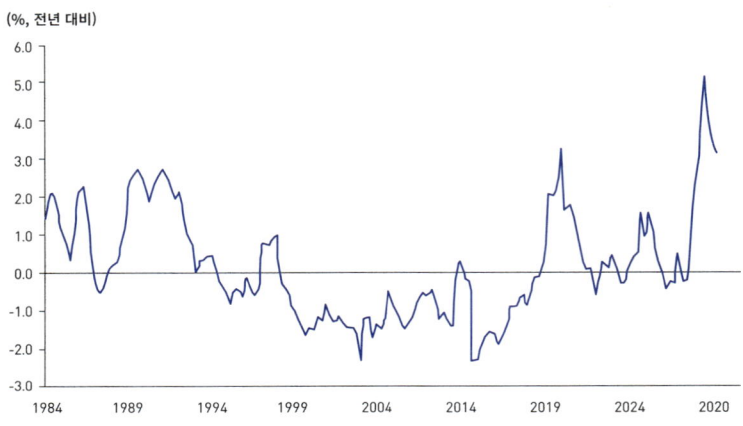

그림 2-2. 일본의 GDP 디플레이터

* 출처: CEIC, 우리금융경영연구소.

탈출 여건이 만들어지면서 2024년 3월 일본은행은 드디어 마이너스 금리 정책을 종료했다. 정책금리를 −0.1%에서 0.1%로 인상한 것이다. 이에 그치지 않고 같은 해 7월에 0.25%로 추가 인상한 데 이어 2025년 1월에는 0.50%로 재차 높였는데, 이는 2008년 금융위기 이후 가장 높은 수준이었다.

일본은 물가, 임금, 주가, 집값 등 소비자들이 체감하는 지표에서도 디플레이션 탈출 징후가 뚜렷하다. 소비자물가와 임금상승률은 1989년을 정점으로 하락하다 최근 들어 2%를 상회하고 있다. 주가지수는 1989년부터 하향했으나 2013년의 아베노믹스를 저점으로 반등한 데 이어 2024년에는 역사적 고점을 경신했다. 도

그림 2-3. 일본의 소비자물가와 명목임금

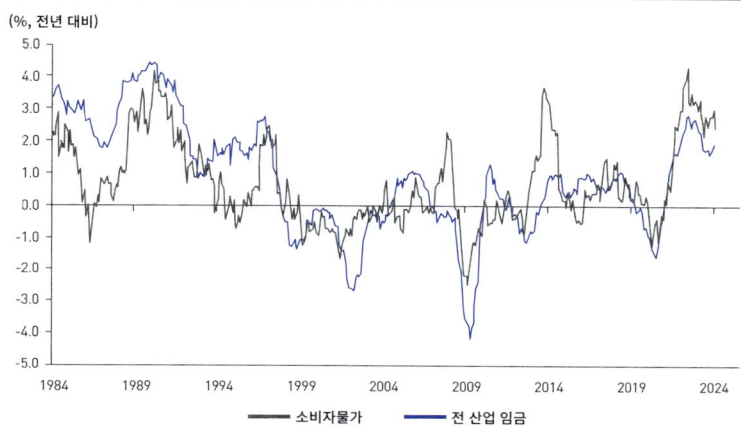

* 출처: CEIC, 우리금융경영연구소.

그림 2-4. 일본 주가지수 및 지가의 변동 추세

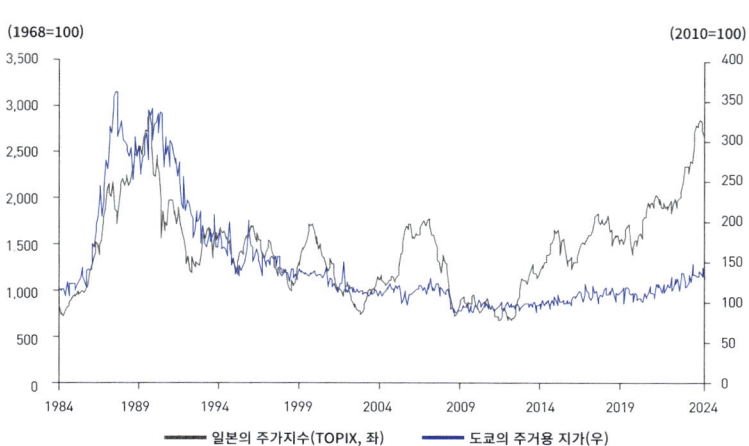

* 출처: CEIC, 우리금융경영연구소.

쿄의 주거용 지가地價는 아직 전고점 수준에 못 미치지만 2015년 이후 회복세를 보이는 중이다.

이러한 경제회복에 힘입어 최근 일본에서는 은행, 증권, 보험회사의 실적 및 주가 역시 우상향 추세를 보인다. 저성장·저물가·저금리였던 지난 30년 간의 환경에서 일본 금융회사들이 부단히 노력한 결과가 가시화된 것이다. 일본의 대형은행들은 예대율 하락,[18] 예대금리차 축소에 대응하여 글로벌(해외대출), 비이자(외환·파생, 신탁, IB), 자산관리(WM, 연금, 신탁)에서 수익성 제고 노력을 경주하고 있다.

일본의 대형은행들은 1991~2008년에 상당 기간 동안 순손실을 기록했으나 2009년 이후에는 순이익을 시현했고, 특히 2020년 코로나19 위기 이후 실적이 가파르게 개선됐다. 일본은행의 전망에 따르면 일본 대형금융그룹들은 시중금리 상승, 대출수요 회복, 대손비용 감소 등에 힘입어 2024회계연도의 순수익 규모가 3조 8000억 엔가량에 달할 것으로 보인다. 이는 사상 최대치일 뿐 아니라 2023년 실적인 3조 4000억 엔 대비 12.6% 높은 수치다.

일본 증권업은 1990년대의 적자구조하에서 강도 높은 구조재편과 비용절감을 통해 2000년대 이후 흑자 전환됐다. 소액투자비과세계좌, 즉 NISA 제도 등 정부의 자본시장 지원정책이 효과를 거둬 증권업은 2010년대 이후 안정적 순이익 기조를 회복했다.

일본 보험업의 경우에는 인구·사회적 수요변화 탓에 순이익이 급감했다. 1990년대 이후 생산가능인구가 감소하고 여성의 경제

그림 2-5. 일본의 은행업·증권업·보험업 주가지수

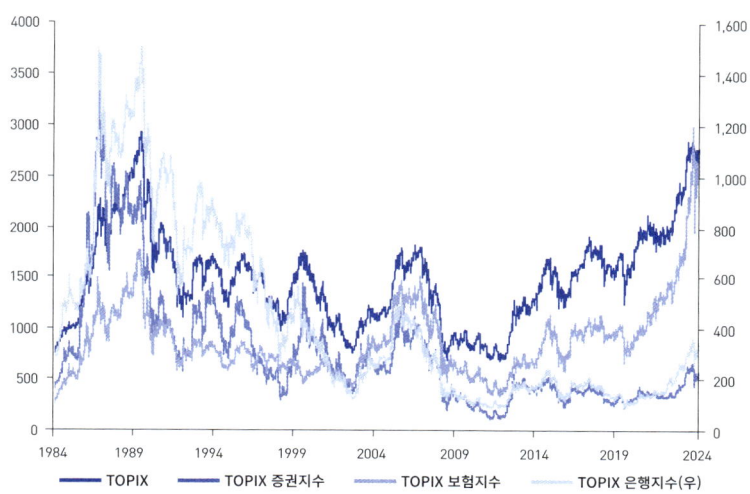

* 출처: Bloomberg, 우리금융경영연구소.

활동이 확대되면서 남성 가장 중심의 사망 담보 수요가 감소했다. 더불어 직장 및 가정의 보안강화에 따른 방문판매의 감소도 영향을 미쳤다. 특히 장기 저금리하에서 2차 역마진, 즉 고객에게 지급해야 하는 예정이율이 운용자산이익률보다 높게 설정돼 이자 면에서 손실이 발생하는 현상이 심화한 탓에 생명보험사들이 연쇄 파산하는 사태도 있었다. 그러나 2010년대 이후에는 제3보험 등을 통해 순이익이 회복하고 있는 모습이다.

이렇듯 일본 경제가 디플레이션이라는 긴 터널을 지나 회복 국면으로 들어서는 모습은 곳곳에서 포착되고 있다. 그렇다면 이러한 부활을 이끌고 있는 동인은 무엇일까? 이는 아베노믹스, 엔화 약세, 금융 정책, 기업실적 개선, 가계소득 증가 등 크게 다섯 가지로 요약된다. 지금부터 이 다섯 가지 요인들을 하나씩 살펴보자.

일본 경제 부활의 동인 1: 아베노믹스 세 개의 화살

전쟁이 끊이지 않았던 일본 전국시대 시기, 주코쿠中國 지방의 명장이자 전략가로 알려진 모리 모토나리毛利元就는 세 아들을 불러 화살 한 개를 건네며 부러뜨려보라고 했다. 화살은 쉽게 꺾였다. 그러나 모토나리가 화살 세 개를 묶어 다시금 건네자 아들들은 아무리 힘을 써도 그것을 부러뜨리지 못했다. 모토나리는 아들들에게 이렇게 말했다. "화살 하나는 쉽게 부러지지만, 셋이 함께 있으면 부러지지 않는다. 힘을 합치면 어떤 어려움도 이겨낼 수 있다."

'화살 세 개의 교훈'으로 불리는 유명한 일본의 일화다. 전 일본 총리인 아베 신조는 2013년 경기침체를 벗어나기 위해 대규모 금융완화, 적극적 재정정책, 성장전략 등 세 가지 정책 방향을 선포했다. 이것이 이른바 '아베노믹스 세 개의 화살'로, 이 세 정책을 지속적으로 추진해 강력한 시너지 효과를 내겠다는 의미였다.

아베 내각(2012~2020년)이 2013년 4월에 '양적·질적 금융완화

정책Quantitative and Qualitative Monetary Easing, QQE'을 도입한 이후, 일본은행의 자산 규모와 본원통화는 동시에 급증했다. 특히 명목 GDP 대비 일본은행의 자산 규모는 미국 연방준비제도Fed, 유럽중앙은행ECB을 크게 상회했다.

장기 국채 매입에 나선 일본은행은 시장을 부양하기 위해 상장지수펀드와 J-리츠까지 매입하는 파격 행보를 보였다. 2016년에는 전 세계 중앙은행 중에서 처음 마이너스 정책금리(-0.1%)를 도입, 전례 없는 통화정책을 펼쳤다. 이후 10년 국채금리를 0% 내외 수준으로 유지하는 '수익률 곡선 통제Yield Curve Control' 정책도 함께 시행했다. 대다수 국가의 중앙은행은 물가안정을 위해 단기금리를 조절하는 전통적 통화정책을 운용하는 데 반해 일본은행이 전개한 이런 QQE는 비전통적 방식에 해당하는 것으로, 막대한 유동성 공급을 통해 물가의 흐름을 바꾸어보겠다는 목적을 갖는다.[19]

일본은 1929년 대공황 당시에도 이와 유사한 방식으로 위기를 돌파한 경험이 있다. 1931년 일본 정부는 금본위제를 포기하고 엔화의 평가절하를 용인하는, 매우 공격적인 통화·재정 팽창정책을 실시했다. 당시 일본 정부는 국채발행 규모를 두 배로 늘렸고, 1932년에 6.57%였던 금리(할인율)도 1936년에는 2.29%까지 인하했으며, 1932~1934년 중 재정지출 규모를 매년 20%씩 키웠다. 당시 재무상(재무장관)이었던 다카하시 고레키요高橋是清가 주도한 과감한 팽창정책에 힘입어 일본은 주요국보다 먼저 대공황에서 성공적으로 탈출할 수 있었다. 다카하시의 재임기간(1931~1936년)

중 일본의 국민소득은 60%가 늘었고 주가는 두 배 높아졌으며, 물가상승률은 18%에 그쳤다. 반면 1931년 금본위제를 고수했던 미국은 환율안정을 위해 긴축정책을 실시했고, 그 결과 달러화 가치는 유지되었으나 극심한 디플레이션과 경기침체를 겪어야 했다.

아베 내각은 침체된 국내 경제를 살리기 위해 재정지출을 적극 확대했다. 재정적자 누적으로 인한 국가채무 우려보다 경기부양이 더 급했기 때문이다. 아울러 과소투자, 과잉규제, 과당경쟁이라는 이른바 '3과過' 문제를 안고 있는 자국 산업구조를 혁파하기 위해 필요한 성장전략을 추진했다. 이 전략에는 기업지배구조 개선, 노동시장 유연화, 여성·노령·외국 인력 활용이라는 규제개혁 방안이 담겼고 의료·보건·농업, 관광 등의 전략 산업 육성과 더불어 4차 산업혁명 대응 및 해외성장시장 확보 등의 정책도 포함됐다.

후임 총리인 스가 요시히데菅義偉(2020~2021년), 기시다 후미오(2021~2024년) 내각도 아베노믹스의 이러한 틀을 이어, 기본적인 정책일관성은 유지하되 일부 정책을 보완했다. 기시다 총리는 성장전략[20]으로 생산성을 향상시키고 그 과실을 임금으로 분배,[21] 국민의 소득 수준을 높이고 그다음 성장을 실현해나가는 '새로운 자본주의 정책'을 도입했다.

일본은 아베노믹스가 주창된 2013년부터 2024년까지 11년간 총리가 세 차례 바뀌는 와중에도 이러한 정책기조를 유지했다. 그 결과 2000~2012년에 -0.2%였던 연평균 소비자물가지수CPI 상승률은 2013~2022년에 0.5%로 높아졌고 2024년에는 2.5%를 기록했다.

2023년 말 일본의 GDP 대비 정부부채비율은 2022년 말 대비 8%p 하락해 코로나19 팬데믹 이전 수준에 근접했으며, 순부채비율은 13%p 이상 감소하며 2013년 수준으로 낮아졌다. 일본은행이 대규모 국채매입을 통해 장기채 금리를 안정시키고 인플레이션 환경을 조성한 덕에 정부가 재정위험을 크게 높이지 않으면서도 성장전략을 유지하는 것이 가능했던 것으로 분석된다.

일본 경제 부활의 동인 2: 수출경쟁력 높인 '슈퍼엔저'

2022~2023년에는 미국 연방공개시장위원회가 공격적으로 금리를 인상한 반면 일본은행은 통화정책 정상화를 최대한 늦춤에 따라 미국과 일본의 금리차가 확대됐다. 달러화 대비 엔화 가치는 계속 하락해, 2012년 1달러당 77엔 수준이었던 달러엔 환율이 2024년에는 한때 160엔을 넘어서기도 했다. 10여 년 만에 달러화 대비 엔화 가격이 두 배 정도 낮아졌던 것이다. 교역상대국의 통화가치와 비교하는 실효환율Effective Exchange Rate로 보더라도 엔화의 가치는 2012년 이후 낮은 수준을 유지하고 있다.

장기간 이어진 '슈퍼 엔저' 현상은 대체적으로 일본의 경제성장에 긍정적 효과를 가져왔다.[22] 우선은 수입물가 상승을 통해 다시금 인플레이션 요인으로 작용했고, 해외시장에서의 가격경쟁력이 살아나면서 수출 제조업 실적과 더불어 관광·운송·소매 등 서비스 부문의 업황이 크게 개선됐다. 특히 일본은 막대한 순대외자산[23]을 보유하고 있기에 엔화 약세는 해외투자에 따른 이자와 배당소득의 엔화 환산액을 늘리는 효과가 컸다.

일본 경제 부활의 동인 3:
활기를 되찾은 자본시장

2013년 아베노믹스를 기점으로 시작된 일본 자본시장 발전전략은 2021~2024년의 기시다 내각에서 '새로운 자본주의 정책'으로 구체화됐다. 핵심적인 정책은 기업 지배구조 개선을 위한 일본식 밸류업 프로그램이었다. 일본 정부는 2023년부터 주가순자산비율 PBR 1 이하의 상장기업을 대상으로 자본수익성과 성장성을 높이기 위한 이행목표를 공개하도록 요구했다.

더불어 가계소득 증대를 위해 은행 예적금에 묶여 있는 가계자금을 금융투자상품으로 이전할 수 있도록 NISA의 세제혜택 확대, iDeCo의 납입한도 확대 등을 추진했다. 이 같은 정책이 시행된 뒤 2024년 투자신탁으로 유입된 자금의 규모는 2007년 이후 최고 수준을 기록했다. 증시는 활황세를 탔고 금융투자상품을 통한 가계소득 증대 효과도 나타나기 시작했다.

표 2-2. 일본 정부의 금융업 관련 주요 정책 시행 내용

분야	정책 내용
자산관리	2017년 금융행정방침에서 고령사회의 금융 서비스 기본 방향을 공표하고 2018년 구체화함으로써 고령화에 대응한 생애주기별 금융상품 및 서비스 체계 구축을 지원
	2024년부터 연간 납입한도·비과세한도를 두 배 이상 상향하고 무기한 비과세 기간을 적용한 신 NISA를 도입, 투자를 통한 가계자산증대를 도모
	정부는 현역기 자산형성 지원을 위해 2002년 iDeCo를 도입해 소득공제, 과세 이연 등의 혜택을 부여했으며 2017년 가입대상 확대, 2022년 가입 가능 연령의 상향 및 수급개시가능 연령의 연장 등 제도 개선을 지속
기업금융	'전환'을 기후혁신 3대 금융전략 중 하나로 선정(2020년 9월)한 후 관련 제도와 정책을 수립하고 고도화를 지속
	GX 추진전략(2023년 7월)에서 10년간 150조 엔(정부 20조 엔, 민간 130조 엔) 규모 민·관 전환금융 공급을 약속
	부동산 취득세·보유세 경감, 소득의 90% 이상 배당 시 법인세 면제, M&A 시 부의 영업권 배당 제외, M&A 세제지원 등을 통해 J-리츠를 지원
글로벌	금융청은 금융회사가 해외 금융기관의 지분을 취득할 시 적용되던 출자 한도를 완화(최대 100%)하는 등 12년 이후 금융회사의 해외진출을 촉진하기 위해 적극적으로 규제완화를 시행
	핀테크, IT 등 비금융 분야에 대한 투자 규제를 완화하고, 해외에서 금융회사를 인수할 시 인수회사의 자회사 업무범위를 일정 기간 유예시킬 수 있도록 법률을 개정하는 등 유연한 해외투자 촉진 및 디지털역량 강화 등을 위해 비금융 부문에 대한 투자를 허용
보험	2019년 5월 '자금결제 등 개정법안'을 통해 보험사 부수업무 범위에 '정보은행업'을 추가하고 보험사가 핀테크, 인슈어테크, ICT 등을 소유할 수 있게 함으로써 정보은행업 및 핀테크 활성화를 지원
	2021년 5월 '금융기능 안정·강화 법률', 금융회사의 비금융업 진출 규제를 완화

* 출처: 우리금융경영연구소.

스타트업 육성 차원에서 일본 정부는 모험자본공급 확대(10조 엔), 스톡옵션에 대한 세제혜택 등을 통해 5년 내 유니콘 회사 100개, 스타트업 10만 개를 설립하겠다는 목표를 내걸었다. 녹색전환 Green Transformation, GX, 디지털전환Digital Transformation, DX 육성정책도 여기에 포함됐다.

일본 경제 부활의 동인 4:
'성장 핵심엔진', 기업이 살아났다

최근 일본에선 다니던 회사에 퇴사 의사를 대신 전달하는 '퇴직대행 서비스'가 성행이다. 더 좋은 조건의 회사로 이직하기 위해 현재 직장에 사표를 내야 하는데 차마 입을 떼기가 어려운 사람들을 위한 서비스다. 우리에겐 이름부터가 생소하지만 이 사업은 놀랍게도 일본 내에서 이미 100곳 이상의 업체들이 영업하고 있을 만큼 꽤 자리를 잡았다. 퇴직대행 서비스가 인기를 끌게 된 것은 최근 일본에서 인력난이 심화하면서 퇴직을 둘러싼 극단적 갈등이 벌어지고 있기 때문이다.

일본의 유명 채용 플랫폼인 마이나비マイナビ에서 개인 및 기업을 대상으로 실시한 '퇴직대행 서비스 관련 설문조사'[24]에 따르면, 개인 응답자 중 이 서비스를 이용해본 사람은 16.6%에 달했다. 또한 이 서비스를 이용한 퇴직자가 있었던 기업은 네 곳 중 한

그림 2-6. 일본 퇴직대행 서비스의 광고

* 출처: 구글 이미지 검색, 우리금융경영연구소.

곳으로 해마다 늘어나는 추세다.[25] 퇴직자가 이 서비스를 이용하는 주된 이유로는 '직접 퇴직 의사를 밝히면 회사에 붙잡힐 것 같아서'(40.7%), '스스로 퇴직 의사를 밝힐 수 있는 환경이 아니어서'(32.4%), '퇴직 의사를 전달하면 문제가 생길 것 같아서'(23.7%)가 꼽혔다. 실제로 2024년 쿠마모토의 한 음식점에서는 일을 그만두겠다고 말한 직원에게 주인이 칼을 휘둘러 살인미수 혐의로 경찰에 체포되는 사건까지 발생했다. 아르바이트 구직 기회도 잡기 어렵다고 하는 한국과는 천양지차 분위기다.

이러한 현상들이 발생하는 것은 바로 일본 기업들이 최근 실적이 개선되면서 인력과 설비에 공격적으로 투자하고 있기 때문이다. 고용을 늘리려 하는데 노동 공급이 이를 따라가지 못함에 따라 일본 기업들은 만성적인 노동력 부족을 겪고 있다.

2021년 코로나19 위기 이후 일본의 기업들은 비용상승 요인을 가격에 반영해 영업마진을 확보했다. 거기에 엔화 약세로 영업외 이익까지 더해지면서 경상이익 규모는 1985년 이후 최고치를 경신했고, 기업 부문의 재무 상황이 대폭 개선되면서 순자금의 공급 규모가 급속히 확대됐다.

사업 재편에 성공해 경쟁력이 되살아난 기업들도 출현했다. 소니Sony가 대표적이다. 1020세대에게 소니는 더 이상 기성세대가 기억하는 '워크맨' 제조업체가 아니다. 콘솔용 게임기인 플레이 스테이션을 필두로 음악, 영화를 만드는 '콘텐츠' 기업으로 진화한 덕분이다. 소니는 적자기업이란 오명을 벗고 영업이익이 10년 새 50배가 늘어, 2024회계연도에는 역대 최고치인 1조 3100억 엔을 기록했다.

자국의 내수경기가 회복의 조짐을 보이고 이익이 늘자 일본 기업들은 투자를 확대했다. 노동력 부족에 대응하는 자동화 관련 투자와 함께 e-커머스 관련 물류, 도심 재개발, 탈탄소 설비 전환, 반도체 라인 증설을 중심으로 설비투자가 반등했다. 다만 주택건설 분야에서는 인구고령화 등을 반영하여 투자 감소세가 지속되고 있다.

일본 경제 부활의 동인 5:
증시의 활황과 가계소득 증가

　1988년생인 김진수 씨는 2010년 스마트폰 보급과 함께 확산된 MTS, 즉 모바일 트레이딩 시스템을 깔고 주식투자를 시작했다. 당시 대학생이었던 김 씨는 주식투자 동아리에 가입하고 대학생 모의투자대회에도 나갔다. 하지만 2012년 졸업 후 일본으로 유학을 간 뒤로는 주식투자 동아리를 만들 수가 없었다. 유학생활 6년 동안 개인적으로 주식거래를 하는 일본인 친구를 찾기가 어려운 탓이었다.

　그런데 최근 김 씨는 옛 일본인 친구의 SNS를 보고 깜짝 놀랐다. 열심히 주식공부를 하는 사진이 올라왔기 때문이다. 이에 일본 서점가를 살펴보니 아니나 다를까, '주식투자에서 10배주·100배주 찾는 법', '돈의 대학: 진정한 자유를 손에 넣다'와 같은 제목의 투자 관련서가 베스트셀러 목록을 뒤덮고 있었다. 지금 일본에서는 '닌자 개미'라는 말이 생겨날 정도로 개인 주식투자 열풍이 불고 있다. 10년이 채 되지 않는 기간 동안 분위기가 이렇듯 급변한 이유는 무엇일까?

　우선은 임금인상을 들 수 있다. 이익이 개선됨에 따라 일본 기업들은 명목임금의 인상에 대한 노동자들의 요구를 적극 수용했다. 2024년 춘투春鬪 임금인상률(일본에서 매년 봄에 이뤄지는 임금교섭에 따라 결정된 임금인상 비율)은 5.1%로, 1991년 5.6% 이후 33년 만에 5%를 넘어섰다.[26] 여기에는 최근 일본은행의 금리인상과 주가 상승으로 이자·배당소득이 높아진 것도 영향을 미쳤다.[27] 일본의 가계자산에서는 부채보다 금융자산이 압도적으로 큰 비중을 차지한다. 그 결과 가계와 기업의 기대인플레이션이 동반상승하면서 임금-물가 선순환 움직임이 나타나기 시작했다.

이상 살펴본 일본 경제 부활의 동인 다섯 가지를 종합하면 다음과 같다. 일본에서는 2013년부터 본격적으로 추진해온 '통화완화(엔화 약세)와 재정·금융·성장 정책→기업실적 개선(주가상승)→임금인상·투자확대→고용확대·가계소득증대→수요견인 인플레

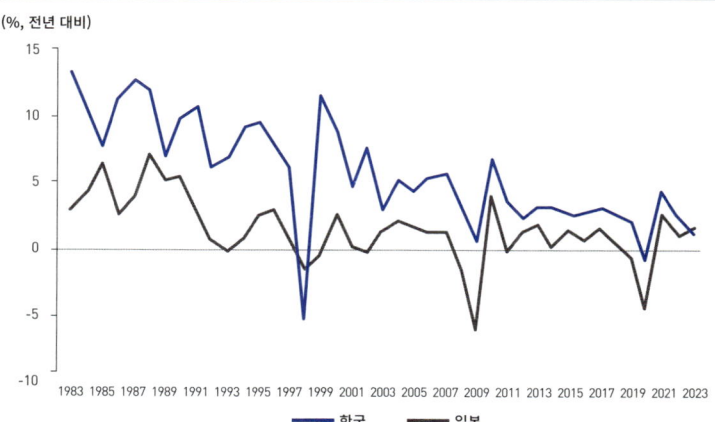

그림 2-7. 한국과 일본의 실질GDP 성장률

* 출처: CEIC, 우리금융경영연구소.

이션(디플레이션으로부터의 지속적인 탈출)'의 선순환 구조가 2023년 이후 강화되고 있다.[28] 그 결과 2023년 일본의 실질GDP와 명목GDP의 성장률은 1998년 외환위기 이후 처음으로 한국을 넘어섰다. 일부에서는 엔화 약세와 물가상승으로 취약계층의 어려움이 가중되었다는 비판을 하기도 한다. 그러나 이는 디플레이션 탈출 과정에서 불가피한 통과의례로 평가되며, 일본 경제가 정상궤도에 오르면 상당 부분이 해소될 수 있는 문제다.

한국 경제가 마주한 갈림길:
고령화·민간부채·기업경쟁력의 '3대 경고등'

일본 경제가 이렇듯 부활의 조짐을 보이는 데 반해 한국에서는 과거 일본이 겪었던 저성장에 빠질 것이란 우려가 커지고 있다. 한국의 잠재성장률은 저출산·고령화 등 구조적 문제로 향후 십수 년 내에 0%대로 추락할 것이라는 전망까지 나오는 상황이다. 한국개발연구원KDI은 2050년 한국의 잠재성장률이 높으면 0.7%, 낮으면 0.2%까지 떨어질 것으로 전망했다.[29]

한국 경제는 저성장·저물가·저금리에 빠졌던 일본의 전철을 정말로 밟게 될까? 먼저 일본의 '잃어버린 30년'을 초래한 8대 요인을 찾아 한국과 비교해보자.

일본은 2007년에 초고령사회가 되었고, 한국은 그로부터 18년

그림 2-8. 한국과 일본의 총인구 추계

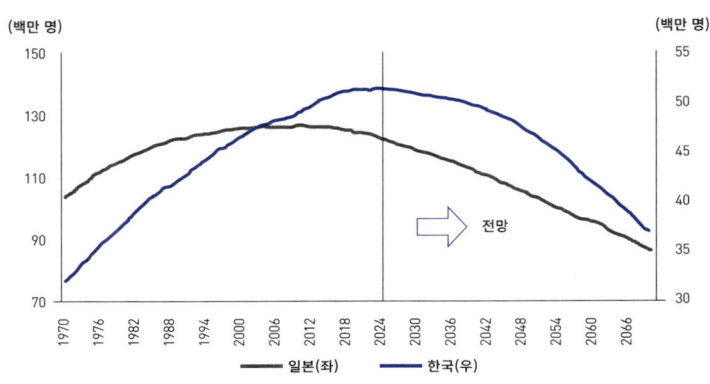

* 출처: CEIC, 우리금융경영연구소.

그림 2-9. 한국과 일본의 65세 이상 노령인구 비율 추계

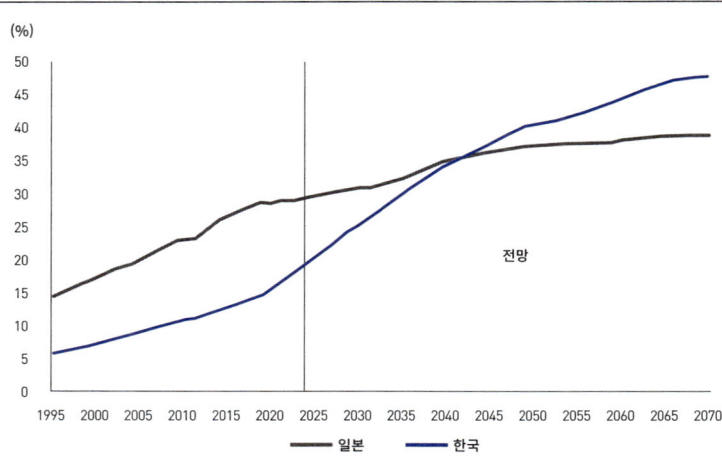

* 출처: CEIC, 우리금융경영연구소.

뒤인 2025년 초고령사회로 진입했다. 하지만 고령화 속도는 한국이 일본보다 빨라서 2040년에는 한국의 노령인구 비율이 일본을 추월할 것으로 전망된다.

출산율을 보면 일본(2023년 1.27명)은 더디게 낮아지는 반면, 한국은 일본보다 빠르게 하락해 2023년에는 역대 최저치인 0.723을 기록했다.[30] 총인구 면에서는 일본의 경우 2009년 정점을 찍은 뒤 15년간 계속 감소하는 중이고, 한국은 2020년 최고치에 도달한 후 2021~2022년 연속 감소하다 2023년 외국인 유입 증가로 소폭(0.2%) 증가한 모습을 보인다.

한국은 일본보다 공적연금의 도입 시기가 늦어 노령층의 소득

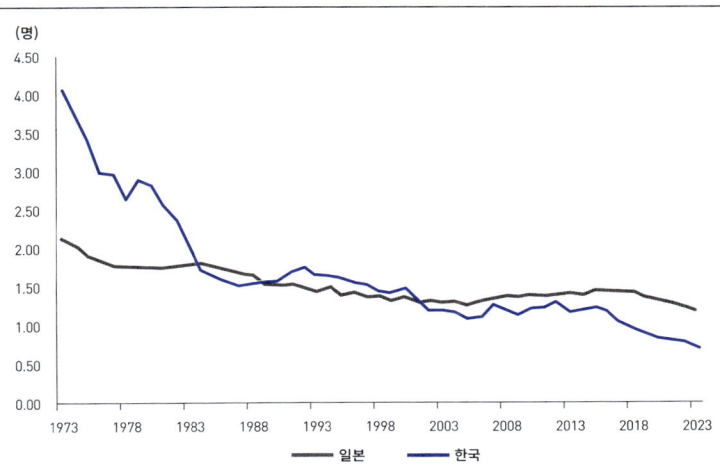

그림 2-10. 한국과 일본의 합계출산율

* 출처: CEIC, 우리금융경영연구소.

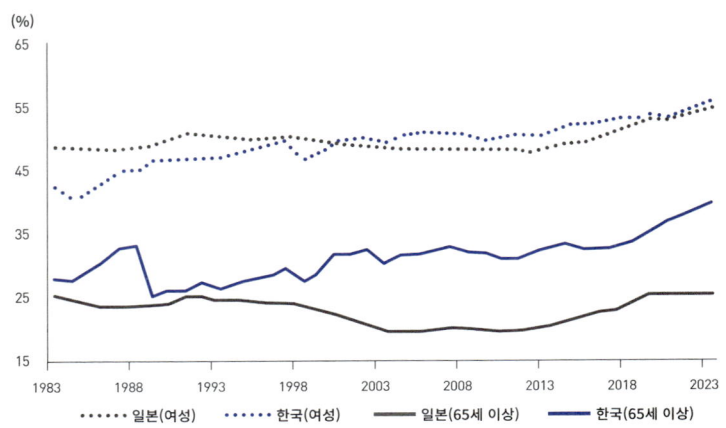

그림 2-11. 한·일 여성 및 고령층의 노동시장 참여율

출처: CEIC, 우리금융경영연구소.

여건이 취약한 상황이다. 65세 이상 인구의 노동시장 참여율은 한국이 일본보다 높아서 2023년 기준으로 보면 한국은 39.7%, 일본은 25.7%다. 생산인구 감소, 부양인구 증가로 경제성장이 둔화되는 현상인 '인구 오너스Population Onus'에 대한 우려가 한국이 일본보다 큰 것도 이 때문이다. 다만 노령층과 여성의 높은 노동참여는 총수요 위축을 일부 보완할 것으로 기대된다.

1984~1990년 버블경제 시기 당시, 일본에서는 경기호황에 대한 기대와 급격한 신용팽창[31]으로 부동산 부문에서 과잉투자가 이뤄졌다. 이후 버블이 붕괴되어 부채가 해소되는 과정에서 기업 및 가계는 지출을 축소했다.

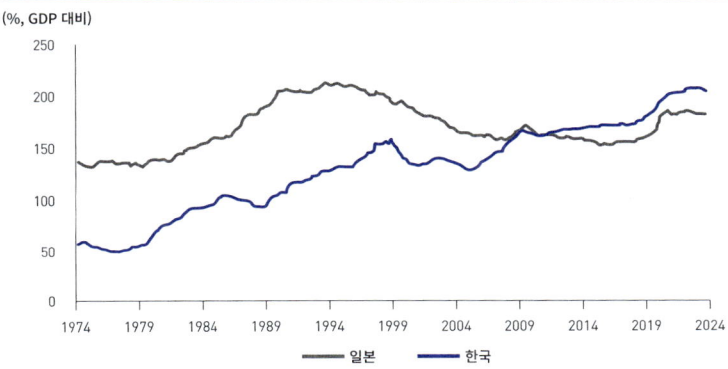

그림 2-12. 한국과 일본의 GDP 대비 민간 신용

* 출처: BIS, 우리금융경영연구소.

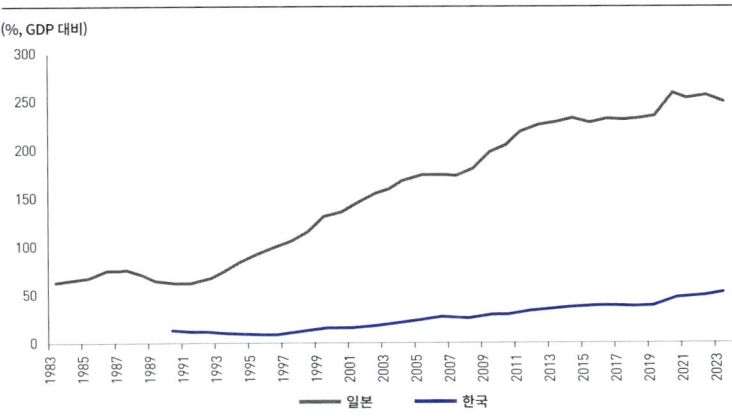

그림 2-13. 한국과 일본의 GDP 대비 정부 부채

* 출처: CEIC, 우리금융경영연구소.

한국에서도 코로나19 시기에 저금리 기조가 이어지면서 부동산 PF와 주택담보대출이 급증했다. GDP 대비 민간신용 비율은 1980년대 후반 버블붕괴 이후 일본 수준에 육박하고 있다.[32] 이같은 한국 민간 부문의 디레버리징Deleveraging(부채감축) 압력은 내수 경기의 하방 요인으로 작용하는 모습이다.

하지만 일본의 버블 시기와 비교해보면 한국은 금융불균형[33]이 크지 않은 것으로 평가된다. 금융회사에 대한 건전성 규제 수준이 높고, 한국은행도 금리를 선제적으로 인상한[34] 영향이다. 한국은행이 측정한 '금융취약성지수Financial Vulnerability Index'는 중장기 금융 불균형 정도를 나타내는 지표로, 1997년 외환위기 당시를 100으로 설정했다. 금융시스템 내의 잠재 취약성이 외환위기 때보다 커질 경우 지수가 100을 넘고, 상대적으로 안정되면 100 미만으로 나타나도록 구성된 것이다. 2024년 2분기의 금융취약성지수는 31.5였는데, 이는 장기 평균을 밑돌 뿐 아니라 2008년 금융위기 직전(80.5)과 2022년 자산가격 급등 시기(56.4)도 크게 하회하는 수치였다.

일본 기업들은 버블붕괴 이후 수익성이 낮아졌음에도 고용을 유지했지만 대신 임금과 생산단가를 낮추는 방식을 취했다. 이들은 정규직 해고를 최후의 구조조정 수단으로 인식해 신규 채용을 줄이고 비정규직을 확대했으며, 경쟁력 제고를 위한 투자를 꺼리고 빚부터 갚는 데 집중했다.

그 결과 1994년부터 일본 기업들은 돈을 빌리는 주체(자금수요

그림 2-14. 일본의 GDP 대비 기업 자금과부족

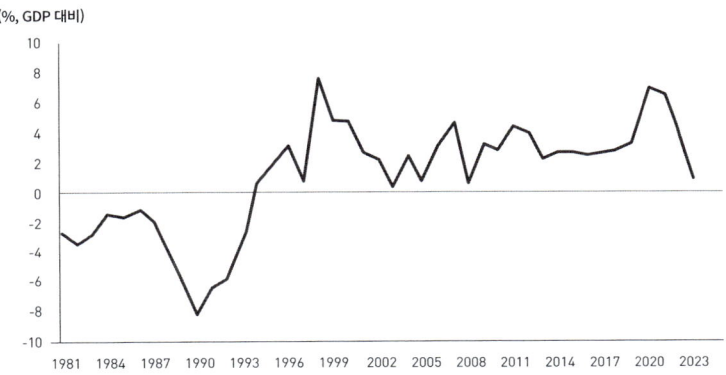

* 출처: CEIC, 우리금융경영연구소.

자)가 아닌, 돈을 빌려주는 쪽(자금공급자)으로 입장이 바뀌었다. 일본은행이 금리를 인하하며 경기부양에 나섰음에도 기업들은 부채감축을 위해 투자를 줄였고, 그에 따라 경제활동이 위축되는 '대차대조표 불황Balance Sheet Recession' 현상이 발생했다.

그렇다면 한국의 경우에는 어땠을까? 한국 기업들은 1997년 외환위기와 2008년 금융위기를 거치면서 인건비와 투자를 일시적으로 줄였지만, 이후 업황이 개선되자 재빨리 확장경영 기조로 전환했다. 우선은 재무구조 개선에 집중하다가 2016년부터 반도체·IT·자동차·이차전지 등 첨단산업 분야를 중심으로 투자를 재차 확대한 것이다. 그러나 아직 일본 기업들의 경우처럼 시장에 자금을 공급하는 쪽, 즉 돈을 빌려주는 순공급자의 위치로 전환하

그림 2-15. 한국의 GDP 대비 기업 자금과부족

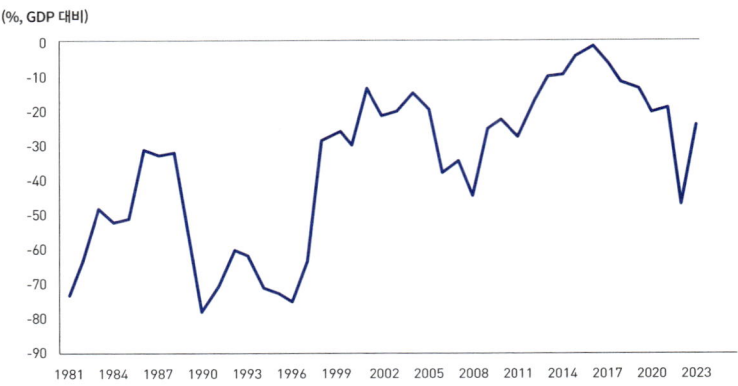

* 출처: CEIC, 우리금융경영연구소.

지는 못한 것으로 보인다.

일본 기업과 달리 한국 기업들은 외부 충격이 발생할 때에도 노조 반발 등의 요인이 있어 인건비를 조정하는 것이 여의치 않다. 수익성 개선의 여지가 크지 않다는 뜻이다. 그만큼 이익창출력(매출액 대비 영업이익)도 점차 낮아지고 있어 한국 기업들이 과연 기업경쟁력을 유지할 수 있을지에 대한 우려가 존재하는 것이 사실이다.

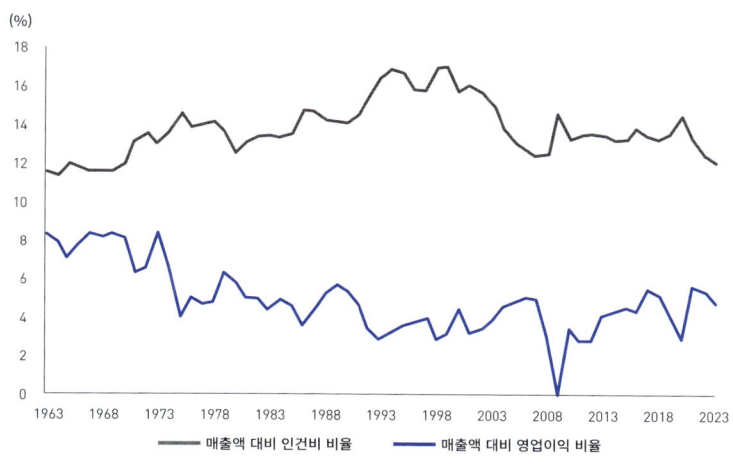

그림 2-16. 일본 제조업의 인건비와 영업이익

* 출처: CEIC, 우리금융경영연구소.

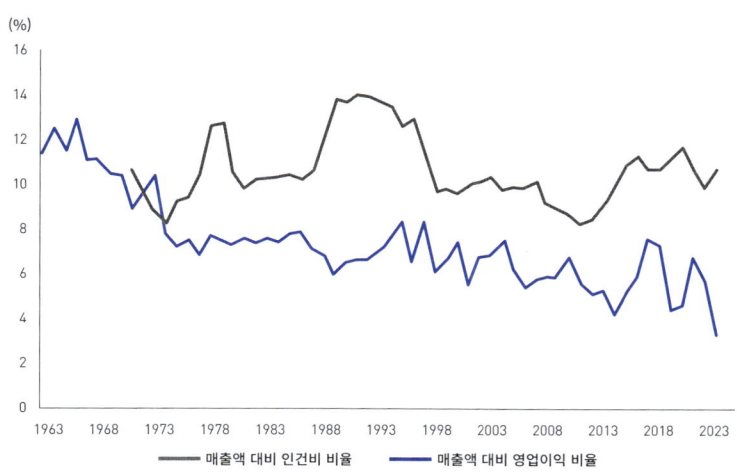

그림 2-17. 한국 제조업의 인건비와 영업이익

* 출처: CEIC, 우리금융경영연구소.

한국이 과거 일본과는 다른 다섯 가지 이유

1997년 일본 열도는 금융회사들의 연쇄도산으로 큰 충격에 빠졌다. 시중은행으로서는 처음으로 홋카이도다쿠쇼쿠은행北海道拓殖銀行이 파산한 것을 비롯, 상장증권사인 산요증권三洋証券과 일본의 4대 증권사 중 하나인 야마이치증권山一証券도 문을 닫았다. 1990년대 초의 버블붕괴 이후 부실채권Non-Performing Loan, NPL의 처리를 오래도록 미루고 있던 여러 금융회사는 결국 파산의 길을 걷고 말았다.

이에 일본 정부는 1998년 '금융재생법', '금융조기건전화법'을 통해 공적자금을 투입했다. 일본 은행들은 부실기업의 경영 개선을 기다리며 금융지원을 지속했으나 이는 '좀비기업'들을 양산하는 결과로 이어졌다. 이에 따라 일본 은행들은 건전성 악화로 파산해버렸고, 결국 2000년대 초반에 신용경색이 발생했다.[35]

금융부실에 대응이 늦었던 이유는 은행의 부실자산이 비시장성 자산이라 시가평가가 이루어지지 않았고, 그에 따라 손실인식도 지연됐기 때문이다. 부실채권 처리가 가져올 단기 충격은 우려한 데 반해, 처리하지 않을 경우 그것이 장기적으로 경제에 미칠 부정적 영향에 대한 인식이 부족했다는 점도 원인으로 지목됐다. 일본의 대중 및 정치권이 공적자금 투입에 대해 부정적이었던 것 역시 빠른 대응을 막은 요인이다.

이와 비교했을 때 한국은 위기가 발생할 때마다 부실채권을

그림 2-18. 일본의 부실기업채권 규모와 동경 지가

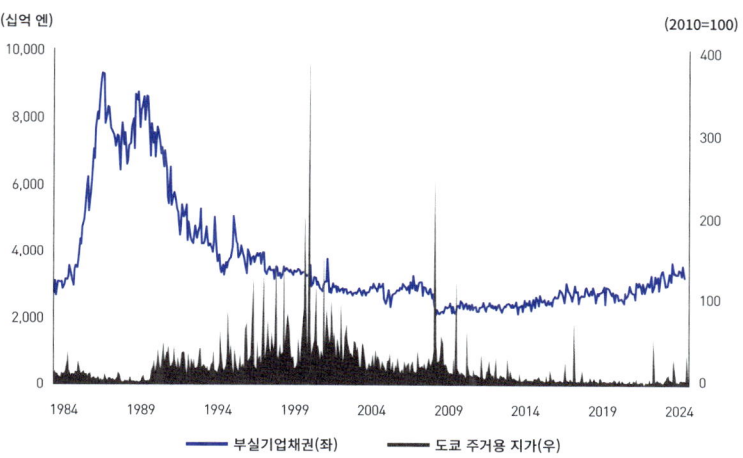

* 출처: BIS, 우리금융경영연구소.

신속히 매각해왔다. 외환위기 당시에는 국제통화기금International Monetary Fund, IMF 구제금융 조건으로 신속·과감한 금융구조조정을 단행했고 이후 카드대란(1992년), 금융위기(2008년), 저축은행 사태(2011년), 부동산 PF 부실(2024년) 등이 발생했을 때에는 은행을 중심으로 국내 금융회사들의 건전성이 적극적으로 관리되었다. 이러한 여러 차례의 위기를 극복한 한국 정책당국은 금융구조조정 노하우를 축적하고 있다. 이 점을 감안하면 국내에 금융위기 조짐이 발생하더라도 신용경색까지 진행될 가능성은 크지 않다고 판단된다.

그림 2-19. 한국 금융회사들의 고정이하여신 비율

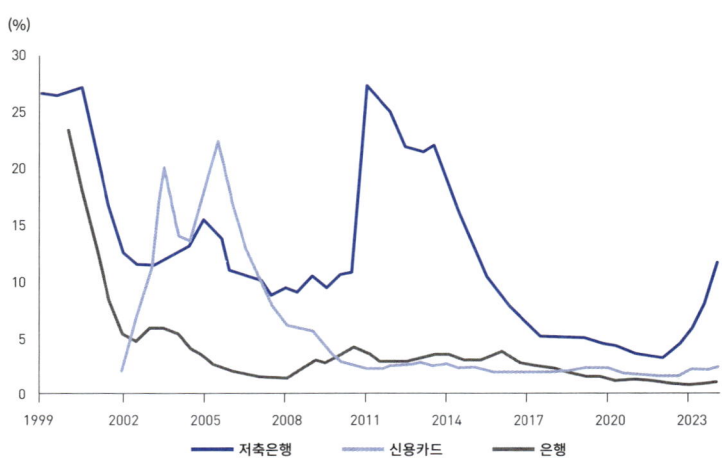

* 출처: CEIC, 우리금융경영연구소.

그림 2-20. 한·일 GDP 대비 은행의 민간 대출

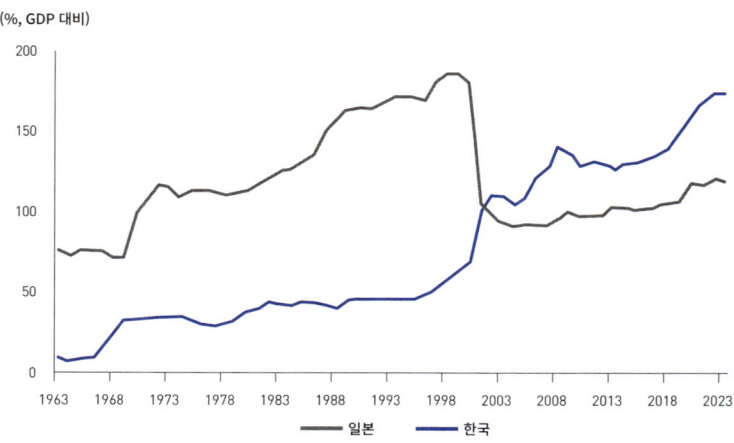

* 출처: 한국은행, 우리금융경영연구소.

일본은행은 1985년의 플라자합의 이후 엔화 강세에 따른 수출경쟁력 약화 및 경기침체 가능성을 과도하게 우려했다는 평가를 받는다. 지나치게 오랫동안 저금리를 유지한 것이 버블 형성에 일조했다는 시각도 많다. 반대로 1989~1990년 일본은행은 단기간에 금리를 급격히 인상해 버블붕괴를 촉발했다. 당시의 통화정책이 실패한 원인으로는 엔화 평가절상 충격에 대한 과대평가,[36] 미-일 정책공조(금리인하를 통한 내수부양으로 대미 무역흑자 축소),[37] 중앙은행인 일본은행의 독립성 부족[38] 등이 거론된다. 일본은행의 독립성은 2000년대 들어 강화됐지만, 경기·물가 상황에 대한 잦은 오판으로 통화정책 결정을 번복해 시장의 신뢰를 상실했다는 지적도 제기됐다.[39]

한국은 1997년 외환위기를 겪으며 중앙은행의 독립성을 강화했고, 금리정책도 경기대응적으로 운용했다. 한국의 총통화M2(현금, 요구불 예금, 정기예금, 단기 금융상품, 저축예금 등 유동성 높은 자산을 포함하는 범위의 통화공급을 의미) 증가율은 일본보다 높게 형성되어 있는데, 이는 한국 통화정책의 유효성이 일본보다 크다는 의미다. 통화정책의 유효성이란 간단히 말해 중앙은행의 금리조절이 경제에 미치는 영향력을 뜻한다. 기준금리의 변화가 장단기 금리 및 여수신 금리의 변동을 이끌고 유동성(통화량)에 영향을 줌으로써 궁극적으로 실물경제에 영향을 미치는 정도를 의미하는 것이다. 통화정책 파급경로가 일본의 경우보다 잘 작동하고 있는 만큼, 한국은 향후 경기침체 시 그에 대응할 여력이 충분한 것으로 평가

그림 2-21. 한국과 일본의 기준금리

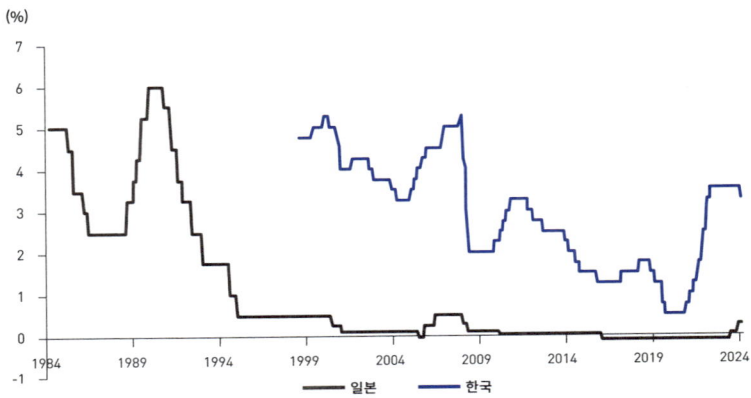

* 출처: BIS, 우리금융경영연구소.
* 주: 일본의 경우 2006년 3월 이전은 재할인율.

그림 2-22. 한국과 일본의 총통화증가율

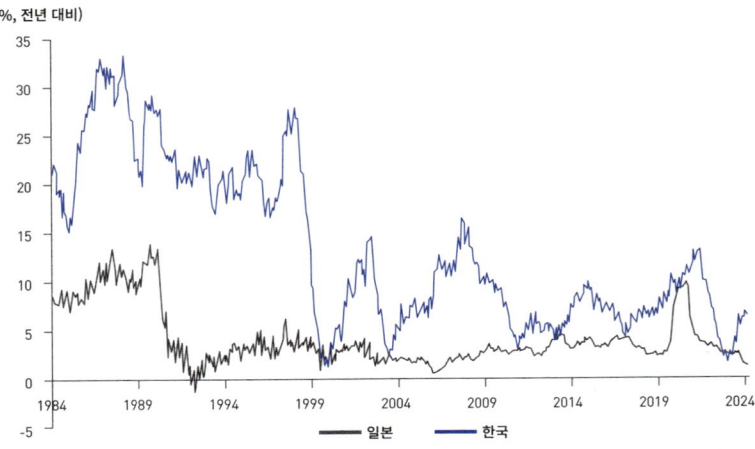

* 출처: CEIC, 우리금융경영연구소.

된다.

1990년대 초반 일본 정부는 당시 상황을 일시적 경기침체로 인식, 지방도로 건설 등 공공사업을 대폭 확대했다. 그러나 낮은 재정승수Fiscal Multiplier(정부의 재정지출이 경제에 미치는 영향) 효과로 경기부양 효과가 제약되었다. 1990년대 후반에는 부실채권 처리, 농업지원, 복지지출 확대로 재정여건이 급속히 악화됐다.[40] 시라카와 마사아키 전 일본은행 총재는 1990년대의 비효율적 재정지출을 '갈 곳 없는 다리'에 비유했다. 인구가 적은 지역에 고비용으로 건설되는 다리는 효용성이 떨어져, 그저 지역주민들의 표를 얻기 위한 '민심잡기용 사업'일 뿐이라는 뜻이다. 그만큼 당시 일본 정부의 재정지출은 별 효과가 없음을 지적하는 표현이었던 것이다.[41]

한국의 경우에는 1997년 외환위기 당시 금융구조조정과 사회안전망 구축을 위해 대규모 공적자금(168조 원)을 신속하게 투입, 경기를 빠르게 회복시켰다. 재정승수 효과 외에도 금융중개 기능의 정상화를 통한 통화승수Money Multiplier(중앙은행의 화폐공급이 상업은행들 및 경제 전체에 미치는 영향) 또한 확대된 덕이었다. 이에 힘입어, 1990년대 후반 이후 일본의 기초재정수지(전체 재정수지에서 국채이자 비용을 제외한 수치)가 적자를 지속한 반면 한국은 대체로 흑자를 유지했다.

현재 한국의 재정여건은 1990년대 일본보다 양호해 경기침체에 대응할 만한 여력이 충분한 것으로 보인다. 다만 인구고령화에

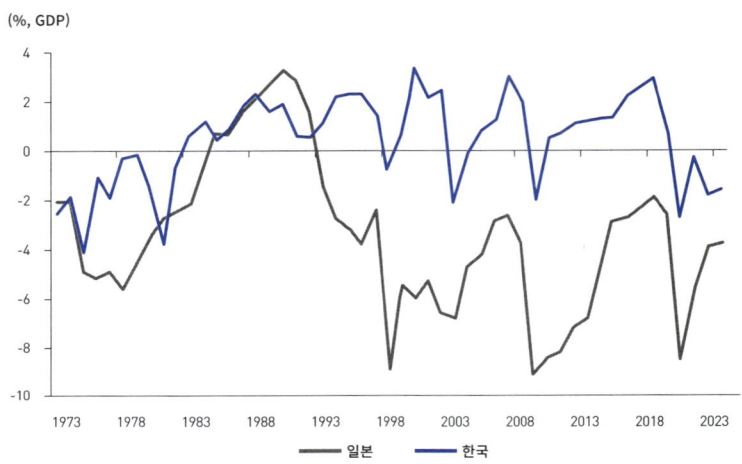

그림 2-23. 한국과 일본의 기초재정수지

* 출처: CEIC, 우리금융경영연구소.

따른 복지지출 확대 필요성은 장기적 재정건전성을 악화시키는 요인으로 작용하고 있다. 공적 신용보증 프로그램이 강화돼 자영업자와 중소기업의 구조조정이 지연되는 부작용도 우발채무 부담으로 작용한다.[42]

  1991년 버블붕괴 이후 일본은 금융부실 및 경기부진에 시달렸으나, 그럼에도 엔화는 2012년까지 대체로 강세 기조를 유지했다. 2008년 금융위기와 같은 글로벌 리스크가 확대될 때 해외금리는 빠르게 하락한 반면, 일본의 금리는 제로 수준을 유지하면서 내외금리차가 축소된 덕분이었다. 일본은 전 세계 최대의 순대외자산 (대외금융자산에서 대외금융부채를 제한 것) 보유국이고 일본 금융회사들이 해외대출 또는 채권투자를 늘려왔기 때문에, 일본 엔화는 해외금리가 하락할 시 엔 캐리 트레이드Yen Carry Trade(일본의 낮은 금리를 이용, 엔화를 빌려 여타 고금리 국가의 자산에 투자하는 전략)가 청산되며 강세를 띠는 경향을 보인다.

한국 원화는 대체로 달러화 또는 주요 교역상대국 대비 약세 기조를 유지한다. 한국은 2014년부터 순대외자산이 플러스로 전환됐으나, GDP 대비 순대외자산의 규모(2023년 44.0%)가 일본(79.5%)보다 훨씬 작다. 특히 글로벌 리스크가 확대될 때에는 원화가 약세를 나타내는 경향이 있으며, 한국 외환당국의 시장개입도 일본보다는 상대적으로 용이하다.

원화의 국제화는 미흡하여 순대외자산이 원달러 환율을 안정시키는 효과가 크지 않다. 일례로 일본 상업은행들은 해외에 엔화표시 대출을 제공하고 있지만, 한국의 국내은행은 여러 제약 때문에 해외를 대상으로 원화표시 대출을 취급하기가 어렵다.

또한 한국과 일본 중앙은행들의 대차대조표를 보면, 일본은행의 자산은 대부분 일본 국채인 데 반해 한국은행의 자산은 대부분 외환보유액으로 구성되어 있다. 양국 중앙은행은 물가안정을 최우선목표로 삼고 있으나, 금융시장 측면에서 보자면 일본은행이 자국 내 장기금리 변동성의 축소(채권시장 안정)에 중점을 둔 것과 달리 한국은행은 원달러 환율변동성의 축소(외환시장 안정)에 중점을 두고 있다고 할 수 있다.

종합해보면 수출경기가 하락하는 등 대외여건이 악화될 때 일

그림 2-24. 미 달러화 대비 원화 및 엔화의 현물환율

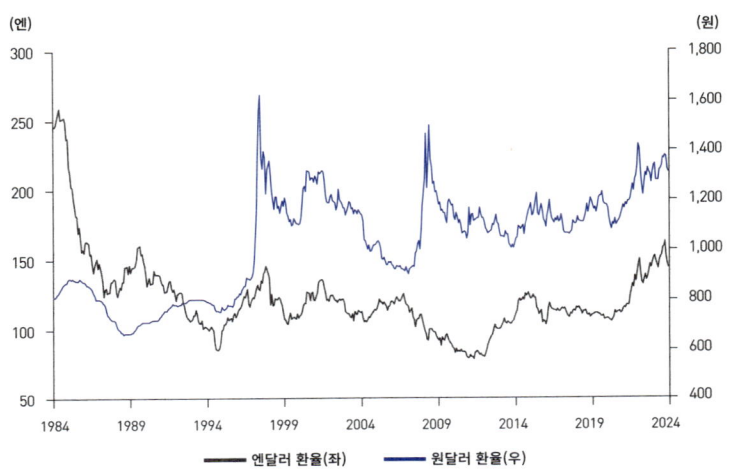

* 출처: CEIC, 우리금융경영연구소.

그림 2-25. 원화와 엔화의 명목실효환율

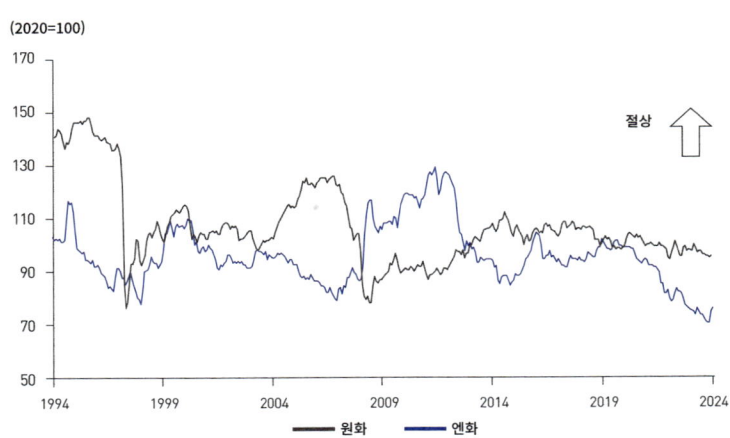

* 출처: BIS, 우리금융경영연구소.

본은 엔화 강세(디플레이션) 압력이 커지지만, 한국의 경우에는 이 것이 원화 약세(인플레이션) 요인으로 작용해 부정적 성장의 충격을 일부 완충하는 것으로 분석된다.

일본에서는 버블붕괴 이후 '디플레이션'이라는 용어가 '물가의 지속적 하락'이라는 사전적 정의를 넘어 느슨하고 광범위하게 사용되고 있다. 2001년 3월 일본 정부가 디플레이션을 공식 선언한 이후 이 용어는 경기악화, 기업의 실적부진, 자산가격 하락 등에 일상적으로 사용되고 있다.

'디플레이션'은 1930년대 대공황을 연상시키는 용어인 탓에, 노동자들은 기업실적이 부진한 시기에 고용안정을 보장받는 암묵적 조건으로 임금의 동결 또는 삭감을 수용하는 경향이 있었다. 이에 따라 일본에서는 경기침체 시에도 실업률이 높아지지 않는 대신 임금감소에 따른 물가하락이 나타나는 현상이 벌어졌다. 일본의 '잃어버린 30년(1991~2021년)' 동안, 소비자 기대인플레이션 조사에서는 물가가 향후 유지 또는 하락할 것이라 응답한 비중이 30%를 상회했다.

반면 한국의 경우 저출산·고령화·저성장 등 인구구조의 유사성에서 '일본식 장기불황'이라는 표현이 사용되곤 있으나 '디플레이션'이란 표현은 그리 일반적이지 않다. 소비자물가지수CPI는 꾸준한 오름세를 지속하면서 물가상승률 수준의 명목임금인상 관행이 지속되고 있으며, 소비자 기대인플레이션 조사에서도 디플레이션에 대한 예상이나 인식을 찾아보기 어렵다.

단위노동비용 Unit Labor Cost(노동을 통해 생산된 상품이나 서비스 한 단위당 발생한 노동비용)을 보면, 일본의 경우 1994년부터 2013년까지 하락했다가 이후 완만하게 상승한 데 반해 한국은 외환위기 이후 1998년에 일시적으로 하락한 시기를 제외하면 꾸준히 상승해 왔다. 과거 일본에서 나타났던 '경기부진→제품가격 하락→임금(단위노동비용) 하락→물가하락→투자부진→경기부진'의 악순환 고리가 한국에서는 뚜렷이 관찰되고 있지 않다. 일본에서의 '잃어버린 30년'과 달리 한국에서는 물가상승 기대를 반영한 명목임금의 오름세가 지속된다는 점이 이를 방증한다.

그림 2-26. 물가의 하락 혹은 현 수준 유지에 대한 한·일의 응답 비중

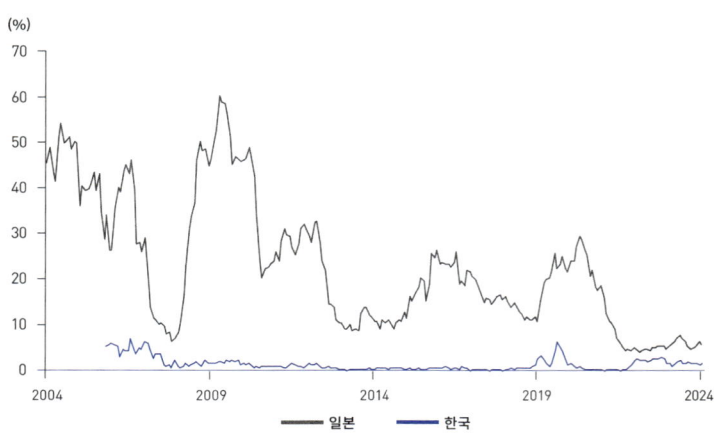

* 출처: CEIC, 우리금융경영연구소.
* 주: 소비자 기대인플레이션 항목 중 일본은 '물가가 하락 또는 0% 근처에서 유지될 것'이라 응답한 비율이고, '한국은 물가가 -0.5~0.5%에서 움직일 것'이라 응답한 비율임.

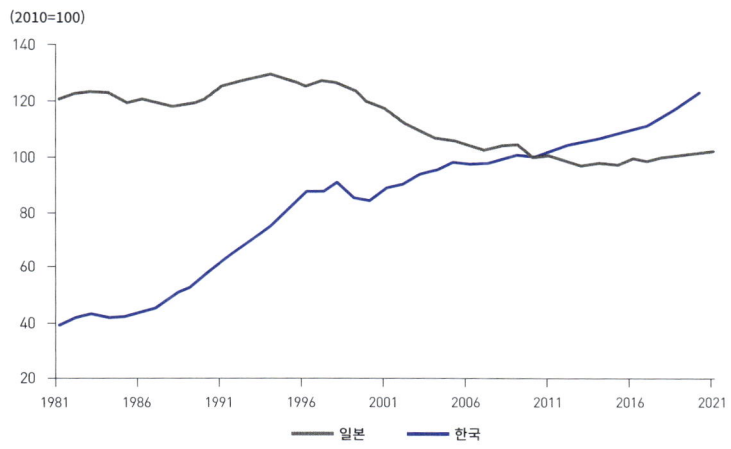

그림 2-27. 한국과 일본의 단위노동비용

* 출처: CEIC, 우리금융경영연구소.

과거 일본이 그랬듯 한국 경제도 향후 저성장·저물가·저금리의 압력을 피하기 어려울 것임을 부인할 순 없다. 베이비부머 세대의 본격적 은퇴에 따라 복지지출이 급격히 늘어나고 재정여력 면에서 취약해질 수 있으며, 임금보다 고용이 우선시됨에 따라 물가와 임금이 연계되지 않는 현상이 심화할 가능성 또한 있기 때문이다. 고령화 및 기업경쟁력 약화에 대응해 가계와 기업이 저축을 늘리면 시중에 유동성이 줄어 통화정책의 효과가 약화할 것이라는 예상도 나온다.

하지만 한국은 일본과의 차이점도 보인다. 신속·과감한 구조조정, 환율의 탄력성, 통화정책과 재정정책의 효과가 잘 전달되는 경제구조 면에서 과거 일본보다 비교우위에 있다는 게 그것이다. 한국도 가까운 시기에 '일본식 디플레이션'에 빠질 가능성은 낮다고 판단하는 배경이 이것이다.

꽉 막힌 한국 경제, 돌파구가 필요하다

하지만 그렇다 해서 마냥 안심할 수만은 없다. 오히려 최근 일본 경제의 부활 움직임에 비하면 한국 경제의 역동성이 미진한 탓이다. 한국은 인구구조적 측면뿐 아니라 금융, 부동산, 제조업 등 산업 곳곳의 활력도 떨어지는 모습을 보인다.

그렇다면 앞으로 한국이 과거 일본의 전철을 밟지 않고 새로운 돌파구를 찾기 위해선 어떻게 해야 할까? 무엇보다 한국 경제를 짓누르는 저성장·저물가·저금리 압력을 완화하는 대책이 시급하다. 정책당국은 저출산·고령화 문제의 해결에 집중하고, 무엇보다 성장 역동성을 되살리기 위한 대응책을 강구해야 한다. 아울러 금융산업의 경쟁력 제고에 필요한 규제완화, 제도 개선에도 적극 나설 필요가 있다.[43]

한국 은행업은 아직 예대율을 90%대에서 유지하는 등 국내에서의 성장 및 수익창출이 가능해 보이지만, 실질적으로는 시장포화와 무한경쟁의 상황에 직면해 있다. 지금과 같이 은행 및 이자이익에 대한 의존도가 높으면 과거 일본이 겪었던 저성장 리스크

그림 2-28. 일본 상업은행들의 예금·대출

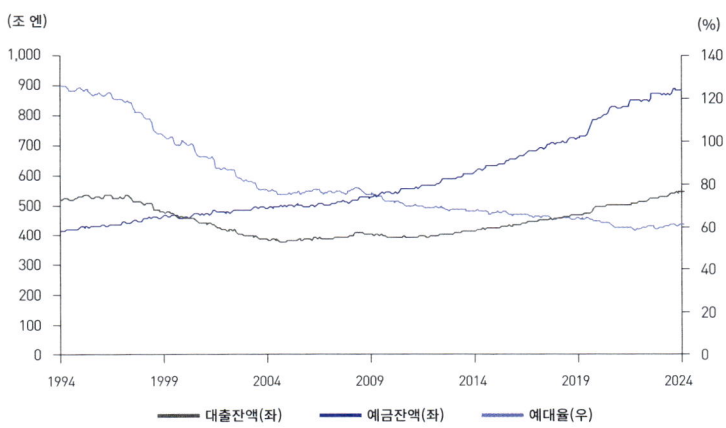

* 출처: CEIC, 우리금융경영연구소.
* 주: 도시은행과 지방은행의 총합.

그림 2-29. 한국 상업은행들의 예금·대출

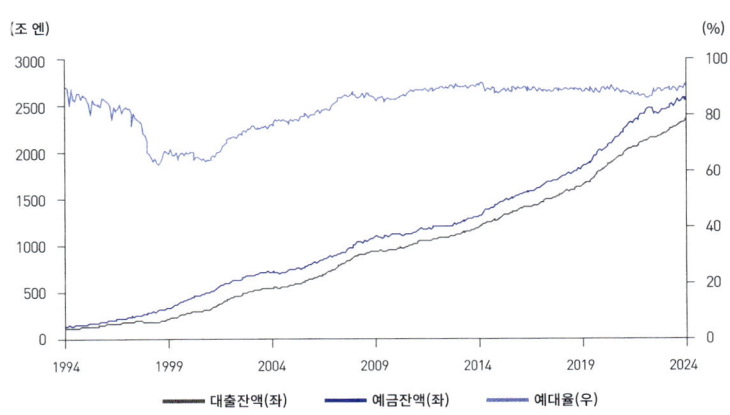

* 출처: CEIC, 우리금융경영연구소.
* 주: 일반은행과 특수은행의 총합.

에 취약할 수 있다는 뜻이다. 디플레이션에서 살아남은 일본 금융 회사들의 전략을 국내 금융권이 참고해야 하는 이유다.

3

인구변화가 부른 기업문화 혁신

일본 기업문화에 대한 선입견

일본과 한국의 문화는 닮은 듯 다르다. 전 세계적 관점에서 보면 동양 문화권으로 함께 묶이기도 하지만, 한국인들 중에서는 일본과 한국의 문화가 같다기보다는 다르다는 데 동의하는 사람이 더 많을 것이다. 기업문화의 측면에서도 일본과 한국은 닮은 점과 다른 점 모두를 갖고 있을 것이라 생각된다. 물론 기업문화는 각 회사의 독특한 가치관·규범·관습·행동방식을 의미하는 용어지만, 기업 또한 사회에 속해 있는 만큼 그 사회 전반의 문화나 분위기와 완전히 분리될 수 없기 때문이다.

일본의 기업문화로부터 무언가를 배워야 한다고 주장하면 많은 사람들이 의아해할 수도 있다. 여러 대중문화를 통해 우리에게 비춰진 일본의 기업문화는 선진적이고 혁신적이라기보다는 상당히 보수적이라 인식된다. 일본 드라마들만 보더라도 상사의 말에는 무조건 복종하는 상명하복 문화(보통 주인공은 여기서 반골 기질을 드러내며 영웅시되곤 한다), 단순 사무직군 여성들을 '오피스 레이디(또는 오엘OL)'이라 칭하는 데서 느껴지는 남녀차별 분위기, 과도한 노동시간에서 엿볼 수 있는 '집단을 위한 개인 희생 문화' 등을 보여주기 때문이다.

그러나 일본의 기업문화를 연구하면 할수록 이러한 선입견은 도전을 받게 된다. 연구보고서 작성을 위해 글로벌 금융회사의 자료를 찾다 보면 일본 메가뱅크나 증권사들의 사례를 심심찮게 볼 수 있다. 이들 회사는 JP모건JP Morgan이나 시티그룹Citigroup, HSBC 등 서구권 글로벌 금융회사 수준의 연례 인적자본보고서 Human Capital Report를 공시하는데, 그 내용에 있어서도 매우 앞서나간다. 그저 특정 주제와 관련된 수십 페이지짜리 자료를 홈페이지에 공시한다는 사실만으로도 그 회사가 해당 주제에 대해 진지하게 접근하고 있다는 것, 또 어느 정도 수준까지 이미 올라와 있다는 것을 알 수 있다.

이런 현상을 지속적으로 접하다 보면 '일본의 기업문화는 어느 틈에 이런 글로벌 수준으로 도약한 것일까?', '공시자료는 원래 홍보를 주 목적으로 하다 보니 실제보다 조금 과장해 표현한 것도 있지 않을까?', '이들은 어떤 기업문화를 지향하며, 자신들이 목표로 하는 문화에 어떻게 접근하려 노력 중일까?' 등과 같은 질문들이 생겨난다. 지금부터는 이런 질문들에 하나하나 답하며 그 내용을 짚어보려 한다.

인구구조의 변화가 가져온 파장

일본은 일할 사람이 부족한, 그것도 심각하게 부족한 상황에 있다. 일본의 경제활동가능인구는 1993년에 약 8700만 명으로 정점을 찍은 후 점차 감소해 2023년에는 7370만 명을 기록했다. 총인구 대비 경제활동가능인구 비율은 69.7%에서 58.5%로 낮아졌다. 2023년 4월부터 그 이듬해 3월까지 1년간 일본 기업 313개사가 인력부족으로 파산했을 정도다.

일본에서 향후 추가적으로 필요한 노동인력이 2030년에는 340만 명, 2040년에는 1100만 명으로 전망된다는 것 역시 일본의 노동력 부족 문제가 심각한 수준임을 보여준다. 이는 일본의 대졸자 채용시장에서도 볼 수 있다. 일본 대졸자 1인당 구인자 수는 1.75명으로, 노동의 수요가 공급을 75%나 초과한다. 취업난으로 어려움을 겪는 한국 대학생들의 입장에선 엄청나게 부러워할 만한 상황이다.

일본은 저출산·고령화로 노동인력이 감소하고 인재확보가 기업의 핵심 경쟁력으로 대두됨에 따라 수요자 중심의 인사정책, 우수한 기업문화로 구직자들에게 소구할 수밖에 없는 상황이 됐다. 특히 저출산·고령화에 따른 내수시장의 침체로 일본 기업들이 글로벌 진출에 나서면서 전문인력 확보를 위해 각종 인사정책을 글로벌 기업에 맞추기 시작한 것도 기업문화 변화에 영향을 미쳤다. 결국 일본 기업문화가 달라진 가장 근본적 요인은 인구구조 변화인 것이다.

일본 내 최고 직장으로 꼽히는 메가뱅크의 사례를 살펴보자. 미쓰비시UFJ금융그룹MUFG, 미쓰이스미토모금융그룹SMFG, 미즈호금융그룹미즈호FG 등 3대 메가뱅크 그룹의 일본 국내외 전체 임직원은 각각 약 14만 명, 12만 4000명, 5만 명에 이른다. 사내 복지도 좋아 이들 임직원들은 자부심이 높다. 한국 내 취업준비생들 사이에서 은행, 증권회사 등 금융권 업체들의 인기가 매우 높듯 메가뱅크의 취업경쟁률 역시 일본 내 최고 수준을 유지하고 있다. 2025년 기준 일본의 대졸자 채용에서 구직자 대비 구인자 비율이 1.75인 데 반해 금융업종은 0.23에 불과하다. 전체 시장에서 대졸자 한 명이 갈 수 있는 자리는 1.75개지만 금융사의 경우에는 0.23개에 불과하다는 의미다.

하지만 메가뱅크 인사 담당자들의 이야기를 들어보면 그들이 원하는 분야의 전문성과 스킬을 가진 인력을 구하기는 매우 어려운 실정이다. 구인난을 걱정하지 않을 것 같은 일본 금융회사들조차도 인사 제도 및 기업문화 개선에 적극 나서고 있는 이유다.

메가뱅크의 경우 이렇게 일반적인 노동시장의 상황에 더해 기업문화에 영향을 미친 또 하나의 요소가 있으니, 바로 '글로벌화'다. 메가뱅크는 해외수익 비중이 50%에 달하고, 일본 외 지역에서 근무하는 임직원의 비중 역시 약 50%를 차지한다. 미국과 유럽 등지에서 인재를 놓고 골드만삭스Goldman Sachs나 JP모건, 모건스탠리Morgan Stanley와 경쟁하려면 그들 수준의 수평적이고 유연한 기업문화를 갖춰야만 한다. 현지 인수합병을 통해 편입한 회사들이 갖고 있던 실용적 기업문화가 역으로 일본 본사에 영향을 미치는 경우도 있다.

보수적이고 경직적이던 일본 노동시장과 기업의 문화는 이렇게 인구구조 변화 및 글로벌화로 유연하고 실용적인 모습으로 변화했다. 구체적으로 살펴보면 채용, 인재개발, 승진·보상으로 이어지는 일련의 인적자본 관리 프로세스 전반에 걸쳐 변화가 일어났음을 알 수 있다.

우선 채용시장의 경우 무게중심이 남성, 대졸자에서 여성, 경력직으로 이동하고 있다. 인적자원 개발의 측면에서 보면 예전의 목표는 자체적인 도제식 교육을 통해 두루두루 일을 잘하는 '제너럴리스트' 인재를 키워내는 것이었으나 이제는 특정 분야의 전문가, 즉 '스페셜리스트'의 확보에 노력을 기울인다. 전문인력의 경우는 내부 육성에 한계가 있다 보니 이미 원하는 스킬과 경력을 보유한 사람을 외부에서 뽑아 오기도 하는데, 이는 앞서 언급한 '경력직 채용 증가'와 맞물려 돌아간다. 승진·보상에 있어서도 입사 후 연차 순으로 우대받던 연공서열주의에서 벗어나 좋은 성과를 내는 사람을 우대하는 성과주의로 옮겨가고 있다.

일본 금융사 기업문화의 세 가지 특징

일본 기업들 중 기업문화가 가장 보수적인 곳을 꼽으라면 단연 금융회사, 그중에서도 메가뱅크들이 꼽힌다. 일본의 은행들에는 연공서열과 종신고용, 상명하복 문화가 뿌리 깊게 자리 잡고 있다. 고객의 자산을 다룬다는 금융업의 특성상 법적·윤리적 기준이 매우 높을 수밖에 없는 데다 감독기관의 감시를 받는 규제산업의 특성, 1990년대의 버블붕괴 이후 리스크 관리 강화 등의 영향이 복합적으로 작용한 결과다. 업무진행 상황을 빠짐없이 상부에 보고하고 지시를 따르는 '호렌소報連相(보고·연락·상담)' 문화 역시 어느 업종보다 강하다. 그렇다 보니 자율성보다는 충성심, 속도보다는 신중함, 혁신보다는 안정성을 추구하는 분위기였다.

그랬던 일본 금융회사들의 기업문화가 달라지고 있다는 것은 한국 기업들에 많은 시사점을 준다. 인구구조 변화와 저성장을 먼저 겪은 일본의 사례를 통해 한국 기업들이 나아가야 할 길을 모색할 수 있어서다. 실제 일본 현지에서의 인터뷰를 통해 확인한 결과, 일본과 한국 기업들의 상황에는 유사점이 꽤 많음을 알 수 있었다. 금융회사만 보더라도 한일 양국은 문화적으로 닮은 면이

상당히 많았다. 일본 금융회사들의 기업문화 변화 양상을 자세히 들여다봐야 하는 이유다.

우선 일본 금융회사들이 갖는 기업문화의 특징을 살펴볼 필요가 있다. 일본 현지의 기업문화 전문가들과 인터뷰하는 과정에서 공통적으로 언급됐던 대형 금융회사의 기업문화 특징은 세 가지로 요약된다.

첫째, 대응은 발 빠르지만 변화는 천천히 이루어진다. 고령자 채용이나 업무방식 변화 등 기업의 제도변경은 정부정책의 변화에 뒤따라 이어지는 경우가 많다. 사회적 영향이 큰 금융그룹은 일본 정부의 새로운 정책이 나오면 앞장서서 그것의 실행계획을 발표하지만, 실제 변화가 이루어지기까지는 오랜 시간이 걸린다고 한다. 여기에는 신중하고 변화에 소극적인 국민성의 영향도 작용하겠지만 보수적일 수밖에 없는 업종적 특징의 영향 또한 있다.

둘째, 일본 및 일본 외 글로벌 지역의 인사체계가 완전히 분리된 '투 트랙2-track' 시스템을 채택하고 있다. 조직 자체만 보더라도 일본 내 인사를 맡는 조직과 글로벌 인사를 맡는 조직이 완전히 분리되어 있다. 유심히 봐야 할 부분은 글로벌 인사체계가 처음엔 일본 내 인사체계와 동일했으나 서구 문화의 영향을 받아 더 빠르게 바뀐 것이 아니라는 점이다. 다시 말해 두 체계는 아예 처음부터 각자 다른 형태로 출발했고 나름의 발전 과정을 거쳐 지금의 모습이 되었다는 뜻이다. 일본 금융회사들의 인적자본보고서에 공시되어 있는 선진화된 제도들 중 일부는 일본 내에 완전히 정착되었다기보다는 글로벌 지역의 상황을 보여주고 있다. 실제 일본 내 시스템은 이보다 훨씬 보수적이다.

셋째, 일본 금융업종 내의 다양한 부문 중에서 가장 보수적인 것은 은행이다. 증권사 등 자본시장 관련 부문은 업의 특성이 반영되어 조직문화가 상대적으로 유연하고 빠르게 변하는 반면 은행의 기업문화는 가장 경직되어 있다. 그러나 최근에는 그러한 은행조차도 한국에 비해 빠르게 바뀌고 있다는 평가가 나온다.

이제부터는 본격적으로 일본 금융회사들의 사례를 네 가지 큰 흐름에서 진단해보려 한다. 가장 먼저 짚어볼 것은 노동시장 참여의 다양화다. 인력부족을 극복하기 위해 일본에서는 남성 중심이었던 기존 노동시장이 고령자와 여성 인력에게도 점차 개방되는 현상이 나타난다. 두 번째는 성과주의로의 이행이다. 연공서열에서 벗어나 성과에 따라 보상하는 체제로 바뀌어가는 모습, 그리고 그 과정에서 나타난 이슈를 어떻게 극복했는지 배울 필요가 있다. 세 번째는 유연해진 업무방식이다. 살인적인 노동시간으로 유명한 일본이었지만 지금은 '워라밸'을 추구하는 문화가 서서히 퍼지고 있다. 마지막으로는 문화적 차원에서 내부통제를 강화하려는 시도가 감지되고 있다. 단순히 사고방지를 위해 통제 시스템을 갖추는 차원이 아닌, 구성원의 공통적 행동양식 측면에서 접근하려는 사례를 소개하고자 한다.

정년파괴, 70세에도 일한다

　일본의 정년은 65세를 넘어 70세로 가고 있다. 정확히 표현하자면 '정년'보다는 '고용 최고연령'이라 하는 편이 맞다. 일본의 '고령자 고용안정법'은 1994년에 60세 이상의 정년을, 2000년에는 65세까지를 대상으로 하는 고용확보 노력을, 2004년에는 역시 65세의 고용확보를 의무화했다. 이후 2020년에는 이 법이 다시 한번 개정되면서 70세에 대한 고용 노력을 의무화했다. 비록 '법정 정년 60세'는 지금까지 유지되고 있으나, 그럼에도 근로자가 계속 일하기를 희망하면 기업은 그를 70세까지 고용하도록 노력해야 한다. 사실상 정년연장 효과를 유도하겠다는 취지인 것이다.

　또한 2023년 일본 정부는 공무원 정년을 2031년까지 점진적으로 65세로 연장하겠다고 발표했다. 이런 정부의 정책적 노력에 힘입어 일본 내 고령자의 노동시장 참여율은 지속적으로 증가하고 있다. 2005년에 52.0%였던 60~64세 고령자 취업률은 2022년 73.0%로 높아졌다. 같은 기간 중 65세 이상의 취업률도 상승곡선을 그린다. 일본 후생노동성에 따르면 2024년 기준 종업원 수가 21명 이상인 전국 기업 23만 7000여 곳을 대상으로 조사한 결과, 70세까지 근무가 가능한 업체는 전체의 31.9%인 약 7만 5600곳에 달했다.

　다만 이러한 양적 성장에 비해 질적 성장 면에서는 아직 만족스럽지 못한 것이 현실이다. 고령자의 급여는 고점의 60~70% 수준

그림 3-1. 일본 고령자들의 연령대별 취업률

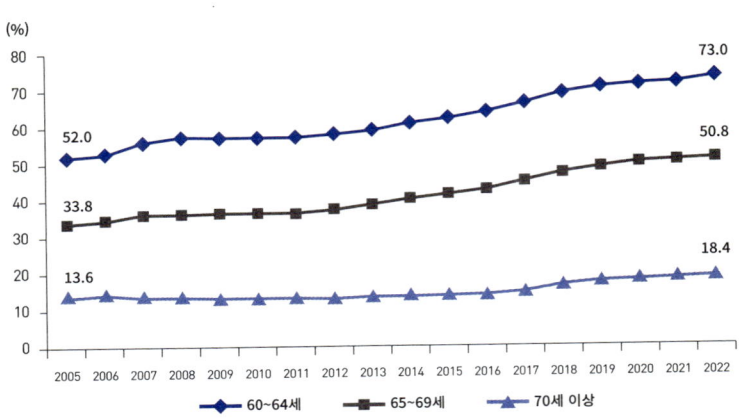

* 출처: 일본 통계국 'Labour Force Survey', 우리금융경영연구소.

에 그치는 데다 업무만족도 또한 37.3%에 불과한 탓이다.

노동인력의 부족을 메우기 위해 일본 정부는 여성인력 활용을 위한 정책도 지속적으로 확대 중이다. 1985년에는 '남녀 고용기회 균등법'을 제정하며 성별에 관계없이 모든 근로자가 평등한 고용 기회를 보장받게 함과 동시에 채용·승진·배치·교육에 있어서의 차별을 금지했다. 1991년에는 '육아휴직법'을 제정, 남녀 모두 육아휴직을 쓸 수 있게 했다. 또한 아베노믹스하에서는 정책적으로 여성인력 활용을 강하게 독려했는데, 2015년에는 '여성 활약 추진법'을 만들어 기업들로 하여금 여성인력에 대한 정량 목표를 설정해 공표하게 한 것이 대표적 예다.

그 결과 일본 여성의 노동시장 참여율은 과거에 비해 점차 높아져, 1990년에는 남성 대비 64.8%에 그쳤던 것이 2023년에는 76.8%까지 올라왔다. 하지만 고령자 채용확대의 경우와 마찬가지로, 여성인력 활용 측면에서도 질적 성장은 양적 성장에 미치지 못하고 있다. 여성의 평균 임금수준은 증가세를 보이지만 그럼에도 2022년 기준으로 보면 여전히 남성 평균 임금수준의 77%에 불과하다.

여성의 임금이 남성보다 낮은 이유 중 하나는 성별에 따른 직군의 차이 때문이다. 여성들은 남성에 비해 단순하고 단위임금이 낮은 직군에 채용되며 승진이나 성장을 위한 경로가 직군 간에 아예

그림 3-2. 일본 내 남성 대비 여성의 노동시장 참여율

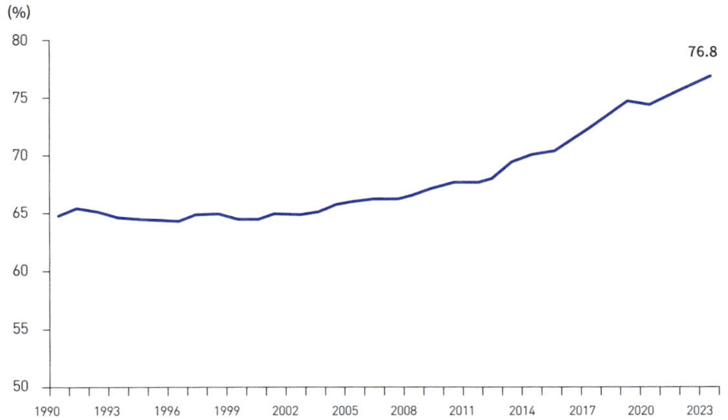

* 출처: World Bank, 우리금융경영연구소.

분리되어 있는 탓에 아무리 근무연수가 긴 경우라 해도 성별격차를 극복하기가 어렵다. 금융회사를 예로 들면 핵심적 업무를 맡으며 지방 지점으로 전근을 갈 수도 있는 종합직 직군에는 얼마 전까지만 해도 여성의 지원이 제한돼 있었다. 여성들은 일반직에 속해 사무보조를 하며 대신 지역적으로는 한곳에만 머물러 있는 업무에 주로 종사하는 것이 관행이었다. 이렇듯 맡은 일의 복잡성·중요성과 원거리 점포로의 인사이동 가능성은 임금격차를 만들었다.

전문성을 존중하는 고령자 고용제

일본 금융회사들의 조로早老 현상은 한국보다 심해서, 50세가 넘으면 직책에서 물러나 제2의 인생을 시작해야 한다. 일본에는 '세컨드 커리어Second Career', 혹은 일본어로 '텐슈츠코우転出向'라 불리는 제도가 있다. 금융사에서 근무하다 50~54세에 이르면 관리자나 임원의 자리에서 물러나 고객사 또는 관계사 등에서 새로운 커리어를 시작할 수 있도록 회사가 연결해주는 제도인데, 대상자의 절반 이상이 이를 선택한다. 50대가 되어서도 회사에 남아 있으면 기존 직책을 유지할 수 없고 급여도 낮아지며 업무 또한 단순한 것으로 바뀌지만, 다른 회사로 옮겨가면 직급이나 보상 측면에서 보다 유리해지기 때문이다.

그런데 50세 이상이 되면 현업에서 차츰 물러나야 하는 이러한 관행도 최근 들어 점차 바뀌고 있다. 평균수명이 늘어나면서 고연령자의 지적·신체적 능력이 젊은 층에 비해 크게 뒤떨어지지 않을 뿐만 아니라 이들이 보유한 경험과 능력을 소중한 사내 자산으로 생각하는 인식들이 확산되고 있어서다. 일본 금융회사들은 전문성을 보유한 50세 이상 직원이 기존보다 더 나은 조건으로 자사에서 계속 근무할 수 있게 하는 제도를 마련 중이며, 그 대상의 범위 또한 점진적으로 넓혀가고 있다.

일본 최대 금융그룹인 MUFG에는 '시니어 촉탁'이라는 제도가 있다. 55~59세 직원들이 기존 업무에서 쌓아온 전문성과 경험을 활용할 수 있도록 계속해서 동일 업무를 맡게끔 기회를 열어두는 제도다. 그렇다 해도 모든 직원이 이 제도의 혜택을 받을 수 있는 것은 아니라서 대출심사, 여신 등 은행원으로서 축적해온 경험이 중요한 일부 분야에 한정해 적용된다. 55세 이후에는 급여가 고점의 70% 수준으로 줄어드는 것이 일반적이지만, 시니어 촉탁 적용 대상으로 선정된 경우에는 급여도 이보다 높은, 고점의 80% 수준에서 유지된다.

'시니어 엑스퍼트(전문가)'도 MUFG에서 고령의 전문인력을 우대하는 또 다른 제도다. 이는 사실 고령자만을 대상으로 하는 특별 제도가 아니다. 이 회사에서는 전문인력 확보방안의 하나로 엑스퍼트 트랙을 만들고 PF, 경제분석, 디지털 등 50개 특화 분야에 대해서는 성과평가·이동·보상 등의 기존 인사 제도와 구분된 제도를 적용받게 한다. 고령자라 해도 엑스퍼트 트랙에 적용될 만한 자격을 갖췄다고 평가받으면 다른 업무로의 변경 없이 자신의 전문분야에서 계속 일하면서 그 성과에 따라 급여가 결정되는 기회를 얻을 수 있다.

MUFG에서 눈여겨볼 만한 또 하나의 고령자 대상 제도는 '시니어 프리 에이전트'다. 쉽게 말해 이는 50세 이상의 자사 직원을 대상으로 하는 공개모집 제도로, 대상 직원들은 회사 내부의 공모 신청 게시판에 자신이 일하고 싶은 부서와 업무, 보유 기술과 자격, 업무경험 등을 기재한 지원서를 올릴 수 있다. 실제 이동은 서류심사와 면접을 거쳐 결정되며 이동 후 직위에 따라 급여가 재산정된다.

'시니어 프리 에이전트'나 '시니어 엑스퍼트' 제도의 특징은 고령자만을 대상으로 개발된 것이 아니라 일반 직원을 대상으로 하는 인사 제도가 유연해지면서 생겨난 제도들이 고령인력 활용을 위해서도 확대 적용되는 예라는 데 있다. 이런 제도들이 쉽게 안착될 수 있었던 요인 역시 일반 직원들을 대상으로 이동공모 제도와 엑스퍼트 제도가 이미 도입되어 있던 덕분이었다.

이렇듯 고령자 대상으로 여러 제도가 도입되고 있기는 하나 그럼에도 여전히 문제는 존재한다. 가장 활발히 일하던 시점에 비해 금전적 보상수준이 낮아지고 승진이나 권한확대 등의 비금전적 면에서도 더 이상 기대할 것이 없어지기 때문에 고령자들 입장에서는 열심히 일할 만한 동기를 갖기가 어렵다는 게 그것이다.

이 문제를 어떻게 개선할 수 있을지에 대해서는 일본 금융사들도 고민 중에 있다. 최근 일본 언론사의 보도에 따르면 MUFJ은행은 정년퇴직 후 재고용된 직원에게 주 5일 근무 및 최대 40%까지의 급여인상 등을 제시한 바 있다. 인력부족 상황이 가속화되고 고령직원 유지의 필요성이 증가하는 가운데, 이들이 업무에 더 많이 몰입하고 생산성을 높일 수 있게끔 하는 동기부여 방안인 것이다.

이러한 움직임은 비단 금융업에서만 나타나는 것이 아니다. 일본 기업들은 기존 정년(60세)보다 더 나이 많은 사람들이 회사에서 계속 일하는 방식, 즉 고용을 확보하는 방식으로 '정년연장', '정년폐지', '재고용'이라는 세 가지 접근법 중 하나를 택한다. 정년연장은 글자 그대로 정년을 65세 또는 70세로 연장하는 것이고, 정년폐지는 아예 직원들의 근무연령 상한을 없애는 것이다. 이 두 유형은 회사의 기준이 바뀌는 것이기 때문에 이를 선택한 회사의 직원 입장에서는 60세가 넘어도 달라지는 것 없이 계속 일하는 것이 가능하다.

그러나 60세가 되어 정년퇴직을 한 후 회사와 다시 고용계약을 맺고 일을 하는 재고용 제도의 경우는 다르다. 이 계약 시에는 하는 일이 바뀔 수 있고 이에 따라 급여나 여타 복지혜택이 달라질 수 있기 때문이다. 대개는 단순 업무로 배치되고 연봉 또한 과거보다 낮아지는 등 근무조건이 기존보다 안 좋아진다.

기업의 입장에서 보자면 재고용 유형은 고령자의 고용유지라는 정책적 요구에 부응하면서 인건비를 아낄 수 있는 방법에 해당한다. 그러나 최근의 일본 기업들은 재고용을 택하기보다는 근로자 입장에서 조건이 좋은 정년연장이나 정년폐지를 도입하는 움직임을 보인다. 일본 후생노동성 자료에 따르면 2012년에는 정년의 연장이나 폐지를 도입한 회사의 비율이 17.4%에 불과했지만 2022년에는 30.8%로 올랐다.

그렇다면 인건비 부담이 늘어나는 제도를 기업들이 굳이 선택하는 이유는 무엇일까? 이는 고령층의 만족도와 생산성을 높여서 얻을 수 있는 이익이 복지후생 확대에 드는 비용보다 크다는 판단 때문이다. 평균수명이 높아지고 건강 또한 전반적으로 향상됨에 따라 일본에서는 회사는 물론 젊은 직원들도 '60세를 넘긴 동료들의 노동은 양적으로나 질적으로나, 또 정신적으로나 육체적으로나 뒤떨어지지 않는다'고 생각하는 분위기가 만들어지고 있다. 특히 전문적인 기술이나 경험이 요구되는 분야라면 비용을 다소 지불하더라도 고령인력을 최대한 활용해 기업가치를 끌어올릴 필요가 있다는 공감대도 형성되고 있다.

'워라밸 보장' 선언식을 하는 상사들

여성인력을 전략적으로 활용하고 있는 일본 기업들 중 하나인 미즈호FG는 '여성활약 기본방침 4R'이라는 지침을 만들었다. 4R이란 '채용Recruit', '육성Raise', '유지Retention', '관계형성Relate'의 첫 글자를 딴 것으로, 회사에 입사해 고위직으로 성장할 때까지의 직장 내 라이프 사이클을 포괄하도록 계획된 일련의 프레임워크를 의미한다.

우선 '채용' 단계부터 살펴보면, 직원을 뽑을 때 남녀차별적 요소를 없애고 성별 다양성을 추구하는 것을 목표로 한다. 기존에는 남성은 종합직, 여성은 일반직으로 나누어 채용했고, 그에 따라 남녀는 맡은 업무와 보상뿐 아니라 커리어의 성장경로도 달랐다. 이런 체제에서는 여성이 자신의 역량을 충분히 발휘해 기업가치 상승에 기여할 수 있는 가능성 자체가 차단될 수밖에 없다.

성별 다양성이 회사의 생산성 및 가치 향상에 미치는 영향은 이미 많은 연구에서 실증적으로 입증된 바 있다. 경영컨설팅회사인 맥킨지앤드컴퍼니McKinsey & Company의 조사에 따르면, 임원진 중 여성의 비율이 30%를 넘는 회사는 성별 다양성이 없는 회사에 비해 평균 이상의 성과를 보일 확률이 48% 높다. 미즈호FG는 이러한 여성인력 활용의 중요성을 고려해 직장생활의 첫 관문인 채용에서부터 남녀 간 직군을 통합했고, 신입사원 채용 시 여성의 비중이 30% 이상이 되도록 목표를 설정해 남녀차별의 벽을 허물었다. 이러한 노력에 힘입어 미즈호FG의 최근 3년간 신입사원 중 여성의 비율은 평균 34%에 이른다.

둘째, '육성' 측면을 위해 미즈호FG는 여성인재를 키우는 다양한 프로그램을 운영해 고위직 여성의 비율을 높이겠다는 목표를 갖고 있다. 여성 직원들에게 직급별로 필요한 교육 과정을 제공하는 '여성 커리어 개발 서포트 프로그램'이 그런 프로그램의 한 예다. 이 프로그램에서는 관리자 이하 직급에게 전반적인 비즈니스 매너나 중장기적 커리어 디자인을 위한 교육을, 과장급에게는 여성 리더로서 겪을 수 있는 다양한 문제의 해결에 도움이 될 사고방식과 행동양식의 함양에 필요한 교육을, 부장급을 대상으로는 임원으로 성장하는 데 필요한 교육을 진행한다. 임원이 멘토가 되어 소통·자문하는 것 외에 외부 전문가와 일대일로 매칭되어 코칭이 이뤄지기도 한다. 여성 대상의 교육 프로그램 중 반응이 가장 좋은 것은 임원의 직접적인 멘토링이라는 게 관계자들의 설명이다.

미즈호FG는 또한 직급에 상관없이 경력관리뿐 아니라 결혼·출산·육아 등 생활과 관련된 변화에 대해서도 상담을 제공하는 '커리어 어드바이스 제도'를 도입해, 내부 인력 중 국가자격을 갖춘 전문상담사가 다양한 주제로 여성직원들에게 조언을 해주게 한다. 이 회사는 2026년 3월까지 부장급의 14%, 과장급의 21%를 여성인력으로 채우겠다는 목표를 내걸었다. 이러한 노력에 힘입어 여성관리직 비율은 꾸준히 상승해 2024년에는 부장의 10%, 과장의 20%를 여성이 차지했고, 이사회 멤버 중에서의 여성 비율은 2년 만에 6%p 증가한 14%를 기록했다.

셋째, 미즈호FG는 여성인력을 효과적으로 '유지'하기 위해 다양한 제도를 운영 중이다. 특히 이 제도의 직접적 수혜자인 여직원은 물론 남직원까지도 포괄해 일과 가정의 밸런스를 추구하게 한다는 점이 특징이다. 이 회사는 직원들이 육아와 일을 병행할 수 있도록 시차출퇴근이나 원격근무, 단축근무, 재택근무를 남녀 상관없이 사용할 수 있도록 해 일과 가정의 양립에 대한 부정적 인식을 없앴다. 무엇보다 눈에 띄는 것은 20일간의 남직원 육아휴가 사용률 100% 달성을 핵심성과지표Key Performance Indicator, KPI 목표로 설정했다는 점이다. 이는 인사상 불이익에 대한 우려로 휴가를 쓰지 못하는 상황이 벌어지지 않도록 마련한 별도 장치다. 실제로 미즈호그룹FG는 남직원들의 육아휴가 달성률을 매년 지속가능보고서에 공시할 뿐 아니라 그들의 육아휴가 사용후기를 공유하기까지 한다. 이러한 조치가 실질적인 효과를 거둬, 이 제도를 도입한 이후 이 회사 남직원들의 육아휴가 사용률은 80~90%에 달할 정도로 높다.

직원들이 회사의 눈치를 보지 않고 '일과 가정의 양립'을 추구하는 데 필수적으로 요구되는 것은 관리직의 인식변화와 지원이다. 미즈호FG는 이와 관련해 부하직원들을 지원할 수 있는 방안을 매뉴얼 및 연수를 통해 관리자에게 교육하고 '이쿠보스イクボス 선언식'을 하기도 했다. 이쿠보스란 부하 및 동료직원의 육아와 워라밸에 대한 배려와 이해가 있는 상사를 의미한다.

'여성활약 기본방침 4R' 중 마지막으로 살펴볼 것은 '관계형성' 활동이다. 미즈호FG는 여성 임직원 간의 관계형성을 위해 다양한 네트워크를 만들었다. 글로벌 기업들은 ERGEmployee Resource Group라고 하는 자체 커뮤니티를 구성해 상호 간의 정보교류, 인적 네트워크 형성 등을 통해 회사의 전략 방향을 실천하는 경우가 많다. 미즈호FG 역시 근무지역 혹은 업무영역과 상관없이 여성인력 간의 다양한 ERG를 조직해 커리어와 리더십에 대해 토론하거나 스터디, 강연회 등을 진행하도록 유도한다. 특히 회사 최고위층 리더들이 스폰서를 맡을 경우에는 ERG가 단순한 친목도모 단체에 그치는 것이 아니라 특정 목적을 위해 장기적·실효적으로 운영될 수 있다. 일본뿐 아니라 글로벌 대형금융그룹들은 다양성 도모 차원에서 여성인력 양성을 위한 ERG를 활발히 운영 중이고, 글로벌 경영진이 스폰서를 담당하며 막강한 후원을 아끼지 않고 있다.

동료가 육아휴직하면 응원수당 10만 엔

일본 금융회사에 다니는 40대 남성 요시다 씨. 한 달 후 팀 동료가 6개월간의 육아휴직에 들어갈 예정이라 요시다 씨는 업무 인수인계를 준비 중이고, 일찌감치 계획해두었던 휴가도 취소했다며 이렇게 말했다. "육아휴직을 할 동료의 빈자리를 메우려면 제 업무량이 늘어나겠죠. 하지만 기쁜 마음으로 동료의 휴직을 응원해주려 합니다."

요시다 씨는 과거와 달리 육아휴직에 대해 관대한 분위기가 회사 내에서 만들어지고 있다고 이야기한다. 육아휴직을 신청한 직원의 팀원들에게 별도의 수당을 준 것이 분위기 형성의 계기가 됐다는 것이다. "누구라도 축하받으며 육아휴직을 하고 다시 업무에

복귀할 수 있는 직장을 희망하죠." 요시다 씨는 내년에 둘째 아이가 태어나면 자신도 육아휴직을 쓸 계획이라고 전했다.

이처럼 일본 기업들은 직원들의 육아휴직 사용을 독려하기 위해 휴직자의 동료들에게도 수당을 지급하는 제도를 도입 중이다. 육아휴직 제도가 있더라도 동료의 업무부담이 늘어날 것을 우려해 눈치를 보느라 그 제도를 제대로 쓰지 못하는 경우가 많기 때문이다.

일본의 대형보험그룹 계열사인 미쓰이스미토모해상보험의 경우, 출산이나 육아로 팀 내에 휴직자가 발생하면 동료 팀원들이 지원금을 받는다. 본래 이 제도는 사내 저출산 문제의 해소 방안으로 출산자에게 10만 엔(약 93만 6000원) 정도의 축하금을 지원하는 제도로 고안되었다. 그런데 수혜자 중 한 명이 본인의 휴직으로 팀원들이 더 고생하게 됨에도 자신만이 축하금을 받는 것에 미안함을 표한 이후, 이 제도는 동료들에게 지원금을 지급하는 방향으로 확장됐다.

지원금의 규모는 휴직의 기간 및 해당 팀의 팀원 수에 따라 달라진다. 휴직기간이 3개월 이상이거나 팀원 수가 적은 경우에는 동료들의 부담이 커지기 때문에 지원금도 늘어나는데, 최대 금액은 인당 10만 엔이다. 이 제도를 시행한 뒤부터 약 1년 6개월 동안에는 1만 8000명의 총직원 중 8900명가량이 지원금 혜택을 받았다. 이후 육아휴직 사용률이 높아졌을 뿐 아니라 사용기간도 길어지는 등 일과 가정의 양립이 가능한 기업문화를 안착시키는 효과를 거뒀다.

〈도쿄신문東京新聞〉에 따르면 삿포로맥주Sapporo Beer는 1개월 이상 육아휴직자의 업무를 대신하는 직원에게 직무대행 정도에 따라 수당을 지급한다. 오키전기공업沖電気工業은 육아휴직 신청 직원의 업무를 지원하는 동료에게 최대 10만 엔을 지급하는 제도를 시행 중이다. 장난감제조사인 다카라토미タカラトミ—는 육아휴직 신청 직원의 소속부서에 '응원수당'을 주는 제도를 시범 도입했다.

연차보다는 능력

일본의 인구구조 변화는 기업들이 연공서열 문화를 버리고 성과주의로 방향을 틀게 하는 배경이 됐다. 한국 기업들의 상당수도 이 같은 변화의 움직임을 보이고 있다.

일본 금융업의 경우 자본시장과 보다 가까운 증권업이나 자산운용업에서는 입사연차보다는 개인의 성과에 따라 금전적 보상과 승진이 결정되는 경우가 일반적이다. 이에 비해 개인의 성과의존도가 낮고 더 보수적인 은행업에는 여전히 연공서열주의가 강하게 남아 있다. 메가뱅크도 예외가 아니어서 아직은 연공서열이 기본이다.

그러나 그랬던 은행들도 이제는 점차 변화하고 있음이 감지된다. 디지털화나 비즈니스 다변화의 환경하에서 전문인력을 확보하려면 파격적인 대우가 필요할 뿐 아니라, 개인주의와 합리주의가 강한 MZ세대의 의식변화에 발맞춰 채용경쟁력을 강화하려면 연공서열체계만으로는 부족하기 때문이다.

성과주의로의 변화를 가속화하는 실질적 이유가 하나 더 있으니, 바로 인건비에 대한 부담이다. 예전의 고도성장기에는 회사 수익의 증가속도와 인건비의 증가속도가 비슷했고, 직원들의 연차가 올라감에 따라 높은 급여를 지급하는 것도 회사 입장에서 큰 부담이 되지 않았다. 그러나 버블경제기를 지나 저성장에 들어섬과 동시에 고령인구가 늘자 고연봉자의 비중도 함께 증가해 회사로서는 인건비 부담이 점점 늘어났다.

연공서열문화를 포기하는 추세는 신입보다 경력직의 채용을 늘리고 직급을 통합하면서 성과에 따라 보상을 지급하는 방식으로 변해가는 모습에서 찾아볼 수 있다. 전문인력 위주로 혜택을 늘려 회사의 이익을 좀 더 도모하려는 것과 일맥상통하는 흐름이다.

SMBC은행은 대형금융그룹 중 선도적으로 이러한 추세에 대응해나가고 있다. 우선 경력직 채용을 늘렸다. 리스크관리, PF, M&A, 디지털 등 전문인력이 필요한 30여 분야에서 우선적으로 경력직에 대한 새로운 커리어 경로를 만들었다. 이 경로로 입사하는 경우에는 인사이동 없이 해당 부서의 근무를 보장하며 전문성의 수준에 따라 급여가 결정된다. SMBC은행은 이러한 입사자들이 회사에 적응해 좋은 성과를 거두게끔 돕는 '온보딩On-Boarding' 제도도 강화했다. '버디Buddy제'를 도입하여 각 경력직 입사자에게 기존 직원을 버디로 매칭, 1년간 필요한 지원을 제공하며 적응을 돕는 역할을 맡긴다. SMBC은행의 경력직 채용자 수는 채용 초기였던 2021년에는 50명대에 불과했지만 2023년에는 200명, 2024년에는 약 250명에 달했다. 이 회사의 대졸 신입사원 채용 규모가 약 500명이라 하니, 전체 입사자로 보면 3분의 1가량이 경력직으로 채워지는 셈이다.

SMBC은행은 또한 6개 등급으로 나뉘어 있던 직급 체계를 3개 등급으로 간소화했고, 2026년경에 이르러선 아예 등급 자체를 없애는 방안을 추진 중이다. 이렇게 달라지면 연차에 따라 자연스럽게 승진하던 기존 체제가 바뀌게 된다. 나중에 입사한 직원이라 해도 먼저 입사한 선배보다 성과가 좋으면 중요도가 높은 업무를 맡거나 더 빨리 관리직으로 승진할 수 있고, 20대에도 2000만 엔에 이르는 '꿈의 연봉'을 받을 기회 또한 잡을 수 있다. 이 회사의 인사담당자는 직급을 폐지하면 젊은 인재들의 발탁이 용이해지고 기업문화 측면에서도 훨씬 유연해져 회사 전체의 성과에 도움이 될 것으로 기대한다는 의견을 밝혔다.

직급은 보상과 함께 가는 것이 일반적인데, SMBC은행은 직급 체계의 통합과 함께 급여체계에서도 일대 변화를 계획 중이다. '직능급'이라 불리는 현재의 급여체계를 '역할급'이라는 체계로 바꾸는 것이 그 주요 내용이다. 직능급 체계에서는 직급에 따라 급여가 정해진다. 즉, 동일 직급이라면 전문성이 필요한 업무를 하든 그보다 단순하고 난이도 낮은 업무를 하든 동일한 임금을 받는 것이다. 또한 동일한 업무를 수행한다 해도 입사 시 직군이 종합직이었는지 일반직이었는지에 따라 연봉이 차등 결정되는 불합리한 면도 있다. 이와 달리 역할급 체계에서는 자신이 하는 업무의 중요성과 시장 내 가치에 따라 급여 수준이 결정된다. 고난이도의 업무를 맡거나, 시장에서 해당 분야의 인력을 구하는 것이 어렵고 경쟁사에서 높은 임금을 지불하는 경우에는 높은 보상을 받을 수 있는 것이다.

SMBC은행은 2026년부터 역할급을 도입하겠다는 목표하에 현재 준비 작업을 진행 중이다. 역할급 체계에서는 사업부Business Unit별로 요구되는 역량에 따라 세분화된 직군Job Family이 정의되고 그 안에서 각 보상등급이 정해지며, 동일 직군이나 동일 보상등급 내에서 규정되는 급여의 상·하한을 기준으로 직원들의 연봉이 결정된다. 이렇게 되면 초기에는 서로 다른 직군들 사이에서 불공정 관련 이슈가 발생할 수 있다. 가령 제도 도입 후 높은 급여를 받기 어려운 직군의 종사자라면 갑작스러운 제도변경 탓에 자신의 급여가 상대적으로 낮아지는 현상을 받아들이기 쉽지 않을 것이다.

이러한 불공정 이슈를 해결하기 위해 SMBC은행은 직군 간 이동의 문을 열어놓았다. 다만 이동을 원하는 직원은 자신이 옮겨가고자 하는 직군에서 새롭게 등급을 부여받아야 한다. 예를 들어 인사부서에서 일하는 사람이 스스로 역량을 쌓아 인공지능AI 관련 업무처럼 최첨단 전문지식이 요구되는 직군으로의 이동을 희망한다면, 그 사람은 자신의 AI 전문성을 해당 직군의 부서장으로부터 평가받은 후에야 이동이 가능하다. 만약 전문성이 다소 낮다고 평가된다면 낮은 등급을 받고서 그 직군으로 이동하고, 그때부터 경력을 쌓으며 자신의 보상등급도 차츰 높여갈 수 있다.

이러한 방식으로 제도가 점차 바뀌어가면 과거 인사부서에 집중되었던 직원평가의 권한은 자연스럽게 각 현업부서로 이전될 수밖에 없다. 인사부서에서는 해당 직군의 전문성에 대한 평가가 어렵기 때문이다. SMBC은행의 경우 현재 6만 명에 달하는 일본 내 자사 인력 전체에 대한 평가가 최종적으로 인사부서에서 이뤄지고 있지만, 새로운 제도의 도입과 함께 평가권도 현업부서로 넘기는 준비를 하고 있다. 각 부서장을 대상으로 성과평가에 대한 전문기술을 교육 등의 방식으로 전수 중인 것이 그러한 준비의 예다.

변화관리에 왕도는 없다

성과주의 제도의 도입은 대상자의 입장에선 상당히 파격적인 변화다. 평가·보상·승진·이동 등 직장인들이 가장 중요하게 생각하는 민감한 제도들이 그 체계에 따라 바뀌기 때문이다.

그렇다면 제도 시행에 따른 기득권층의 반발, 혹은 변화에 대한 무조건적 저항과 우려가 실질적인 큰 문제로 번져나가진 않을까? 이러한 우려에 대해 일본 메가뱅크의 한 인사담당 임원은 '오랜 시간이 걸리더라도 반드시 공감대를 마련하는 과정을 거쳐야 한다'고 전했다. "핵심은 변화관리입니다. 다른 방법은 없어요. 그러려면 이해관계자들과 꾸준히 지속적으로 대화해서 설득해야 합니다. 변화는 급진적으로 이루어져선 안 되고, 매우 오랜 시간에 걸쳐 한 단계씩 추진해나가야 합니다. 여기에는 경영진의 강력한 의지가 뒷받침되어야 하고요."

성과주의 제도로 개편하려는 일본 금융회사들의 움직임은 환경변화에 적극 대응하고자 하는 경영진의 강력한 의지에서 시작됐다. 이들은 우선 최고경영진 내에서 공감대를 먼저 형성한 다음 뒤이어 중간관리자를 설득하고, 이들을 통해 전사로 전파하는 하향식Top-Down 접근법을 택했다. 더불어 '성과주의 지향'이라는 인사 제도의 기본 철학을 먼저 수립한 뒤 개별 제도들의 방향이 이 철학과 일치되도록 기획했다.

또한 이러한 변화의 적용은 시행 수년 전부터 장기적으로 수립해둔 계획에 따라 진행하고 있다. SMBC은행의 경우 2026년 최종적인 신 인사 제도의 도입을 목표로 하고 있으나, 이미 2018년부터 인사부 내에 프로젝트팀을 신설하고 2020년부터 단계적으로 관련 제도를 바꿔나가고 있다. 이 과정에서 중점을 둔 부분은 변경된 제도에 따른 직원들의 피해를 최소화하게끔 설계하는 것이었다. 예를 들어 직급을 단계적으로 줄여나가는 과정의 경우, 초기에는 바뀐 제도하에서의 직급과 급여가 기존 직급과 급여보다 손해 보는 일이 없도록 제도를 설계했다.

제도의 변화뿐 아니라 커뮤니케이션 또한 장기적·단계적으로 치밀한 계획하에 진행되고 있다. '어떤 이해관계자 집단을 대상으로 어떤 단계에서 어떤 내용으로 소통할 것인가'를 미리 계획한 뒤 인내심을 갖고 끊임없이 설명 및 설득하는 것이 필요하다는 이야기다. 당연하고 교과서적인 절차임에도 이런 과정을 거치지 않고 인사 제도를 급격히 바꾸는 기업들은 부지기수다. 사내 공감대를 형성하는 과정은 성과주의로의 이행에 있어 필요조건임을 기업들은 기억해야 한다.

근무시간 줄이라는 정부

딱딱한 제도 이야기에서 벗어나 이제는 조금 가볍고 흥미로운 주제로 가보자. 일본 기업문화의 세 번째 트렌드로는 '일하는 방식의 유연화'를 꼽을 수 있다. 일본에서는 주4일 근무제와 부업·겸업의 허용을 실제로 적용하는 기업들이 늘고 있는데, 이런 변화는 일본 정부의 정책으로 시작됐다. 정책의 의도는 노동력 부족을 해결하고 근로자 삶의 질을 개선해보고자 하는 것으로, 과도한 노동시간을 줄여 워라밸을 맞춤으로써 저출산 문제를 극복하겠다는 취지였다.

일본 정부는 주4일 근무제, 일본식 표현으로는 '주휴3일제週休3日制'를 장려하고 있다. 2021년 4월 일본의 관방장관(내각 대변인)은 일하는 방식의 다양화와 관련해 주4일제를 처음 언급했고, 2024년에는 '경제 및 재정 관리 개혁에 관한 기본방침 2024'에서 선택적 주4일제 보급을 추진한다고 명시했다.[44] '선택적'은 의무적 사용이 아니며 주 또는 월 단위로 총근무시간과 급여를 유지한다는 의미다. 공무원의 경우 육아나 간병 등 한정적 사유로 적용하던 선택적 주4일제가 2025년 4월부터는 희망자 전체를 대상으로 확대 실시될 예정이다.

일본 기업들의 주4일제 유형은 세 가지로 나뉜다. 하루 8시간(주 32시간) 근무를 유지하되 급여가 기존의 80%로 낮아지는 '급여삭감형', 급여조정이 없는 대신 하루 10시간을 근무하는 등의 방식으로 주나 월 단위로는 총근무시간이 유지되는 '근무시간유지형', 그리고 마지막 유형은 근로자 입장에서 가장 선호할 법한 '급여유지형'이다. 급여유지형은 하루 8시간, 주 32시간으로 근무시간은 줄어들지만 급여는 그대로 유지되는 형태로 현재 일부 외국계 기업들에서 시행되는 방식이기도 하다. 2023년 기준으로 일본에서 주4일제를 도입한 기업의 비중은 7.5%인데, 2022년에 도입한 파나소닉그룹Panasonic Group에서는 6만 3000명의 임직원 중 150명만 이용하는 데서 알 수 있듯 이 제도의 확산은 아직 더딘 편이다.

부업과 겸업을 허용하는 제도도 흥미롭다. 일본 기업들은 직원들이 1주일 중 2~3일은 자사에서 근무하고 나머지 2~3일 동안에는 다른 일을 할 수 있게 문을 열어놓았다. 겸업은 주당 2~3일 동안에는 다른 회사에 소속되어 근무하는 것, 부업은 가업을 돕거나 프리랜서처럼 소속 없이 자유롭게 일하는 것을 의미한다.

일본 정부가 부업과 겸업을 장려한 배경에는 기업의 인력난이 있다. 특히 지방기업이나 중소기업 등은 필요인력을 확보하기 어렵기 때문에 겸업 제도가 도움이 된다. 2018년 1월 일본 정부는 '부업·겸업 촉진에 관한 가이드라인'을 발표했다. 2019년에는 취업규칙 내의 부업·겸업 금지 조항을 수정, 기업비밀 누설의 우려가 있거나 장시간 노동 가능성이 있는 경우 등에만 금지하도록 예외 조항을 나열하는 방식으로 개정함으로써 부업과 겸업을 장려했다. 2020년과 2022년에는 이전 가이드라인을 개정해 안전배려 의무, 기밀유지 의무, 노동시간과 건강관리 등 기업이 취해야 할 조치를 제시하고 부업·겸업의 허용 여부 및 조건을 외부에 공표하도록 했다.

근로자 입장에서 봤을 때 이러한 제도들은 새로운 경험과 인적 네트워크를 쌓아 향후 경력관리에 이용 가능하다는 이점이 있다. 평균수명이 길어지고 세컨드 커리어, 즉 두 번째 직업을 가질 수밖에 없는 환경이 되어가고 있다는 점, 경영환경이 빠르게 변화하면서 기업에서 요구하는 인력의 역량도 다양해지고 있다는 점을 고려하면 개인은 이러한 현실에 따라 필요해진 자기계발을 겸업과 부업 제도로 추구할 수 있다.

그렇다면 기업의 입장에서는 이러한 제도들을 시행함으로써 어떤 이점을 얻을 수 있을까? 단편적으로만 본다면 자사의 노동력을 외부로 빼앗기니 오히려 손해를 보는 것이 아닌가 싶을 수 있다. 하지만 직원들이 부업이나 겸업을 통해 외부에서 습득한 경험과 인맥을 자사에서의 본업에 활용하면 결과적으로 업무의 질이 향상될 것이라는 전문가 의견들이 많다. 또한 유연한 근무 제도는 우수인력의 유치에도 도움이 된다. 스타트업과 같이 혁신적인 회사의 기업문화가 내부로 유입되면 그전까지 정체되어 있던 회사의 문화가 활력을 얻는 효과도 있을 것으로 기대된다.

국가 전체로 시각을 넓혀보면, 대기업이나 대형금융사가 보유한 고급 인력이 중소기업이나 지방기업에서 일하도록 지원함으로써 지역사회에 기여할 수 있다는 장점이 있다. 이렇듯 근로자, 기업, 정부 모두가 이점을 얻는 제도라는 점에서 부업을 허용하는 일본 기업의 비율은 2018년 50.9%에서 2023년 60.9%로 확대됐고, 부업을 희망하는 개인의 비율은 전체의 40%를 웃돈다.

주3일만 출근하는 금융인들

2020년 12월, 일본 금융그룹 중 최초로 주3일제와 주4일제를 도입한 미즈호FG는 지주, 은행, 증권 등 5개 계열사의 정규직 4만 5000명을 대상으로 희망자에 한해 급여삭감형을 시행하고 있다. 희망자는 주중 정해진 요일에 쉴 수 있고, 원하는 경우에는 이를 취소할 수 있다.

미즈호FG가 주3일제와 주4일제를 도입한 가장 큰 목적은 우수한 젊은 인재의 유치였다. 또한 디지털화의 진전에 따라 기존 인력구조에 변화를 줄 필요성이 대두되었고, 코로나19 팬데믹 기간 중 근무유연성에 대한 확대요구가 높아졌으며, 근무시간 단축을 통해 직원의 성장을 지원하겠다는 목적도 한몫을 했다.

주3일·4일제에 대해서는 미즈호FG 내부에 찬반양론이 공존하는 것으로 전해진다. 찬성 측 의견 중 하나는 '업무단절 없이 필요한 개인적 목적에 시간 활용이 가능하다'는 것이다. 20대의 경우는 자기계발, 30대는 육아, 40~50대는 간병이나 건강관리의 목적으로 개인 시간이 필요한 경우가 많아 이 제도가 유용하다는 평이다. 회사에서 보내는 시간이 줄어드니 업무처리의 효율성을 높여야 한다는 인식이 높아졌다는 점도 장점으로 꼽힌다. 또한 이 제도들은 MZ세대나 우수한 여성인력의 유치에도 실질적 도움이 됐다.

그러나 반대 측에서는 회사가 인건비 삭감을 목적으로 이 제도들을 악용할 수 있다는 우려와 더불어 '절대적 업무량과 직원 간 의사소통이 줄어 생산성이 떨어진다'는 지적 등을 한다. 직원들의 휴일이 특정 요일에 몰리면 업무진척에 어려움이 생긴다는 의견도 있다.

이러한 찬반 논란은 미즈호FG뿐 아니라 여러 일본 회사들에서 공통적으로 제기된다. 그러니 기업은 주4일제 도입 여부를 확정하기에 앞서 도입 목적을 확실히 정하고, 이후 발생 가능한 단점에 대해서는 적절한 대응방안을 사전에 고려할 필요가 있다는 것이 일본 기업문화 전문가의 조언이다.

미즈호FG는 주3일·4일제 도입 이전인 2019년 10월부터 부업과 사내외 겸업을 허용함으로써 유연한 근무환경 조성을 추진했다. 정부의 정책에 발맞춤과 동시에 직원들의 경력형성을 지원하고 동기부여를 통해 우수인력을 확보하며 회사발전의 선순환구조를 만들겠다는 것이 주된 목적이었다.

미즈호FG는 신입사원을 제외한 전 직원에게 부업을 허용하는데, 앞서 언급했듯 자유롭게 일하는 것은 가능하지만 타사에 고용되는 것은 금지된다. 2021년 8월 기준으로 미즈호FG의 직원 중 세무사, 노무사, 컨설팅 등 전문직에서 일하거나 가업을 돕는 등으로 부업 중인 이는 300명에 이른다. 경력계발의 니즈가 큰 40~50대가 비교적 높은 비중을 차지하고 있다.

겸업은 회사에서 타사로 이동 명령을 내거나 직원이 겸업처를 정해 신청하면 승인하는 방식으로 운영된다. 회사 내 다른 부서에서 주 1~2일간 근무하는 사내 겸업도 가능한데, 이때는 회사에서 겸업자가 필요한 업무를 공개한 후 지원자를 받는 공모 방식으로 필요인원을 선발한다. 최대 2년 범위 내에서 2개 부서 혹은 2개 회사에서의 근무가 가능하다. 2021년 8월까지 미즈호FG에서는 총 일곱 명이 사외 겸업 발령을 받았다. 사내외 겸업자 수가 2022년 11월 기준으로 총 540명에 이르는 것을 보면, 사외 겸업에 비해 사내 겸업의 인기가 좋은 편임을 알 수 있다.

미즈호FG는 부업 및 겸업 제도의 효과적 운영을 위해 별도의 관리 제도를 만들었다. 부업처나 겸업처가 자사와 경쟁관계에 있거나 회사의 이익·신용에 반하지 않는지를 먼저 검토한다. 더불어 부업자나 겸업자의 본업 충실도와 건강상태 등의 실시현황을 연 1회 이상 보고받고 있다.

기업문화와 신뢰의 상관관계

금융회사는 업의 특성상 일반 기업과 다른 점이 많다. 그런 차이를 만드는 가장 큰 이유 중 하나는 금융회사의 경우 설립 시에는 국가로부터 인허가를 받아야 하고 운영 중에는 강한 규제를 받는다는 점이다.

금융회사의 행태는 사회적으로도 영향력이 크고 국민 삶의 여러 부문에 직접적으로 영향을 미치기에 금융업의 본질은 곧 신뢰라 해도 과언이 아니다. 모든 회사들은 사고를 예방하고 비즈니스의 효율성 및 효과성을 최대로 끌어올리기 위해 내부통제 체계를 갖추고 있는데, 금융회사의 내부통제는 타 업종의 회사에서보다 중요성이 더 강조될 뿐 아니라 강도 또한 더 높은 편이다.

내부통제라고 하면 규정을 강화한다거나, 2중 혹은 3중으로 검토를 하게 만든다거나, 실수나 고의적 위반이 불가능하게끔 만드는 기능을 IT시스템상에 구현한다거나 하는 등 다소 딱딱하고 답답한 느낌의 절차들이 떠오르기 마련이다. 그런데 최근에는 이러한 내부통제에 대한 인식도 점차 바뀌고 있으니, 문화적 접근이 바로 그것이다.

영국의 금융감독기관인 FCAFinancial Conduct Authority는 기업문화를 '사내 구성원 또는 고객, 시장참여자 간의 일상적 업무와 상호작용에 영향을 미치는 개인의 행동'으로 정의한다. 규정 및 감시·감독의 차원에서 모든 임직원의 비윤리적 행동과 사고의 가능성에 접근한다는 것은 현실상 불가능한 일이고, 설사 아무리 시스템으로 철저히 막는다 해도 새로운 유형의 잘못된 행태까지 예측해 대비하기란 불가능하다. 그렇기에 '문화'를 바꿔 구성원의 행동과 인식에 변화를 주는 것은 보다 근원적이고 포괄적인 접근법이 될 수 있다. 미국이나 유럽의 대형금융회사들은 이러한 문화적 접근의 가능성과 효과성을 이미 인지해 실행에 옮기고 있다. 문화가 내부통제를 돕는다고는 하지만, 역으로 내부통제가 잘 이루어져 신뢰받는 회사들은 좋은 기업문화가 대내외적으로 인정됨에 따라 인적 자본을 보다 우수하게 유지할 수 있다.

일본의 인사 제도와 기업문화에 가장 큰 영향을 미친 두 가지 요소가 저출산·고령화에 따른 노동력의 부족과 글로벌화임은 앞서 언급한 바 있다. 자율적이면서도 법규를 잘 준수하는 회사라면 우수인력의 유치 및 유지 면에서 훨씬 유리할 것이다. 또한 일본 외의 나라에서 경쟁력을 갖고 글로벌화를 원활히 추진하려는 회사라면, 사고가 나지 않게 통제를 계속 늘려가는 것보다는 내외부 모두로부터 신뢰받는 기업문화를 구축하는 것이 필수적이다.

신뢰받는 기업이 되는 방법

이러한 배경에서 일본의 대형금융그룹들은 문화 관점에서 내부통제를 강화하려는 접근법을 사용하고 있다. 일본 최대의 금융그룹으로 글로벌화를 선도한다는 평가를 받고 있는 MUFG의 경우, 그룹의 가치와 비전에 윤리와 내부통제를 강조한 'MUFG웨이 MUFG Way'를 2021년에 공표했다. MUFG웨이는 일본 내뿐 아니라 전 세계에 퍼져 있는 그룹 임직원 전체에게 공통적으로 적용된다.

MUFG는 이 프레임워크하에서 '세계에서 가장 신뢰받는 금융그룹'이라는 비전을 설정하고 첫 번째 가치로 '도덕성과 책임감'을 내세웠다. 더불어 윤리적 문화의 가장 큰 기초가 되는 행동강령도 MUFG웨이의 구성요소로 새롭게 개정했다. 행동강령은 MUFG웨이에 따라 일상의 행동과 의사결정의 가이드를 제공하는 것으로, 매년 업데이트되며 전 그룹 구성원은 연 1회 이를 교육받고 준수할 것을 서약할 의무가 있다.

MUFG웨이를 공표한 후 MUFG는 이를 내재화하기 위해 전 세계적으로 다양한 활동을 수행해왔다. 공표 첫해인 2021년에는 특별 세션을 마련하여 직원들에게 전파했고, 이듬해에는 일본을 포함한 전 세계 5만 명의 임직원을 대상으로 '직원 세션Employee Session'이라는 행사를 3000회 이상 개최, MUFG웨이가 개인의 신념과 기업문화 안에 깊이 뿌리 내리게 했다. 또한 글로벌 각지에서 선발된 직원 70명이 매주 온라인에서 MUFG웨이의 확산방안을 토론하는가 하면, 모범적인 직원을 인터뷰하고 해당 직원의 이름을 딴 추천 활동을 소개하거나 책자로 발간하는 활동도 하고 있다. 이 외에도 MUFG는 토크 이벤트나 사내 방송, 비디오 스트리밍 등으로 홍보 활동을 수행하는 노력 또한 병행 중이며, 다소 과해 보인다는 의견이 일각에서 나올 정도로 다양하고 반복적인 교육 및 홍보 활동을 지속하고 있다. 구체적 행동기준이 임직원들에게 자연스럽게 체득되어 회사생활에서 비즈니스의 방향을 정하거나 동료나 고객을 대할 때 MUFG웨이에 부합하는지의 여부를 먼저 생각하게 하는 문화를 조성할 수 있었던 이유다.

일본을 따라가는 한국 노동시장

지금까지 살펴본 일본의 기업문화 4대 트렌드는 한국에서도 유효할까? 이를 알아보기 위해 우선 한국의 인구통계학적 변화부터 살펴보자.

국내에도 저출산·고령화의 빠른 진전과 이로 인해 발생할 수 있는 경제활동가능인구의 감소가 문제될 것이란 데는 재론의 여지가 없다. 한일 양국의 고령인구(65세 이상 인구) 비율을 비교해보면 2023년까지는 한국이 18.4%로 일본의 30.1%에 비해 훨씬 낮다. 하지만 향후 추정치를 보면 한국 고령인구 비율의 증가속도는 훨씬 빨라져 2045년 무렵에는 37.8%에 이르면서 일본을 1%p 역전할 것으로 보인다.

한국의 경제활동가능인구는 2016년 3685만 명으로 정점을 기록한 후 점차 감소해 2023년에는 3580만 명에 그쳤는데, 2032년

그림 3-3. 일본의 연령대별 인구구성비 추이

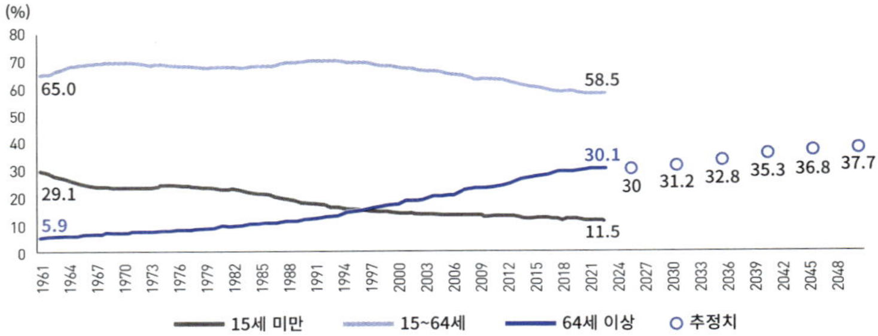

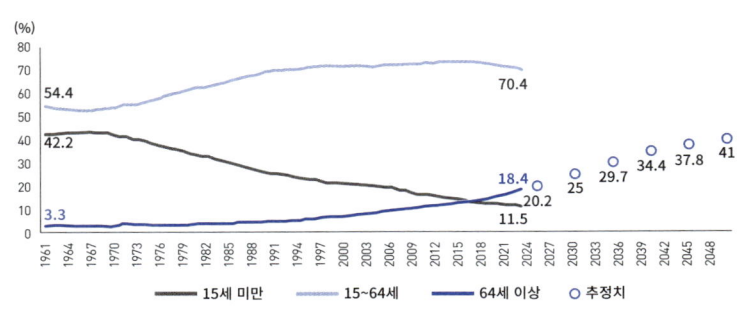

* 출처: World Bank, 일본 국립사회보장·인구문제연구소, 우리금융경영연구소.

그림 3-4. 한국의 연령대별 인구구성비 추이

* 출처: World Bank, 통계청, 우리금융경영연구소.

이 되면 3240만 명으로 줄어들 것이라 전망된다. 한국고용정보원의 인력전망에 따르면 2032년까지 향후 10년간 추가로 필요한 인력은 89만 명으로 전 취업자 수의 3%에 달할 것으로 추정된다. 한국경제인협회의 조사에서는 기업의 45.8%가 고령화 영향 중 가장 우려되는 것으로 '원활한 인력수급의 어려움'을 꼽았고 '약 9년 후에는 이 문제가 현장에 본격적인 영향을 미칠 것'이라 응답했다. 가까운 미래에 노동력 부족이 현실화할 것이란 우려가 나오고 있는 것이다.

물론 대졸 신입을 기준으로 봤을 때 아직까지는 채용시장에서 수요보다 공급이 초과하는 상태인 데다 대졸자 취업률이 70%에 미치지 못하기 때문에 이런 상황을 피부로 체감하지 못할 수 있다. 그래서 이 같은 전망에 따라 미래의 인력부족 현상에 대비해 인사제도나 기업문화의 혁신에 미리 나서는 기업들은 많지 않다. 이렇게 손을 놓고 있다가는 머지않은 훗날 인력난에 직면할 수 있다.

국내 노동시장의 문제는 단순히 수적인 면에서의 수요공급 문제가 아니라, 기업이 원하는 양질의 노동력을 적시에 공급받기가 어려워질 수 있다는 것이다. 현재 일본의 금융회사들을 보면 그들이 뽑고자 하는 인력보다 많은 사람들이 지원하고 있음에도 정작 원하는 직원을 확보하는 데 어려움을 겪고 있다. 이는 곧 한국 기업들이 곧 마주할 상황이기도 하다.

이렇듯 인구통계학적 관점에서 봤을 때 노동력 부족이 현실화될 날이 얼마 남지 않았다는 점에서, 국내 기업들도 일본과 유사한 궤적을 보일 것으로 예상된다. 지금부터 인사전략과 기업문화를 바꿔나가야 한다는 뜻이다.

다행히 국내에서는 정책 차원의 움직임이 있다. 고령인력의 채용과 관련해 정년을 65세로 연장하는 법안이 발의된 상태이고, 국가기관 혹은 공공기관 소속 다자녀 직원의 재고용을 2년 연장하는 안 등도 논의되고 있다. 2024년 10월에는 행정안전부가 환경미화, 시설관리 등 공무직에서의 정년을 65세까지 점차 늘리겠다고 발표했다.

하지만 정년의 법제화보다 더 중요한 것은 실제로 고령자들이 일할 수 있는 환경을 조성하는 것이다. 현재 '고용상 연령차별금지 및 고령자 고용촉진에 관한 법률'에 따르면 정년은 60세지만 실제 주된 직장에서의 은퇴연령은 평균 49.3세에 그치고, 금융·은행업의 경우에는 53.5세다.

일본 역시 실제 법정 정년은 60세다. 다만 일본은 앞서 언급했듯 '고령자 고용안정법'에 따라 '65세까지 고용확보 의무화' 조치를 시행, 정년 이후에도 직원이 원하면 회사가 65세까지 고용을 보장케 했다. 이 법이 노동시장에서 활발히 작동하는 덕에 일본에는 실질적으로 직원들이 65세까지 일하는 회사가 많다. 종업원 31인 이상의 기업 중 99.9%는 고령자 고용확보 조치를 실행하고 있다.

한국도 정년연장의 법제화와 더불어 실질적 은퇴연령을 늦출 수 있는 방법을 고민할 필요가 있다. 현대차나 포스코 등 일부 기업에서는 정년퇴직자의 재고용을 확대하는 등 자발적으로 고령자

고용을 시행 중이다. 고령자가 노동시장의 주요 플레이어로 등장하는 추세가 국내에서도 나타나고 있다.

여성 인력에 관해서 보자면, 자산총액 2조 원 이상의 상장법인은 이사회를 특정 성별로만 구성할 수 없도록 자본시장법이 규정한 덕분에 기업체 이사회에서의 여성이사 비율이 많이 높아졌다. 그 외 '육아지원 3법'으로도 불리는 남녀고용평등법·고용보험법·근로기준법의 개정을 통해 육아휴직이 연장되고 임신기의 근로시간 단축이 확대되는 등 일과 가정생활의 균형을 맞추기 위한 노력들이 진행 중이다.

보수적인 금융권에서도 성과주의 문화가 조금씩 생겨나고 있다. 은행의 채용 중 신입의 비율은 2018년에 70%였으나 2022년에는 그 절반 이하로 떨어졌고, 인터넷은행은 전체 임직원 중 신입의 비율이 3%에도 미치지 않는다. 카카오뱅크, 토스뱅크 등 인터넷은행에서는 호봉제 대신 연봉제를 적용하고 있으며, CEO보다 많은 보상을 받는 등 과거에는 증권사에서만 볼 수 있었던 사례도 등장했다.[45]

근무방식과 관련된 유연성 면에서의 변화도 점차 눈에 띄고 있다. 삼성·포스코·LG 등 일부 대기업에는 주4일제가 도입되었다. 또한 금융권에서도 탄력근무제, 선택적 근무시간제 등을 채택해 업무방식에서의 유연성을 키우는 중이고, 기업문화 개선을 통해 내부통제나 윤리경영의 기조를 강화하고자 하는 고민들 또한 진행 중이다. 이런 면면들을 종합해보면 한국 기업문화의 큰 흐름은 일본의 금융그룹이 겪은 변화와 유사한 방향으로 전개되고 있음을 알 수 있다.

'무엇을'보다 '어떻게'를 배워야

이제는 한국 금융회사들도 인적자원 부족에 대비하고 채용경쟁력을 강화하기 위한 준비를 시작할 시점이다. 앞서 언급한 일본 기업들에서의 사례 중 일부는 이미 국내에서 적용되기 시작했다. 그러나 양국 간에는 규제나 사회 전반적 분위기 면에서 차이가 있기에, 일본 금융그룹들이 취한 구체적 대응계획보다는 그 바탕에 깔려 있는 방법론적 측면에서의 성공요인을 참고해 한국식으로 변형, 적용하는 편이 보다 타당할 것이다.

일본 금융그룹의 기업문화 변화에는 세 가지로 요약되는 성공 요인들이 있다. 지금부터 이 세 가지를 하나씩 좀 더 상세히 살펴보자.

첫째, 장기적·점진적으로 접근한다. 문화라는 것은 그 특성상 변화에 상당히 오랜 시간이 소요되며 이해관계자도 다양하기 때문에 반대와 저항에 부딪히는 것이 불가피하다. 특히 금융회사는 보수적 문화가 강한 곳이라, 이러한 배경을 무시하고 성급한 마음으로 무리하게 변화를 추진하다 보면 기대하는 효과를 거두기가 어렵다. 국내 금융회사들이 지금부터라도 준비를 시작해야 하는 이유다. 일본 금융회사들은 기업문화 변화를 위해 상당히 오랫동안 준비했으며, 제도의 변화가 미칠 영향을 고려해 커뮤니케이션 계획도 간과하지 않고 치밀하게 세웠다.

이런 면을 고려, 상대적으로 변화를 쉽게 받아들여 도입이 용이한 부분부터 시작하고 반응이나 효과를 살피며 순차적으로 확대해나가는 것도 방법이다. 예를 들어 디지털 부문이나 해외점포, 임원급을 대상으로 파일럿 프로그램을 실시해보는 것이다. 장기적·점진적 접근에 있어 가장 중요한 요인은 아무래도 변화에 대한 경영진의 강력하고 지속적인 의지일 것이다. 변화의 추진을 경영진 개개인에게 의존하기보다는 경영의 의사결정구조를 시스템화해, 사람이 바뀌더라도 추진 방향이나 동력이 흔들리지 않도록 유지하는 것이 필수적이다.

둘째, 제도나 문화의 변화들이 상호 연계되어 일관성 있게 이루어진다. 일본의 사례를 다시 되짚어보면, 업무방식이 유연화되면서 고령층이나 여성 등 기존에는 노동시장의 주요 플레이어가 아니었던 계층의 활약이 점차 커졌다. 또한 성과주의를 위해 기존의 연차 중심이었던 인사 제도를 기술과 경험을 중시하는 방향으로 바꾸지 않았다면 구성원의 다양화가 이루어지기 어려웠을 것이다. 성과를 중시하는 인사전략은 한편으론 생산성 하락에 대한 우려 없이 업무 유연화를 자신 있게 시작하게끔 돕는 요인이기도 하다. 각각의 변화 방향은 이렇듯 서로 밀접하게 연결되어 있기에, 이 모든 상호작용을 고려해 가장 효율적일 방식으로 전체 시스템을 설계해야만 소기의 목적을 어긋남 없이 달성할 수 있다.

제도 간 연계뿐 아니라 하나의 제도 내에서 각 요소가 갖는 연계성 또한 종합적으로 고려해야 한다. 인사 제도를 예로 들면, 보상체계만의 변화로 몰입도 높은 문화를 형성하기는 어렵다. 채용부터 시작해 평가, 보상, 육성에 이르기까지 직원 한 명이 직장 내에서 거칠 라이프사이클 과정 전체의 요소들 모두가 일관성 있게 바뀌어야만 더 큰 효과를 볼 수 있기 때문이다. 제도뿐 아니라 소통이나 교육 등 문화적 측면까지 고려한 통합적 접근을 동시에 진행하면 더욱 효과적일 것이다.

셋째, 기업가치 향상이라는 본연의 목표를 추구한다. 앞서 살펴본 사례들에는 거의 대부분 비용이 수반된다. 전문성이 인정되는 고령인력의 활용방안은 기존의 재고용 방식에 비해 인건비가 많이 든다. 주4일제나 부업 허용도 고용주 입장에서는 비용이고, 남직원에게 육아휴가를 더 많이 쓰게 하는 것도 기업의 부담으로 인식될 수 있다.

하지만 이러한 변화들은 제대로 활용할 시 기업가치를 높이는 기회가 된다. 일본 금융회사들은 '변화를 피하기란 어차피 불가능하니 기왕이면 회사에 이익이 되는 방향으로 운영하겠다'는 의지 하에서 각종 제도를 운영 중이다. 성과주의를 위해 도입한 제도들이야 말할 것도 없이 기업가치 제고라는 명확한 목표를 가진다. 고령자 및 여성인력의 활용과 관련해선 전문성이나 성장잠재력이 있는 인력 위주로 제도를 운영하면서 이들이 업무의 몰입도 및 생산성을 높이게끔 유도했다. 또한 주4일제, 부업, 겸업과 같은 업무 방식의 유연화도 직원들이 외부에서 경험과 인적 네트워크를 축적해 본업을 더욱 잘하게 하는 데 방점을 둔다. 이런 제도들의 운영은 채용 브랜딩이나 기업이미지 관리 차원에서의 이점도 가져다준다.

회사는 결국 이윤을 추구할 수밖에 없다. 한국 금융회사들도 새로운 변화를 받아들일 때에는 세부적 요소들에 어떠한 차별점을 둠으로써 비용 대비 효용을 높일 수 있을지를 반드시 염두에 두어야 한다. 적극적 IR과 대내외 커뮤니케이션을 통해 브랜드 이미지를 향상시키고 직원만족도를 높이는 등 금전적으로 환산되지 않는 부분의 이익 또한 함께 도모해야 할 것이다.

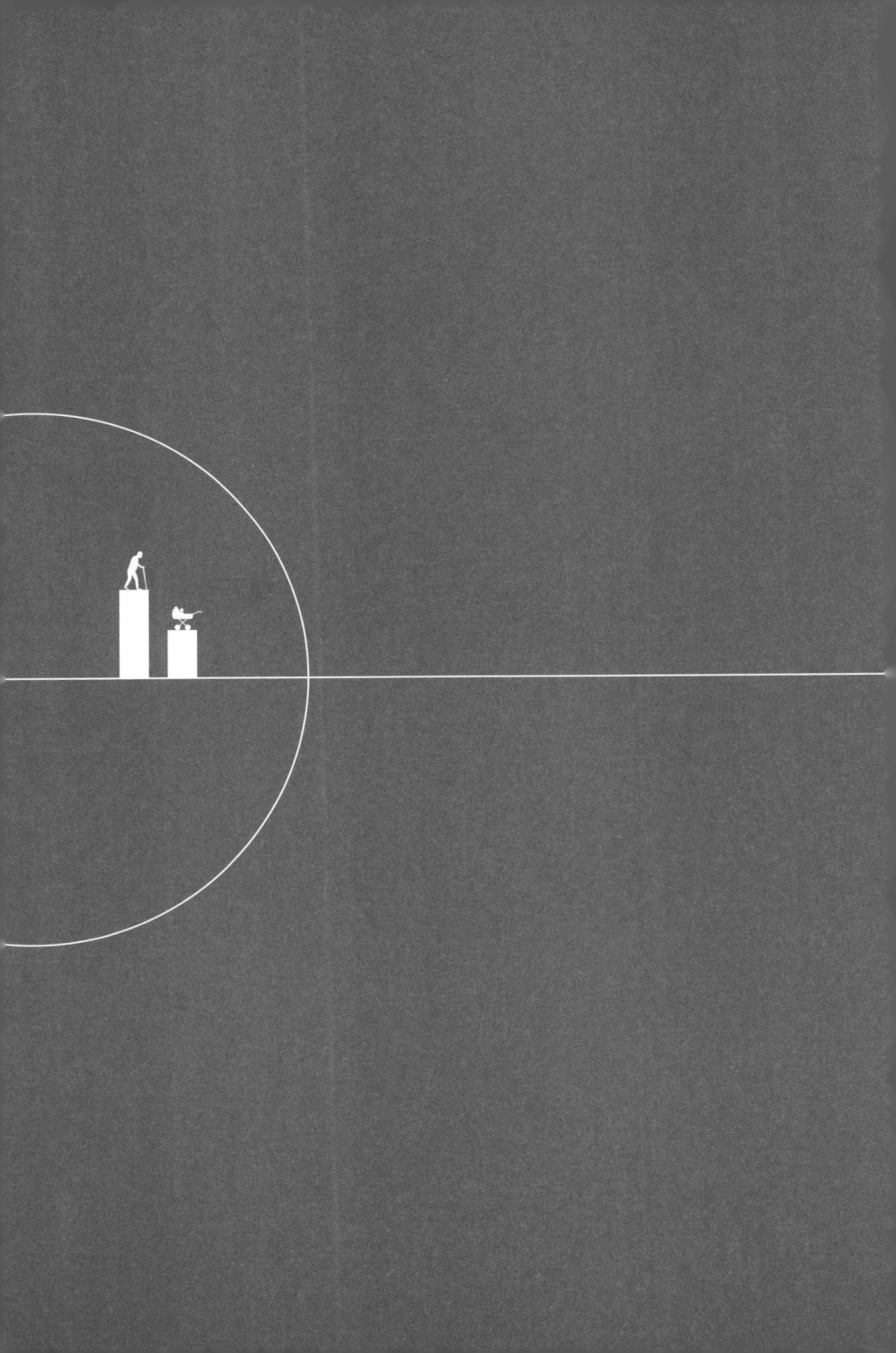

2부

달라진 일본, 멈춰 선 한국

4

일본 경제의 핏줄, 금융회사의 화려한 부활

'만년 저평가주' 탈피한 일본 3대 금융그룹

코로나19로 세계 경제가 휘청이던 2020년 8월, '투자의 귀재', '오마하의 현인'으로 불리는 워런 버핏Warren Buffett 버크셔해서웨이Berkshire Hathaway 회장은 일본 5대 종합상사(이토추伊藤忠, 미쓰비시, 미쓰이, 스미토모, 마루베니丸紅)의 주식을 5%씩 매입했다고 발표했다. 당시 주식시장에선 버핏이 도대체 왜 이런 베팅을 했는지에 대한 의문의 목소리가 컸다. 세계 경제가 침체에 빠지며 원자재 가격이 하락하고 있었고, 일본 5대 종합상사의 실적과 주가 또한 10년 가까이 정체돼 있었기 때문이다.

그러나 시장의 우려와 달리 버핏의 베팅은 성공했다. 2021년 이후 원자재 가격의 상승과 엔저로 인한 해외 부문 수입증대에 힘입어 일본 5대 종합상사의 실적은 빠르게 개선됐다. 이 기업들의 순이익 총계는 2023회계연도 기준 3조 7000억 엔을 기록, 2020년 대비 3.8배 증가했다. 실적개선과 함께 일본 정부의 주식시장 밸류업 정책까지 더해지며 2020~2024년 이들 기업의 주가는 각각 151~250% 상승했다.

버핏이 시장에서 외면받던 일본 5대 종합상사를 주목한 이유는 무엇일까?

이들 기업은 본래 무역 분야에서 사업을 시작했으나 당시에는 사업구조를 재편 중이었다. 일본의 수출기업들이 점차 자체 공급망을 구축하자 주력 분야를 전환, 해외의 자원시장에서부터 인프라·미디어·식료품 등 다양한 분야에 걸쳐 투자를 진행하며 전 세계에 사업 네트워크를 구축한 것이다. 이에 따라 현재 이들 종합상사의 사업모형은 단순무역이 아닌 투자은행, 혹은 버핏이 운영하는 버크셔해서웨이와 더 유사한 상황이다. 이러한 관점에서 버핏은 일본 5대 종합상사를 "앞으로 100년 동안, 아니 영원히 살아남을 기업"이라 말하기도 했다.

일본에는 종합상사 외에도 사업구조를 적극적으로 전환한 회사가 있다. 바로 일본의 3대 금융그룹인 MUFG, SMFG, 미즈호다. 이들 그룹은 1980년부터 자국 기업과 함께 해외로 진출하기 시작했고, 2008년 이후에는 일본의 저성장 고착화에 대응하기 위해 해

그림 4-1. 일본 3대 금융그룹의 순이익

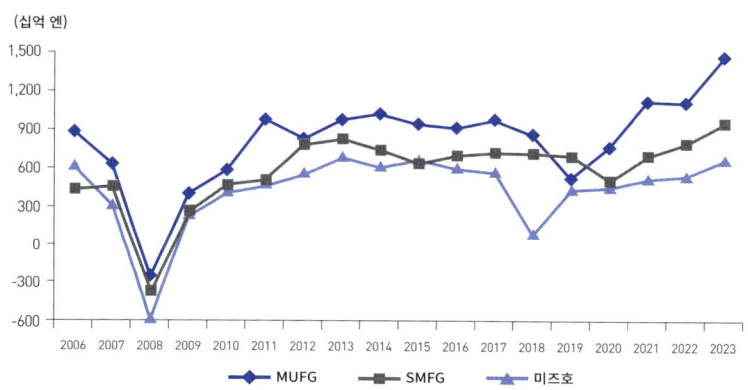

* 출처: Bloomberg, 우리금융경영연구소.

외사업을 본격적으로 확대했다.

글로벌 사업은 금융그룹의 성장정체를 극복하는 데 결정적 역할을 했다. 덕분에 2020년까지 답보 상태에 있던 일본 3대 금융그룹의 순이익은 2021년 이후 가파른 증가세로 전환했다.

이 금융그룹들의 일본 내 실적과 해외실적을 비교해보자. 이들이 일본 내에서 벌어들인 연간 총영업이익은 2006년에 6조 8000억 엔이었으나 2023년에는 6조 엔으로 11% 감소했다. 반면 같은 기간 동안 해외에서의 총영업이익은 1조 2000억 엔에서 6조 1000억 엔으로 다섯 배 급증했다. 이에 따라 전체 총영업이익 중 해외 부문이 차지하는 비중은 15%에서 50%로 급격히 커졌다. 그야말로 글로벌 시장에서 '제2의 일본'을 찾으며 재기에 성공한 것이다.

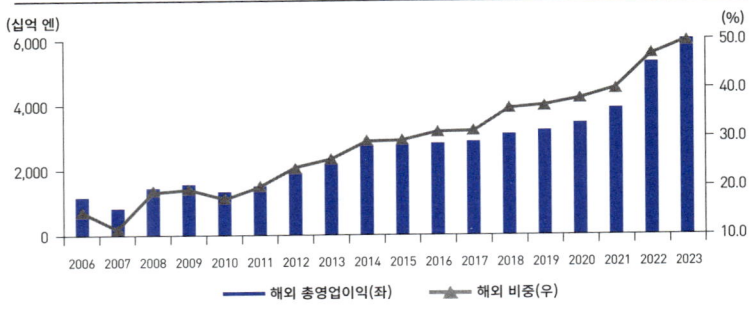

그림 4-2. 일본 3대 금융그룹의 해외 총영업이익 규모 및 비중

* 출처: Bloomberg, 우리금융경영연구소.
* 주: 총영업이익은 이자이익, 수수료이익, 거래계정이익을 합산한 수치 준용(※국내/해외 부문 조정치 제외).

그 결과 이들 그룹의 주가 또한 화려하게 부활했다. 글로벌 금융위기 이후 폭락했던 일본 3대 금융그룹의 주가는 2021년까지 부진한 흐름을 이어오다 2022년부터 급상승하는 추세다. 그동안 진행되어온 체질개선 노력과 함께 일본 정부의 밸류업 프로그램 추진 등 우호적 여건이 마련되면서 우상향한 것으로 분석된다. 이들 그룹의 주가를 1주당 순자산으로 나눈 PBR은 2021년의 0.40~0.45에서 2024년의 0.92~1.09로 상승했다. 순자산가치 대비 절반에도 못 미치던 주가가 3년 만에 크게 오르며 재평가된 것이다. 이로써 이들 그룹의 주식은 '만년 저평가주'라는 꼬리표를 떼어낼 수 있었다.

그렇다면 일본 3대 금융그룹이 해외로 진출하게 된 이유는 무엇일까? 그리고 그들은 어떻게 글로벌 시장을 공략하고 있을까?

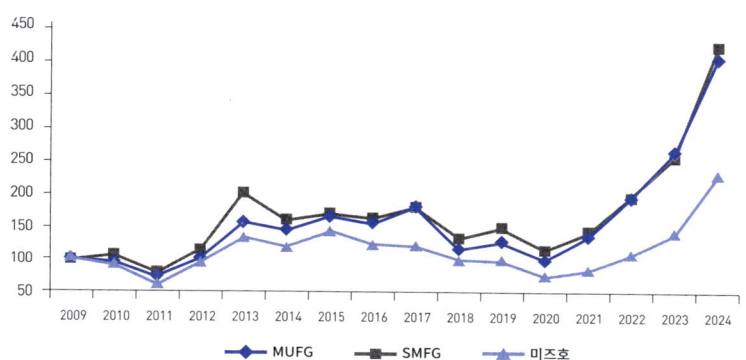

그림 4-3. 일본 3대 금융그룹의 주가 추이

* 출처: Bloomberg, 우리금융경영연구소.
* 주: 각 그룹 주가는 '2009년=100'을 기준으로 환산.

국내 금융그룹들은 일본의 사례로부터 어떤 점을 배울 수 있을까? 이번 장에서는 이 질문들에 대한 답을 살펴보려 한다.

제로금리의 역설: 국경 넘어 수익을 찾다

2024년 9월 일본 출장 당시 현지에선 새 지폐 모으기가 유행처럼 퍼지고 있었다. 그해 7월, 20년 만에 일본은행이 위폐사용 방지, 기기교체 등으로 인한 경제효과 창출 등을 목적으로 1만 엔과 5000엔, 1000엔의 신권들을 발행한 직후였기 때문이다. 새 지폐 발행을 통해 구권이 교환되는 과정에서 소비·투자가 늘어나는 효과도 기대할 수 있었다.

온라인 상거래와 신용카드 결제가 자리 잡은 한국과 달리 일본에서는 여전히 현금거래가 많이 이뤄진다. 각 가정이 금고에 보유하고 있는 이른바 '장롱예금'도 60조~100조 엔에 달하는 것으로 추정된다.

버블붕괴 이후 일본에선 투자수요가 급격히 줄어들었고, 특히 가계 부문의 예금선호 현상이 점점 강해졌다. 이에 따라 3대 은행의 예대율(총예금 대비 총대출의 비율)은 2008년 기준으로도 80%라는 낮은 수준에 머물렀다. 즉, 은행들은 예금으로 돈이 쌓여가고 있음에도 이를 대출을 통해 수익으로 전환할 방안이 없는 상황이었던 것이다.

일본 3대 은행의 자국 내 대출 현황과 이자이익 추이를 살펴보면 일본 안에서 영업하기가 얼마나 힘든 환경인지를 여실히 알 수 있다. 2006~2023회계연도 가계·기업 대출의 규모는 약 170조~180조 엔 구간에서 정체됐다. 해당 기간 동안 기업대출은 증가 (126조 엔→145조 엔)했지만 가계대출은 감소(44조 엔→35조 엔)했기 때문이다. 일본의 저금리 정책으로 같은 기간 3대 은행의 평균 예대마진은 1.52%(미즈호 제외)에서 0.80%로 추락했고, 이자이익 또한 2조 8000억 엔에서 1조 8000억 엔으로 줄었다.

이런 상황에 이르자 금융회사들은 자국 내에선 성장동력을 찾을 수 없다고 판단했다. 해외시장에 눈을 돌린 것은 그야말로 생존을 위해서였다. 일본 금융그룹이 해외에 성공적으로 진출할 수

그림 4-4. 일본 3대 은행의 본국 부문 대출 및 이자이익

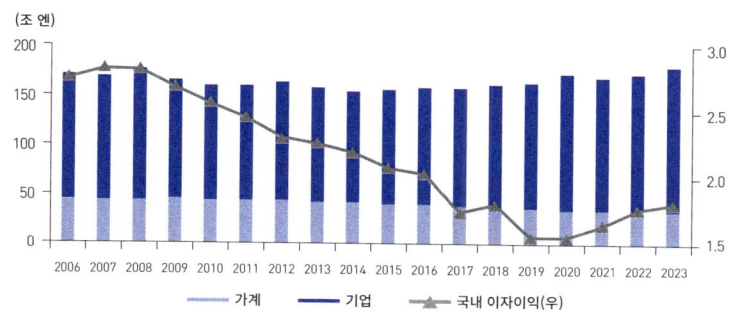

* 출처: 각사 IR, 우리금융경영연구소.
* 주: MUFG(은행), SMFG(은행), 미즈호(은행·신탁은행) 기준이며, 총대출은 가계와 기업 부문을 합산한 수치임.

그림 4-5. 일본 3대 금융그룹의 탄생 과정

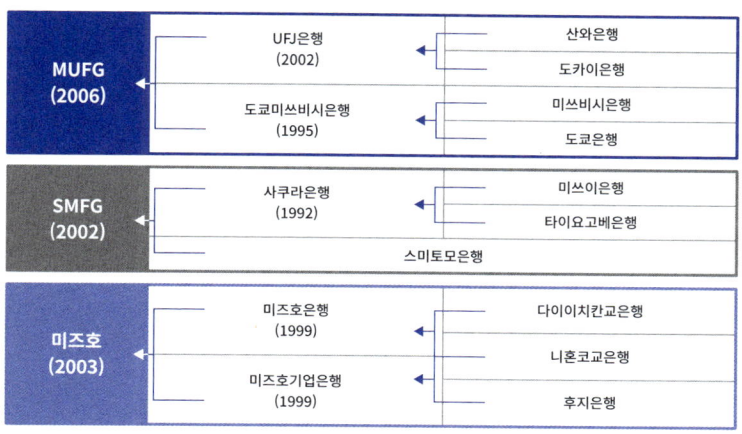

* 출처: 각사 IR, 우리금융경영연구소.
* 주: 미즈호금융그룹 설립은 2003년, 미즈호은행/미즈호기업은행의 통합은 2013년임.

있었던 것은 앞서 진행된 대형화 덕분이었다. 1990년대 후반부터 2000년대 초반까지 일본 은행권은 대대적인 구조조정을 겪었다. 버블붕괴로 부실채권이 급증하며 은행들이 서로 합병되는 과정에서 지금의 3대 메가뱅크가 탄생했고 자본도 커졌다. 메가뱅크들은 대규모 자본을 확충한 덕분에, 각각 은행으로 남아 있었다면 쉽지 않았을 해외투자에 적극 나설 수 있었던 것이다.

타 부문 일본 기업들의 해외진출이 늘어난 것도 일본 금융회사들에겐 호재였다. 금융그룹들은 정부가 주도하는 해외 민관협력 사업Public-Private Partnership, PPP에 참여하며 관련 노하우를 꾸준히 축적할 수 있었다. 은행-종합상사-제조·건설 기업이 '패키지 딜'을 구성해 발전·도로·항만 등 인프라 구축 프로젝트에 참여하는 식이었다. 금융그룹은 이러한 프로젝트의 초기 단계부터 사업의 발굴, 기획, 타당성 평가 등에 참여하며 정교한 사업성 분석과 리스크 관리 기법을 체득해왔다. 자금공급 과정에서는 국책은행과 함께 대주단貸主團(대출을 제공하는 여러 금융기관이나 투자자 들이 모인 그룹)을 구성해 금융주선, 신디케이트론Syndicated Loan(여러 금융기관이 공동으로 기업에게 돈을 빌려주는 방식의 대출) 공급, 자금관리 등 인프라 투자를 위한 금융 서비스를 제공했다. 이를 통해 글로벌 시장에서 장기간 구축된 경험, 업계 네트워크 등이 일본 3대 금융그룹들의 해외사업 성공요인으로 작용했다.

그럼 이제부터는 이들 그룹의 해외진출 전략이 변화해온 양상을 살펴보자. 일본 금융그룹들은 1980년대 이전부터 자국의 수출

기업들과 함께 해외로 진출하기 시작했다. 일본 기업들은 이른 시기부터 해외사업을 전개하고 있었다. 1962년 태국에 현지법인을 설립한 뒤 1971년에 인도네시아에 진출한 도요타Toyota가 한 예다. 이러한 과정에서 일본은행은 수요에 대응하기 위해 기업들과 동반하여 해외로 진출했고, 그렇게 축적한 경험은 이후 3대 금융그룹의 글로벌 사업 확장에 밑거름이 됐다.

1991~2007년은 앞서 언급했듯 버블붕괴로 일본 은행권의 구조조정이 이루어진 시기로, 해외사업의 확장은 정체됐으나 메가뱅크 체제가 형성되며 투자여력을 새롭게 확보할 수 있었다. 이 시기는 또한 저성장·저금리 기조가 본격화되면서 글로벌 진출에 대한 유인이 늘어난 시기이기도 했다. 일본 3대 금융그룹은 2008년 이후부터 본격적으로 해외시장에 진출했다. 특히 동남아시아 국가들에서 현지 대형은행의 지분을 적극 매입해 현지법인을 설립했고, 이를 통해 기존에는 해당 국가의 지사·교민을 위주로 했던 사업의 범위를 확장하며 현지 개인·기업으로 고객층을 넓히기 시작했다.

2020년 이후 이들 그룹은 진출 국가에 따라 사업 분야를 다르게 전개하는 '양동 전략'을 펼치고 있다. 세계 경제 선두로서의 입지를 강화하고 있는 미국에서는 기업을 대상으로 하는 투자은행 분야에, 동남아 지역에서는 일반 금융소비자 대상의 소매금융 사업에 집중하는 것이 그 예다. 또한 디지털금융의 부상에 대응해 비은행 및 핀테크 투자 또한 확대하는 추세다.

표 4-1. 일본 3대 금융그룹의 글로벌 진출 개요(시기별)

1단계 (1980~1990년)	• 주로 선진국 머니센터 및 일본 기업 지사 대상의 지점 형태 영업 전개 • 일본 자동차 기업(예: 도요타의 1962년 태국 진출)과 함께 은행도 해외진출
2단계 (1991~2007년)	• 버블붕괴로 부실채권 급증 → 해외진출 가장 저조 • 저성장·저금리 시대 진입, 구조조정 과정에서 메가뱅크 체제 구축
3단계 (2008~2019년)	• 메가뱅크 체제로 확보한 투자여력을 통해 현지 대형은행 지분 매입, 현지법인 설립 • 고성장이 기대되는 베트남, 인도네시아, 필리핀, 태국 등 동남아에서의 영업확대
4단계 (2020~2024년)	• 양동 전략(동남아 소매금융, 미국 기업투자은행) 전략 강화 • 비은행·핀테크 투자의 증대

* 출처: 각사 IR, 언론보도 취합, 우리금융경영연구소.

    이러한 과정을 거쳐 현재 일본 3대 금융그룹은 약 50개 국가에 진출해 있다. 2023회계연도 기준으로 일본 3대 은행의 지역별 대출 비중을 보면 미주 지역이 43%, 아시아·오세아니아 지역이 35%, 유럽·중동 등이 22%다. 특히 세계 최대의 자본시장인 미국, 그리고 고성장이 기대되는 아시아 신흥국에 투자를 집중하는 모습이다.

    이제부터는 일본 3대 금융그룹의 글로벌 전략, 특히 본격적 진출이 시작된 2008년 이후의 전략을 집중적으로 살펴보려 한다. 이

전략에는 크게 네 가지 특징이 있는데 ①국가별 특성에 적합한 사업으로의 진출, ②현지 금융사에 대한 지분투자, ③기업형 벤처캐피털Corporate Venture Capital, CVC을 통한 디지털금융 투자, ④지역본부 운영이다. 이 각각의 특징을 보다 자세히 들여다보자.

'선진국-신흥국' 이원화 접근법

'귤화위지橘化爲枳'라는 사자성어가 있다. 강남의 귤을 강북으로 옮겨 심으면 탱자가 된다는, 즉 환경에 따라 성질과 상황이 변한다는 뜻이다. 금융회사가 해외에 진출하는 경우에도 어느 지역인가에 따라 성공 여부가 달라질 수 있다. 일본 3대 금융그룹은 각 진출 지역들이 갖고 있는 고유한 특성에 따른 차별화 전략을 선택했다.

이들 그룹은 크게 두 가지 형태로 지역별 전략을 전개했다. 첫째, 경제규모나 금융시장 발달 수준이 높은 국가들에서는 기업·기관 영업 중심의 기업투자은행Corporate and Investment Banking, CIB 위주로 진출했다. 해당 유형의 국가는 기업의 자금조달 및 기관의 투자수요가 풍부해 관련 수익을 창출할 수 있는 절대적 규모가 크기 때문이었다.

둘째, 신흥국들에서는 현지 기업과 함께 개인고객에게도 서비스를 제공하는 종합금융체계를 구축했다. 주된 목표는 경제성장이 진행되는 나라에 조기진출해 성장의 과실을 공유하는 것이었다. 신흥국은 선진국에 비해 신규 금융 서비스를 필요로 하는 인구비중이 높은 데다 현지 금융기관의 숙련도가 상대적으로 떨어지는 경우가 많아 개인고객들을 대상으로 하는 소매금융업의 진출 환경이 우호적인 편이다.

요약하자면 일본 3대 금융그룹의 양동전략은 성장성이 높은 신흥국에선 소매금융을 포함한 종합금융을, 자본시장이 발달한 국가에서는 CIB에 집중하는 것이라 할 수 있다. 그렇다면 이들 그룹의 CIB 진출방식에는 어떤 특징이 있을까?

CIB 핵심거점국인 미국·영국·홍콩·싱가포르·중국에는 은행과 함께 증권, 자산운용, 리스 등의 CIB 관련 주요 계열사가 동반 진출했다. 이 중에서도 은행은 여신, 무역금융, 자금관리, 지급결제 등을 맡고 증권은 부채자본시장Debt Capital Market, DCM 및 주식자본시장Equity Capital Market, ECM에서의 자금조달과 인수합병 등의 핵심 서비스를 담당한다. 백화점이 식품·패션·전자기기 등 다양한 상품구성으로 손님을 공략하듯 은행-증권의 동반 진출을 통해 폭넓은 금융 서비스를 제공함으로써 기업·기관 고객의 만족도를 높이는 것이다. 실제로 일본 대형금융그룹과의 면담에서 글로벌 담당자들은 모두 "CIB 사업 성공에는 은행과 증권의 동반 진출이 필수적"이라고 강조했다.

CIB 전략의 또 다른 특징은 일본 3대 금융그룹 모두가 미국 시장의 역량을 키우는 데 드라이브를 걸고 있다는 점이다. 세계 최대 자본시장인 미국에서 글로벌 기업의 자금조달을 지원하고, 주식·채권 등의 세일즈 앤드 트레이딩Sales & Trading, S&T 부문과의 연계를 통해 추가수익을 창출하려는 의도다. 일본 대형그룹의 관계자는 "선택과 집중 관점에서 아시아·유럽보다는 미국을 우선한다"라고 전했다.

이들의 미국 내 CIB 전략을 좀 더 들여다보자. 3대 금융그룹은 기존 강점을 보유한 DCM의 자체 역량을 강화하는 반면, ECM과 인수합병에서는 현지 대형투자은행, 즉 IB와의 제휴를 통해 경쟁력을 높이는 전략을 취한다. MUFG는 모건스탠리의 지분 약 23%를 보유하고 있으며 SMFG는 2023년 기존 4.5%였던 제프리스Jefferies 보유지분을 15%까지 확대하는 방안을 발표했다. 또한 미즈호는 미국의 투자은행 그린힐앤드컴퍼니Greenhill & Co.를 2023년 인수했다. 이렇듯 일본 3대 금융그룹 모두는 제휴사와의 협업을 강화해 미국을 중심으로 IB 사업을 확장할 방침이다.

이들 그룹이 신흥국에서 펼치는 사업전략은 선진국에서의 그것과 다르다. 기업금융 중심의 미즈호를 제외하면, MUFG와 SMFG는 현지 대형은행뿐 아니라 소비자금융사도 인수하며 개인을 포함한 종합금융체계의 구축에 힘쓰고 있다. 특히 경제성장률이 높고 예전부터 일본 기업들의 진출이 활발했던 동남아시아를 중심으로 계열사의 입지를 다각도로 쌓아가는 중이다. 낮은 자본시장 성숙도 탓에 증권업 및 자산운용업 등으로의 진출은 제한적이지만, 이들 그룹은 대부분의 영역에서 금융 서비스를 제공할 수 있는 역량을 이미 보유하고 있으며 더욱 강화해나가는 중이다.

MUFG는 태국, 인도네시아, 필리핀, 베트남, 인도를 핵심 성장국으로 지정하고 투자를 꾸준히 추진해오고 있다. 특징적인 것은 고객군을 기업과 개인으로 세분화하고, 각 영역을 담당하는 계열사를 두었다는 점이다. 이는 동일 지역, 동일 업권으로의 중복 진출을 최소화하고 체계적인 진출 포트폴리오를 구축하기 위한 취지다.

주로 대기업을 담당하고 있는 MUFG은행을 제외하면 나머지 영역은 현지에서 인수하거나 제휴를 맺은 금융사를 활용한다는 점도 주목할 만하다. MUFG는 태국의 크룽스리Krungsri(아유타야은행Bank of Ayudhya)를 중심으로 동남아시아 소비자금융 시장에 진출했고, 인도네시아에서는 다나몬은행Bank Danamon과 자동차 대출업체 만달라파이낸스Mandala Finance를 통해 현지시장을 공략하고 있다.

SMFG는 인도네시아, 인도, 베트남, 필리핀을 핵심 거점국으로 선정했다. 현지에서 자국 수준의 종합금융 서비스를 제공하기 위한 멀티프랜차이즈Multi-Franchise 전략을 추진 중이다. MUFG의 경우와 유사하게 본국 계열사의 SMBC 은행과 SMFL 리스업체는 대기업금융에 집중하고, 나머지 영역에서는 현지에서 인수한 은행 및 소비자금융을 활용한다. 인도네시아에서는 일반 개인고객 관련 서비스는 현지에서 지분을 인수해 설립한 비티피엔은행Bank Tabungan Pensiunan Nasional, BTPN과 자동차금융 자회사인 오토그룹OTO Group이 담당하는 방식이다. 또한 '아시아 파트너스 경영진

회담Asia Partners Executives Summit'을 운영하는 것도 SMFG의 특징이다. 이 회의는 본국과 아시아 주요국 자회사의 경영진 간 교류를 촉진하기 위한 것으로, 이를 통해 SMFG는 글로벌 협업 체계를 모색해나가고 있다.

이렇듯 일본 3대 금융그룹은 국가별 특성에 따라 서로 다른 진출전략을 선택해 추진 중이다. 지금부터는 이 그룹들이 어떤 과정을 거쳐 해외에 진출하고 있는지 알아보자.

지분투자로 개척하는 금융영토

'로마는 하루아침에 이루어지지 않았다.' 16세기 유럽의 패자霸者 스페인의 무적함대를 격파하고 대영제국의 기반을 마련한 엘리자베스 1세Elizabeth I가 케임브리지대학 연설에서 인용한 이 문구는 위대한 제국의 건설에는 수많은 시간과 노력이 필요하다는 것을 강조한다. 일본 3대 금융그룹의 해외진출도 단기간에 이루어지지 않았다. 이들 그룹은 제2의 모국을 건설하기 위한 시도를 장기간에 걸쳐 해나갔고, 2007년부터는 적극적인 지분투자를 통해 해외사업 역량을 꾸준히 쌓아왔다.

이 그룹들이 현지 금융사에 지분을 투자하는 방식으로 해외에 진출하는 이유는 무엇보다 시장을 효과적으로 탐색할 수 있어서다. 현지 관련 정보가 부족하거나 규제가 강력한 경우에는 탐색적 접근 차원의 방식으로 이를 활용할 수 있는 것이다.

이는 동남아시아 신흥국에서 유용하게 작용한다. 선진국에 비해 해당 국가들은 정보확보가 어렵고, 현지 금융당국은 자국 산업의 보호를 위해 외국계 자본의 진출에 부정적 입장을 취하는 경우가 많기 때문이다. 따라서 우선은 소수의 지분투자를 시작으로 진출기반을 마련하고, 시장 및 규제 동향을 관찰한 이후 본격적인 진입 여부를 결정하는 것이 위험관리 측면에서 유리하다.

이러한 방식의 강점은 배당과 지분법상 이익을 당연히 기대할 수 있을 뿐 아니라 현지에 진출한 계열사와의 협업을 통해 사업경험 축적이 가능하다는 것이다. 이는 또한 투자전략을 전환하기에도 용이하다. 만약 경영환경의 변화로 수익성이 낮아질 경우에는 지분을 축소하면 되고, 성장성이 크다고 판단될 경우에는 지분을 추가로 취득해 인수·합병하거나 자회사로 편입시키면 되기 때문이다.

그럼 일본 3대 금융그룹별 해외사업전략을 살펴보자. 먼저 MUFG는 일본 기업들의 진출이 활발한 태국에서 현지 5위의 은행을 인수해 설립한 크룽스리를 동남아시아 핵심거점으로 활용하고 있다. 크룽스리 출범 이후 MUFG는 현지법인의 브랜드 및 전략을 유지하고 그룹이 보유한 자원활용을 극대화하고 있다. MUFG의 기존 기업고객과 크룽스리를 연계하고, 자본투자 및 기술이전을 통해 태국의 자동차금융 공급망에서 입지를 강화하는 방식이 대표적 예다. 또한 2019년 이후 크룽스리가 동남아시아 소비자금융사 다수의 지분투자에 참여하는 등, MUFG는 크룽스리를 중심으로 하는 사업확장전략을 전개 중이다. 다만 미국에서는 현지 대형은행과의 경쟁 탓에 수익성이 악화된 소매금융 자회사 유니온뱅크Union Bank를 매각하고 기업금융에 역량을 집중하는 방식으로 지속적인 자본배분을 추진하고 있다.

SMFG는 그룹 계열사와의 시너지 창출을 중심으로 해외투자를 진행 중이다. SMFG 공시자료에 따르면 해외금융사에 대한 투자 여부를 결정할 때 이들에겐 몇 가지 기준이 있다. 그룹의 전략에 부합하는지, 기대 보통주자본이익률이 9.5% 이상인지, 위험관리가 가능한지 등이 그것이다. SMFG는 지분인수사의 전략적 제휴 가치가 감소한 경우 해당 지분을 매각하는 등 포트폴리오도 주기적으로 관리하고 있다. 2023년 베트남에서 기존 제휴은행이었던 베트남수출입은행EXIMbank의 지분을 축소하고, 신규 제휴은행인 VP은행Viet Phuong Bank의 지분을 매입한 것이 한 예다.

미즈호의 경우에는 핀테크에 집중적으로 투자하고 있다. 그간 기업금융 위주였기에 소매금융 기반이 상대적으로 약했던 만큼, 이는 후발주자인 미즈호가 디지털금융을 통해 효율적 시장진출을 모색하는 전략인 것으로 해석된다.

일본 3대 금융그룹이 해외에서 시행하는 지분투자의 방향은 크게 코로나19를 기점으로 나뉜다. 코로나19 이전인 2007~2019년, MUFG와 SMFG는 동남아시아에서 현지 중대형 지분의 인수에 집중했다. 그중 대표적 사례는 태국 및 인도네시아 은행들의 인수였다. 당시 양국에는 일본 기업들이 이미 활발히 진출해 있었고, 인구·경제·지리적 환경 등을 고려했을 때 양국이 동남아시아의 핵심거점국으로 성장할 가능성이 크다고 판단했기 때문이다.

구체적으로 MUFG는 2013년 태국 5대 은행 중 하나였던 아유타야은행Bank of Ayudhya의 지분 72%를 5600억 엔에 매입한 이후 2015년 MUFG 방콕지점과 통합, 크룽스리를 설립했다. 마찬가지로 인도네시아에서도 현지 8위였던 다나몬은행의 지분을 2017년 19.9% 매입한 이후 2018년에 40%, 2019년에는 94.1%까지 확대했다. 인도네시아에서는 단일주주 상업은행 보유지분 한도가 40%지만, MUFG는 인도네시아 금융당국과의 지속적 협상을 통해 현지은행을 인수할 수 있었다. SMFG도 마찬가지로 2013년부터 단계적으로 현지은행 BTPN의 지분을 매입해 2019년 기존 SMBC 현지법인과 통합, 인도네시아 은행 자회사를 출범시켰다.

2020년 이후 일본 3대 금융그룹은 비은행 포트폴리오의 확충에 집중하고 있다. 현지은행에 대한 지분투자를 통해 사업기반을 마련한 뒤 소비자금융사, 핀테크, 금융투자업 등 비은행 계열사에 대한 투자에 나서고 있는 것이다.

비은행 부문은 은행에 비해 업무가 한정적으로 비춰질 수 있지만 진입 및 영업이 용이하다는 강점이 있고, 특화상품과 다양한 서비스를 통해 고객층을 확장할 수도 있다. 실제로 MUFG와 SMFG 모두는 급성장 중인 인도네시아 자동차 시장을 공략하기 위해 현지 소비자금융사를 인수해 은행과의 연계를 확대하는 중

표 4-2. 일본 3대 금융그룹의 지분투자 사례

연도	지분투자 사례
2007년	• SMFG: 베트남수출입은행(지분 15%→2024년 4.3%)
2008년	• MUFG: 모건스탠리(미국 대형IB, 지분 21%)
2011년	• 미즈호: 비엣콤은행Vietcombank(베트남 대형은행, 지분 15%)
2012년	• MUFG: 비에틴은행Vietinbank(베트남 2위 은행, 지분 20%)
2013년	• MUFG: 크룽스리(태국 5위 은행, 지분 72%) • SMFG: BTPN(인니 10위 은행, 지분 97%)
2014년	• SMFG: 아클레다은행Acleda Bank(캄보디아 1위 은행, 지분 18%)
2015년	• SMFG: 오토멀티아르타OTO Multiartha, 오토파이낸스OTO Finance(인니 자동차금융사들, 각각 지분 35.1%→2024년 각각 지분 51%)
2016년	• MUFG: 시큐리티은행Security Bank(필리핀 6위 은행, 지분 50%)
2017년	• MUFG: 다나몬은행(인니 8위 은행, 지분 94.1%)
2019년	• MUFG: SB파이낸스SB Finance(시큐리티은행의 소비자금융 자회사, 지분 50%)
2020년	• MUFG: 그랩(동남아시아 최대 차량공유 플랫폼, 7억 달러 이상 투자)
2021년	• MUFG: SHB파이낸스SHB Finance(베트남 소비자금융사, 2026년까지 지분 100% 인수계획) • SMFG: 풀러턴인디아Fullerton India(인도 소비자금융사, 지분 74.9%→2024년 자회사화), FE크레딧FE Credit(베트남 1위 소비자금융사) • 미즈호: 모모MoMo(베트남 디지털결제사, 지분 7.5%)
2022년	• MUFG: 아쿨라쿠Akulaku(인니 핀테크, 2억 달러 투자), 노무라증권 태국Nomura Thailand(212억 엔에 인수) • 미즈호: 토닉Tonik(필리핀 디지털은행, 지분 10%)
2023년	• MUFG: DMI파이낸스DMI Finance(인도 핀테크, 2.3억 달러 투자), 홈크레딧HomeCredit(소비자금융사, 필리핀/인니 사업부 인수), 알바코어Albacore(영국 대체신용 전문사, 지분 50% 이상)

	• SMFG: 제프리스(미국 대형IB, 2021년 4.9%→15%까지 지분확대 계획 발표), 리잘상업은행RCBC: Rizal Commercial Banking Corporation(필리핀 6위 은행, 2021년 5%→2023년 20%), VP은행(베트남 6위 은행으로 FE크레딧 보유사, 지분 15%) • 미즈호: 그린힐(미국 대형IB, 5.5억 달러에 인수)
2024년	• MUFG: 링크Link(호주 자산관리사, 8억 달러에 인수), 만달라파이낸스(인니 자동차금융사, 지분 80%), 어센드머니Ascend Money(태국 최초 핀테크 유니콘, 1.95억 달러 투자) • 미즈호: 크레딧사이손인디아Credit Saison India(일본계 인도 핀테크, 지분 15%)

* 출처: 각사 IR, 언론보도 취합, 우리금융경영연구소.

이다.

특히 코로나19 이후에는 디지털금융의 급속한 확산에 대응해 핀테크에 대한 투자도 늘리고 있다. 동남아시아에서는 은행 인프라는 부족하지만, 모바일 보급률은 높아 디지털금융의 성장 가능성이 크기 때문이다. MUFG는 인도네시아·인도·태국 등에서, 미즈호는 베트남·필리핀·인도 등에서 디지털금융사에 투자를 진행했다. 이를 통해 현지에서 금융 서비스 이용이 어려운 개인을 대상으로 고객층을 확장할 방침이다. 이처럼 일본 3대 금융그룹은 최근 전통적인 은행 분야에서 핀테크 등으로 주력투자 부문을 전환하고 있다.

CVC, 디지털혁신의 엔진이 되다

일본 3대 금융그룹은 CVC, 즉 기업형 벤처캐피털을 활용해 스타트업 투자를 확대하고 있다. 이러한 투자방식은 글로벌 디지털 금융 사업의 확장을 지원하는 데 효율적이다. 핀테크와 같은 디지털 금융회사에 투자하는 경우 일반 금융기관보다 초기 사업단계가 많고 높은 기술이해도가 요구된다. 따라서 투자하려는 금융그룹과 투자받고자 하는 기업 모두에 대해 전문적 평가역량을 보유

표 4-3. 일본 3대 금융그룹의 지분투자 사례

	CVC (설립시점, 총 운용자산AUM)	주요 사례
MUFG	크룽스리핀노베이트 (2017년, 1.5억 달러)	• 그랩(2020년, 7억 달러, 동남아)
	MUIP(2019년, 800억 엔)	• 어센드머니(2024년, 1.95억 달러, 태국)
SMFG	SMBC아시안라이징펀드 (2023년, 2억 달러)	• 바야나Vayana(2024년, 2000만 달러, 인도)
미즈호	미즈호이노베이션프론티어 (2023년, 100억 엔)	• 클라이밋임팩트XClimate Impact X(2023년, 2200만 달러, 싱가포르) • 잽에너지Zap Energy(2024년, 1.3억 달러, 미국)

* 출처: 각사 홈페이지, 언론보도 취합, 우리금융경영연구소.
* 주: 투자금액은 해당 CVC 외 그룹사, 타사 등이 함께 투자한 규모임(예: 그랩의 경우 MUFG은행, MUIP, 크룽스리핀노베이트Krungsri Finnovate가 함께 투자한 규모 등임).

한심사역이 필요한데, 이러한 인력을 운용하기 적합한 방식 중 하나가 CVC 설립이다.

일본 3대 금융그룹이 CVC를 활용한 투자를 본격적으로 확대한 것은 2019년 이후다. MUFG는 2019년 CVC 자회사인 'MUFG이노베이션파트너스MUFG Innovation Partners, MUIP'를 설립하고 동남아시아·인도·미국 등 지역에서 스타트업에 투자하고 있다. MUFG는 또한 CVC와 함께 은행에도 직접투자를 병행한다. 2020년 MUFG 본사가 MUIP, 태국 자회사 은행 CVC 등 그룹 계열사들과 손잡고 동남아시아 최대의 차량 공유플랫폼인 그랩Grab에 투자한 것이 대표적 예다. SMFG와 미즈호 역시 CVC인 SMBC아시안라이징펀드SMBC Asian Rising Fund와 미즈호이노베이션프론티어Mizuho Innovation Frontier를 각각 설립해 MUFG의 움직임에 대응했다.

3대 금융그룹 중 CVC 투자를 가장 선도적·전사적으로 수행하고 있는 MUFG의 사례를 자세히 살펴보자. 2024년 이후 약 10년 내 아시아 최고의 디지털금융 그룹으로 도약하겠다는 목표를 내건 MUFG는 이를 위해 MUIP를 중심으로 그룹과 함께 시너지를 창출할 스타트업을 적극 발굴하고 있다.

MUIP는 인도네시아와 인도에 집중적으로 투자하는 펀드 두 개를 포함, 총 다섯 개의 펀드로 구성되어 있으며 운용자산은 6억 5000만 달러다. 임직원 수는 약 30명으로, 다양한 산업별 전문 심사역과 디지털혁신 업무를 수행하는 경영진으로 구성된다. 심사

표 4-4. MUIP 개요

펀드 구조	• 5개 펀드: 글로벌(MUIP Fund I, II, III), 인도네시아(MUIP Garuda Fund), 인도(MUFG Ganesha Fund) • 운용자산: 약 6.5억 달러 • 인력: 약 30명 • 포트폴리오 수: 46개
투자 분야	• 대출, 결제, 자산관리, 자본시장, 은행/버티컬 소프트웨어, 지속가능성 산업 등
해외투자 포트폴리오	• 동남아시아/인도: 금융이력부족자 고객기반 확대 및 부유층 자산관리 위주 • 미국: 현지 중소기업 관련 핀테크 및 블록체인 투자 집중

* 출처: MUIP 공시자료, 우리금융경영연구소.

역은 혁신적 기술을 보유한 기업을 탐색하고, 경영진은 MUFG가 필요로 하는 기술을 판단하는 것에 특화돼 있다. 이러한 구조를 통해 MUIP는 투자집행의 효율성을 제고해나가는 중이다.

일반적인 벤처캐피털은 투자한 스타트업의 지분매각을 통해 재무적 이익을 얻는 것을 목표로 한다. 그러나 CVC인 MUIP는 이와 조금 달리, 투자를 통해 MUFG의 디지털역량 향상을 추구한다는 목표를 갖는다. MUFG의 사업과 연계 가능한 대출, 결제, 자산관리, 자본시장, 소프트웨어, 지속가능성 산업 등이 MUIP의 관심 투자대상이다.

MUIP 포트폴리오의 특징을 지역별로 살펴보면 아시아에서는 소매금융, 미국에서는 기업금융에 집중하는 그룹의 방향에 맞춰 핀테크 투자를 추진함을 알 수 있다. 동남아시아·인도에서는 금융거래 이력이 적은 '금융이력 부족자Thin Filer'를 위한 서비스와 함께 부유층 자산관리 분야에도 투자한다. 미국에서는 현지 중소기업 관련 핀테크와 블록체인 기술기업에 집중하고 있다. 최종적으로는 투자 이후 그룹 계열사와의 연계를 통해 초기부터 후기까지 스타트업 전 주기에 걸친 서비스를 지원함으로써 상호 비즈니스 기회를 창출하는 것이 MUIP의 궁극적 목적이다.

이처럼 일본 3대 금융그룹은 현지 대형금융사에서부터 핀테크 업체에 이르기까지 다양한 기업의 지분을 인수하며 해외사업을 확장하고 있다. 그러나 해외사업에 착수했다 하더라도 넘어야 할 산이 많다. 해외의 계열사를 효율적으로 운영할 수 있는 방식에 대해 더 오랜 기간 동안 고민해야 하기 때문이다. 이를 위해 3대 금융그룹은 어떤 해결책을 선택하고 있을까?

지역본부 기반의 효율적 관리

일본 3대 금융그룹이 동남아시아를 핵심적 성장시장으로 선정하고 투자를 확대하는 과정에서 사업인프라를 사전구축한 지역은 바로 아시아의 금융허브인 싱가포르다.

일본 3대 금융그룹은 2008년부터 2013년까지 싱가포르 지역본부를 설립하고 인력을 대거 확충했다. 지역본부의 총인력은 약

1000~2000명 내외라 알려져 있다. 한국 4대 금융그룹의 경우 인력이 가장 많은 싱가포르 지점이라 해도 100명 미만인 점과 비교하면 그 격차가 상당하다.

일본 3대 금융그룹이 지역거점에 일제히 대규모 인력을 배치한 이유는 현지에서의 기민한 대응이 글로벌 사업의 성패를 가른다고 판단해서다. 본점이 해외사업에 대한 모든 감독업무를 수행할 수 없기 때문에 현지업무를 통제할 수 있는 지역본부가 필요하다는 게 대형은행 글로벌 담당자들의 한결같은 목소리다. 지역본부는 본점을 대행해 상품개발, 기획, 마케팅, 인사, 자금관리, 내부통제 등 대부분의 의사결정을 전결한다. 현지통화 차입은 지역본부에서 결정하고, 규모가 큰 달러 차입은 글로벌 전체 수익성에 영향을 미칠 수 있으므로 본점이 심사하는 것이 한 예다.

이러한 관점에서 싱가포르는 지역본부로서 크게 두 가지 이점을 갖는다. 하나는 동남아시아 국가이면서 인도양과 태평양 사이에 있는 지리적 요충지이기에, 동남아시아 현지의 정보획득과 인력채용에서 유리하면서도 인도·중동·동아시아 등 다양한 지역과도 교류할 수 있다는 점이다.

다른 하나는 자금조달이 용이하고 동남아시아 관련 거래가 활발히 이루어지고 있는 금융허브라는 점이다. 2024년 9월 발표된 금융센터지수 Global Financial Centres Index에 따르면 싱가포르의 글로벌 순위는 4위로, 3위인 홍콩의 뒤를 이어 아시아-태평양에서 두 번째로 높다. 동남아시아 내에서는 싱가포르 다음으로 높은 순위가 말레이시아 쿠알라룸푸르의 59위이니 현지에서 싱가포르가 갖는 위상을 짐작할 수 있다. 특히 최근 싱가포르는 핀테크 허브로도 부상하고 있어 '디지털투자 확대'라는 일본 3대 금융그룹의 방향과도 부합한다.

이러한 강점들을 고려, 이들 그룹은 싱가포르 지역본부의 인력과 기능을 지속적으로 확충하고 있다. 일례로 미즈호는 2023년 싱가포르를 중심으로 홍콩·상하이의 업무까지 총괄하는 아시아-태평양 지역본부 통합을 추진한 바 있다.

해외시장에서 새로운 수익원을 발굴하며 성장한계를 극복한 일본 3대 그룹의 사례는 국내 금융업에도 중요한 시사점을 제시한다. 한국이 장기적 경제저성장 국면에 진입할 경우를 대비해 국내 금융그룹 역시 해외시장으로 수익원을 다각화할 필요가 있기 때문이다. 그렇다면 국내 금융그룹이 글로벌 사업역량을 강화하려면 어떤 방안이 필요할까? 단순히 일본 금융그룹들의 사례를 답습하는 것만으로 충분할까?

글로벌은 선택 아닌 생존의 문제

국내 경제성장의 둔화는 금융업에 악영향을 미쳐서, 일본이 그랬듯 가계와 기업의 대출수요가 줄어들 가능성이 높다. 저금리 기조가 고착화되면 예대마진은 더 얇아질 수밖에 없다. 문제는 국내

4대 금융그룹의 총영업이익 중 80%가 이자이익에 의존하고 있다는 점이다. 일본 3대 금융그룹의 이자이익 비중이 약 50%인 점을 고려하면 저성장의 충격은 국내 금융그룹에게 더욱 크게 작용할 가능성이 높다.

경제성장의 둔화와 더불어 국내 금융그룹이 직면하고 있는, 어쩌면 더 심각하다 할 수 있는 문제는 바로 시장포화다. 한국의 금융 서비스 보급률은 세계 최고 수준이다. 세계 20위의 은행계좌 보유율(98.7%), 세계 8위의 신용카드 보유율(68.4%)을 기록한 만큼 한국 국민은 이미 대부분이 금융 서비스를 이용 중인데, 이는 곧 국내에서 성장할 수 있는 폭이 제한되어 있음을 의미한다. 특히 GDP 대비 가계대출과 기업대출 비중이 각각 93.5%, 113.9%인 점을 고려하면 대출을 중심으로 하는 기존 성장방식은 한계에 다다랐다 할 수 있다. 일본 3대 금융그룹이 '금융수출'을 통해 저성장의 늪에서 벗어난 사례를 국내 금융그룹들이 참조할 필요가 있는 이유다.

국내 금융그룹의 해외진출 환경이 우호적으로 조성되고 있다는 점은 긍정적이다. 우선 국내 기업들의 해외투자가 빠르게 늘어나고 있다. 한국의 2023년 해외 직접투자 규모(651억 달러)는 2003년과 비교해 13.2배 증가했는데, 이는 금융도 기업과 함께 해외사업을 키울 수 있는 기회가 많아지고 있다는 의미다. 일례로 베트남 현지에 진출한 국내 기업들의 지사를 기반으로 국내 금융그룹 역시 현지 안착에 성공했다. 최근 국내 기업의 진출이 활발해지며 시중은행이 사무소·지점 설립을 추진하고 있는 폴란드도 좋은 예다.

특히 동남아시아 시장은 경제가 꾸준히 성장하고 있음에도 한편으론 금융산업 성숙도가 낮아 거리상으로, 또 문화적으로 가까운 한국의 금융 서비스가 진출하기에 유리한 측면이 있다. 인구규모가 크고 한국과의 교류가 활발한 베트남·인도네시아는 동남아시아 진출의 핵심거점국으로 성장할 가능성을 갖는다.

실제로 국내 4대 금융그룹은 2010년 이후 해외사업 확장을 본격적으로 추진하고 있다. 일본과 마찬가지로 선진국에서는 기업금융사업, 신흥국에선 소매금융사업의 강화에 집중하는 모습이다. 특히 동남아시아에서 현지의 중소형금융사를 인수하는 사례가 잇따르고 있다. 현재 국내 4대 금융그룹은 37개국에 진출해 있으며 그중 10개국(중국, 일본, 홍콩, 인도네시아, 베트남, 싱가포르, 미얀마, 인도, 영국, 미국)에서는 모든 그룹이 네트워크를 보유하고 있다. 다만 국내 4대 금융그룹의 전체 순이익 중 글로벌 부문이 차지하는 비중(10~20%)은 일본 3대 금융그룹들(40%)을 크게 하회한다.

국내 4대 금융그룹이 일본 3대 금융그룹보다 글로벌 무대에서 고전하는 이유는 단순히 투자부족만이 아니다. 보다 근본적인 원인은 바로 구조적 차이에 있다.

우선 국내 금융그룹은 일본 금융그룹보다 규모 면에서 열위다. 일본 금융그룹들은 국내 금융그룹들 대비 자산은 약 다섯 배, 자본은 약 세 배가량 크기에 상대적으로 대형금융사를 인수할 수 있는 여력이 있다. 실제로 MUFG와 SMFG가 인도네시아에서 각각

11위, 12위권의 은행을 보유한 데 반해 국내 금융그룹은 중소형금융사를 인수해 25~52위권의 은행을 운영 중이다. 중대형금융사 투자를 통해 단기간 동안 현지에 기반을 구축하는 전략을 적극 활용하기는 쉽지 않은 실정인 것이다.

또한 국내 금융그룹은 일본에 비해 해외진출 경험과 관련 인력 및 네트워크가 부족하다. 이러한 요소가 더욱 중요하게 작용하는 IB 부문에서는 자산규모와 마찬가지로 큰 간극이 존재한다. 2023년 기준 글로벌 IB 수수료 순위를 보면 MUFG는 19위(12.2억 달러), SMFG는 17위(14.8억 달러), 미즈호는 10위(19.7억 달러)에 올라 있고, 이들 기업은 미국 IB시장에서도 이미 확고한 입지를 구축해놓았다. 반면 국내 금융그룹들을 보면 KB증권의 2023년 IB 수수료 수익이 3125억 원이며, 4대 그룹 모두 글로벌 IB 순위는 25위권 밖에 있다.

이러한 점들을 감안하면 국내 금융그룹은 해외진출에 있어 일본의 사례를 참조하되 각 그룹에 맞는 차별화된 사업확대 방안을 모색할 필요가 있다. 먼저 시장전망과 그룹의 목표 등을 검토해 자본배분의 효율화를 추진해야 한다. 일본에 비해 자본·인력 등이 제한적이란 점을 고려하면, 핵심시장에 대한 선택과 집중을 통해 한정된 자원을 효과적으로 활용해야 하는 것이다.

이를 위해선 국내 금융그룹들이 보유하고 있는 강점을 기반으로 신규 비즈니스를 개척할 필요가 있다. 한국은 우수한 디지털금융 역량을 보유하고 있기에 이를 통해 차별화된 경쟁력을 확보할 수 있다. 자체 디지털역량을 향상함과 동시에 국내외 우수 핀테크와의 협업을 확대한다면 진출을 위한 새로운 돌파구를 찾는 데 도움이 될 것이다.

　글로벌 사업은 단기가 아닌 장기적 관점에서 꾸준히 이뤄지는 투자를 필요로 한다. 보유자금이 막대하고 기업 지사의 기반이 견고한 일본 금융그룹들도 가시적 성과를 얻기까지 10년 이상을 기다려야 했다. 최근 국내 금융그룹들의 해외수익이 빠르게 늘어나고는 있지만, 일본 3대 금융그룹 수준의 결실을 얻기 위해선 글로벌 체력을 강화해나가는 노력을 지속적으로 기울여야 한다.

5

장기불황을 넘는 기업금융의 힘

장기불황 속 몸부림, '다운사이징'

1990년대까지만 해도 '메이드 인 재팬Made in Japan'은 고품질과 신뢰의 상징이었다. 소니의 휴대용 카세트플레이어 '워크맨', 일명 '코끼리표'로 불리던 조지루시Zojirushi의 압력밥솥은 동경의 대상이었다. 국내 기업의 경쟁제품을 옆에 꺼내놓기 부끄러울 정도로 일본 브랜드는 최고의 이미지였다.

그러나 지금은 일본 제조업의 위상이 달라졌다. 1980년대 미국 승용차 시장에서 약 20%의 점유율을 차지했던 일본 자동차 브랜드들 중 도요타를 제외한 나머지 제조사들은 실적부진에 따른 경

영위기로 최근 구조조정을 진행하고 있다. 게다가 도요타자동차 그룹은 품질인증 과정에서 부정행위를 저지른 사실이 드러나 일본 특유의 장인정신을 일컫는 '모노즈쿠리ものづくり'가 흔들리고 있다는 지적까지 나오는 상황이다.

기술력과 고객만족을 무기로 시장을 주도했던 일본 기업들의 쇠락은 1990년 3월 일본 대장성大藏省(현재의 재무성)의 부동산 대출 금지로 갑작스럽게 발생한 버블붕괴의 직·간접적 영향에 따른 결과라고 할 수 있다.

1980년대 거품이 만든 활황이 계속될 것으로 여기고 돈을 빌려 공격적으로 사업을 확장했던 일본 기업들은 과잉설비·과잉부채의 덫에 걸리며 직격탄을 입었다. 부동산 불패 신화를 믿고 적극 매입했던 부동산은 가치가 급락해 유동성 악화와 담보자산 부실화라는 부메랑이 되어 돌아왔다. 이에 당시 일본 기업들은 살아남기 위해 설비투자와 인건비 등 지출을 줄이고, 자산을 매각(다운사이징Downsizing)해 채무를 상환(디레버리징Deleveraging)하며 살을 깎는 고통을 견뎌야 했다.

문제는 일본 기업들이 경기침체기를 버티는 수단이었던 축소지향적 경영방식이, 불황이 길어짐에 따라 기업 내부에 고착화됐다는 것이다. 재무리스크 관리의 강박에 묶여 있는 동안 기술은 뒤처지고 맨파워는 약해졌다. 다행히 부채 문제는 해소됐음에도, 이런 이유로 일본 기업들은 서서히 활력을 잃어갔다.

불황의 파고와 축소지향의 기조는 금융회사로 이어졌다. 기업

그림 5-1. 일본 비금융기업들의 평균 자산규모

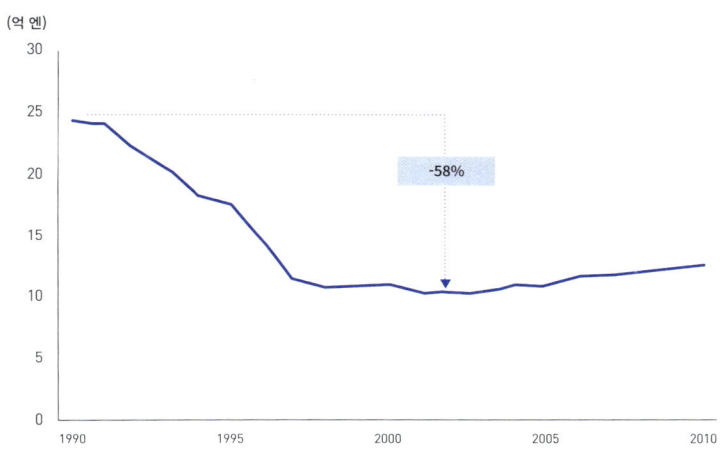

* 출처: 일본 재무성, 우리금융경영연구소.
* 주: '비금융기업'이란 자본금 1000만 엔 이상의 기업을 뜻함.

들의 재무상태가 나빠지자 기업에 돈을 빌려주었던 은행들의 부실채권도 눈덩이처럼 불어났다. 일본은행에 따르면 1992년부터 2001년까지 일본 시중은행들이 매각한 부실채권의 누적규모는 무려 90조 엔에 달했다. 이는 1986년부터 1990년까지 일본 시중은행 대출 순증액의 80%에 해당하는 것으로, 버블붕괴의 충격이 얼마나 심각했는지를 보여주는 수치다.

막대한 부실채권을 정리한 은행들은 자산확대보다는 건전성 관리에 주력했고 그에 따라 기업의 자금수요도, 금융회사의 자금공급도 미진한 시기가 장기간 지속됐다. 1993년 416조 엔에 달했던 기업대출 잔액은 2005년 273조 엔까지 급감했고, 이후에도 10년 이상 정체에 가까운 저성장에 머물렀다.

끈질긴 부양책과 구조개혁, 기업에 돈이 돈다

1990년대에 일본 정부는 불황극복을 위해 100조 엔 이상 규모의 경제활성화 대책을 쏟아부었지만 백약이 무효였다. 이에 단기적 경기부양보다는 근본적 개혁과 변화를 도모하는 방향으로 정책의 기류를 틀었다. 이른바 일본판 '금융빅뱅'(1996~2001년)이 추진된 것이다. 경제회복과 국가경쟁력 강화를 목표로, 대출 중심의 자금조달을 자본 중심으로 전환한다는 것이 금융빅뱅의 핵심이다.

2001년 취임한 고이즈미 준이치로小泉純一郎 총리는 보다 강력한 구조개혁 조치들을 이어갔다. '구조개혁 없이는 경제회복도 없다', '성역 없는 구조개혁' 등의 슬로건하에 부실채권 정리와 공기업 민영화, 규제완화 등을 단행하며 투자 중심의 경제구조로 이행을 촉진했다. 당시 일본 내에서는 개혁방식에 대한 반발과 효과에 대한 의문 등 부정적 시선도 많았지만, 이제는 그러한 노력들을 바탕으로 일본의 자금순환구조가 자본시장 중심으로 재편되기 시작했다는 평가가 많다.

이후 일본 경제의 변화는 아베 신조 총리가 집권한 후 대대적으로 펼친 이른바 '아베노믹스'를 거치며 가속화·가시화되었다. '선

순환 실현을 위한 경제대책好循環実現のための経済対策'46 발표(2013년 12월 5일), 마이너스 금리 도입(2016년)과 같은 투자활성화 조치 덕에 기업의 투자활동이 늘어나고 기업금융시장도 회복세를 보였다. 코로나19 이후에는 대기업을 중심으로 디지털전환과 생산능력 확대를 위한 설비투자가 빠르게 늘어, 2010년대 초반 연간 70조 엔 수준에 머물던 일본 민간기업의 명목설비투자액이 2023년 102조 엔까지 증가해 30년 만에 최고치를 기록했다.

1990년대 중반 이후 20년 가까이 역성장한 기업대출은 기업의 자금수요 회복 덕에 2014년부터 가계대출 증가세를 앞지르기 시작해 지금까지 3.9%의 연평균성장율Compound Annual Growth Rate, CAGR을 이어가고 있다. 2024년 상반기 일본의 기업대출 총액은 402조 엔으로, 1997년 이후 처음으로 400조 엔대를 회복했다. 아베 총리의 두 번째 취임 시점인 2012년 말에 대비로는 1.5배 늘어난 수준이다.

일본 자본시장은 보다 가파른 회복세를 보였다. 일본 대표 주가지수인 닛케이225의 합산 시가총액은 2012년 말에 199조 엔이었으나 2024년 6월 말에는 728조 엔으로 3.7배 커졌다. 닛케이225지수는 2024년 마지막 거래일인 12월 30일에 3만 9894.54로 마감되며 1989년 거품경제 시기의 고점을 35년 만에 뛰어넘었다.

아베노믹스를 계승한 기시다 내각은 '새로운 자본주의 정책'을 추진해 기업경영 지향점의 변화를 이끌었다는 평가가 나온다. 이 조치는 주주의 이익과 권리 보호에 무관심했던 일본 기업들에게

그림 5-2. 일본 시중은행 기업대출 잔액 추이

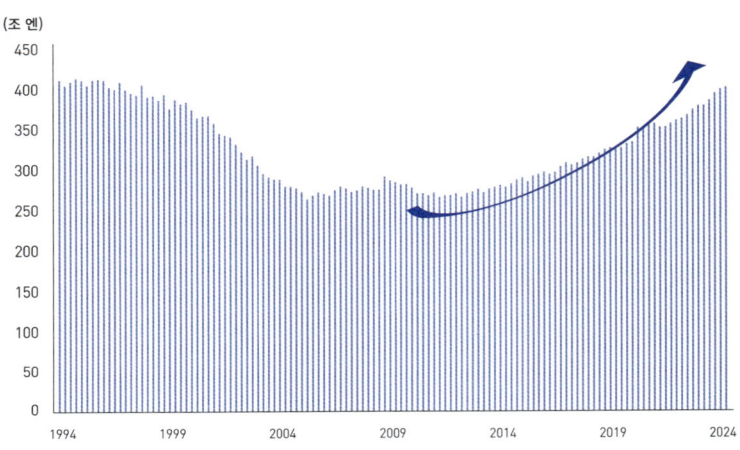

* 출처: 일본은행, 닛케이225, 우리금융경영연구소.

그림 5-3. 니케이225 시가총액 추이

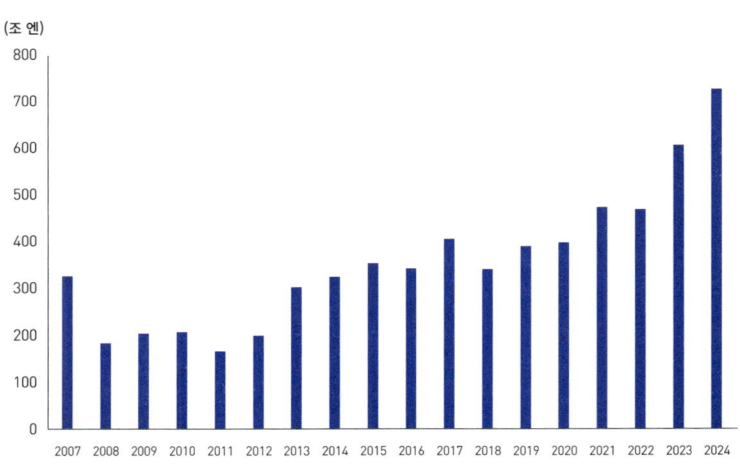

* 출처: 일본은행, 닛케이225, 우리금융경영연구소.

지배구조 개선 및 주주가치 제고를 요구하는 것이 핵심으로, 안전자본(저축)을 모험자본(투자)으로 이전하기 위한 것이었다. 그 일환으로 도쿄증권거래소는 '밸류업'을 우선과제로 추진했고, 이에 따라 기업경영의 목표도 주주가치 제고와 일치하는 방향으로 조정되기 시작했다. 그 결과 일본 기업들의 관심과 금융니즈는 돈을 빌려 외형을 성장시키기보다 비핵심자산의 매각이나 핵심사업의 경쟁력 제고 등 자산을 전략적으로 배분해 자본수익성을 극대화하는 것에 집중되고 있다.

일본 부동산시장, 무엇이 다른가

일본 기업금융 시장은 양적 회복과 질적 변화를 동시에 겪고 있다. 이 가운데 한국이 주목해볼 만한 분야로는 부동산금융과 전환금융을 꼽을 수 있다. 이번 장에서는 그중 부동산금융 분야를, 이어지는 6장에서는 전환금융 분야를 각각 살펴보려 한다.

일본 부동산금융을 주목할 만한 분야로 선택한 이유는 부동산 PF 위기가 반복되는 한국 시장에 시사점을 줄 수 있기 때문이다. 일본 기업들이 활력을 되찾고 대출이 증가하는 과정에서 흥미로운 것은 대출이 가장 많이 늘어난 업종이 부동산업이라는 점이다. 일본의 기업대출 총잔액 중 부동산업 대출이 차지하는 비중은 1993년에 14%였으나 2024년 상반기에는 26%까지 높아졌다. 한국 부동산시장에 대한 비관론이 제기될 때마다 빠지지 않고 언급되는 것이 일본의 버블붕괴와 고령화 및 인구감소, 부동산 가격의 장기적 하락 현상이라는 점을 고려하면 상당히 의외인 부분이다.

이는 대대적인 도심재개발로 상업용 부동산시장의 규모가 커진 결과라 할 수 있다. 부동산 가격은 큰 변동이 없었으나, 노후화된 구도심이 프리미엄 빌딩이 들어선 상업지구로 변신하는 재개발 과정에서 부동산 부문에 대한 대출이 늘어난 것이다. 자금의 수요처는 주로 개발·공급을 담당하는 디벨로퍼와 상업용 부동산을 매수해 임대·운용하는 리츠다. 다만 디벨로퍼와 리츠는 대규모 사업자금의 상당 부분을 대출보다는 자기자본으로 조달하기 때문에,

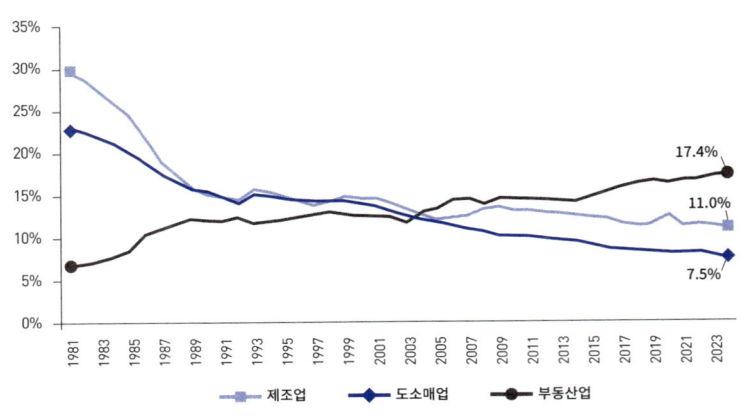

그림 5-4. 일본 시중은행의 기업대출 업종별 비중 추이

* 출처: 일본은행, 우리금융경영연구소.

이들의 대출의존도는 한국과 비교해 낮은 수준에서 잘 관리되고 있다. 과도한 대출에 의존한 한국 부동산금융의 전면적 구조전환이 필요한 현 시점에, 자기자본 활용도가 높은 일본 상업용 부동산 현황과 부동산금융을 살펴보는 일은 의미 있을 것이다.

투자 중심의 생태계가 정착된 일본 부동산시장

먼저 일본 부동산시장의 구조부터 살펴보자. 2022년 기준 총국가순자산 자료에 따르면 일본 부동산의 자산가치는 주거용 건물 470조 엔, 비주거용 건물 1270조 엔, 토지 1130조 엔으로 총 2870조 엔에 달한다. 한국 돈으로는 2경 7000조 원에 이르는 규모다. 이 중 비주거용 건물의 가치가 주거용 건물 가치의 2.7배에 달해 한국과 큰 차이를 보인다. 한국에서는 2023년 기준 주거용 건물·토지의 가치가 6839조 원, 비주거용의 경우엔 6254조 원으로 주거용 부동산이 우위를 점했다.

부동산 소유 측면에서 보자면 일본에서는 법인이 전체 부동산의 약 20%를 차지하는 것으로 추산된다. 일본 국토교통성의 2018년 토지기본조사에 따르면 법인 소유 부동산은 토지의 경우 387조 엔, 건물의 경우 137조 엔으로 총 524조 엔 수준이다. 2024년 말 도쿄증권거래소 상장기업들의 시가총액이 996조 엔인 점을 생각하면 작지 않은 규모다.

일본의 상업용 부동산시장은 규모뿐 아니라 2000년대 이후 질적 성장세가 높아지고 있다는 점에 주목할 필요가 있다. 우선 기업들이 비핵심부동산을 매각한 데다 대대적 재개발로 신축 건물들이 들어서며 기관투자가들이 관심을 가질 만한 우량 부동산의 공급이 늘어났다. 1960~1970년대 제1차 재개발 시기에 지어진 저층 소규모 빌딩과 단독주택 들이 노후화돼 추가 개발의 필요성이 높아진 가운데, 2000년대 들어 일본 정부가 파격적으로 규제를 완화해 민간 부동산 디벨로퍼들이 주도하는 도시재생사업이 본격화된 덕분이었다.

수요 측면에서는 2001년 도입된 부동산투자신탁, 즉 리츠가 상업용 부동산시장의 큰손으로 부상했다. 리츠는 다수의 투자자로부터 지분성 자금을 모아 부동산에 투자하고, 임대료 수익과 자산 매각 이익을 투자자에게 배당하는 간접투자기구다. 특히 일본 리츠는 증권거래소에 상장된 회사형·위탁관리형 리츠의 구조가 특징인데, 이러한 일본 리츠를 'J-리츠'라 부른다.

일본 리츠시장의 규모는 일본은행이 자산시장 활성화를 목적으로 추진한 위험자산 매입 프로그램에 J-리츠가 포함되고, 안정적 배당을 추구하는 신탁 계정의 리츠 투자자금이 꾸준히 유입되면서 확대되었다. 일본 국토교통성 집계에 따르면 J-리츠를 비롯해 증권화된 부동산 자산의 총액은 2015년 30조 엔에서 2023년 60조 엔으로 두 배 확대됐다.

자금조달 방식을 들여다보면, 공급과 투자를 각각 담당하는 디

그림 5-5. 일본 부동산시장의 구조

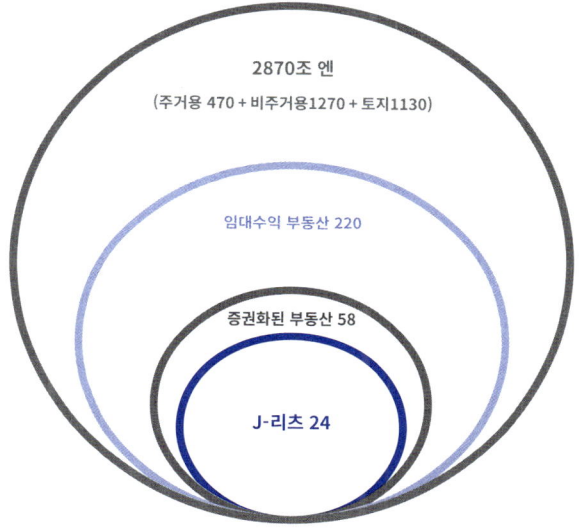

* 출처: 일본 국토교통성, 일본 재무성, 일본부동산증권화협회, 우리금융경영연구소.

디벨로퍼와 J-리츠 모두 자기자본 비중이 높다는 특징이 있다. 자기자본 비중이 높으면 재무안정성이 높아진다. 소위 '내 돈'이 들어가기 때문에 사업성 판단에 보다 신중을 기하는 덕분이다. 더불어 시장의 니즈에 입각한 의사결정이 이루어져 효율적이며, 프로젝트 마무리를 위한 책임감도 높아진다. 이는 양질의 부동산금융 생태계가 만들어지는 밑거름이 된다.

도시의 변화를 주도하는 디벨로퍼

일본의 부동산시장을 주도하는 것은 디벨로퍼, 즉 토지구입부터 건물시공, 임대운용 등의 개발 과정을 전담하는 전문기업이다. 이들은 상당 규모의 자기자본을 들여 땅을 사들이고 개발 후 관리사업까지 책임지는 경우가 많아 단순 시행사라기보다는 총괄개발사업자로 인식되는 것이 일반적이다.

일본에는 미쓰이후도산三井不動産, 미쓰비시지쇼三菱地所, 모리빌딩森ビル 등 오랜 업력과 대규모 자금력, 개발역량을 갖춘 디벨로퍼들이 많다. 일본의 3대 디벨로퍼 중 하나인 미쓰이후도산의 2023회계연도 매출액은 2조 4000억 엔(약 22조 5000억 원)으로, 한국 최대 시행사의 매출액이 8000억 원대에 그치는 것과 비교하면 그 규모가 상당하다. 한국의 디벨로퍼들은 매출 규모가 작을 뿐 아니라 시공사에 사업을 의존하는 중개시행사 형태로 운영되며, 자본구조 측면에서는 대출의존도가 매우 높은 경우가 수두룩하다.

최근 '슈퍼 엔저'로 일본을 방문하는 한국 관광객이 급증했는데, 대대적 재개발로 신축 고층빌딩이 화려하게 들어선 도쿄의 경관에 놀랐다는 이들이 적지 않다. 2010년 이전만 해도 도쿄의 랜드마크 건물로는 모리빌딩이 개발한 롯폰기힐즈와 오모테산도힐즈, 미쓰이후도산이 개발한 미드타운 정도가 전부였다.

그러나 고밀도·복합 개발이 속도를 내면서 일본에서는 2023년 이후 초고층빌딩 프로젝트가 잇따라 마무리되고 있다. 최고급 맨션(한국의 아파트와 유사한 개념)부터 오피스·상업시설과 학교까지 들어간 '힐즈 시리즈'인 도라노몬힐즈, 아자부다이힐즈가 준공됐고, 버스터미널의 지하화와 도쿄역 일대의 재개발로 세워진 미드타운 야에스가 2023년에 일제히 들어섰다.

도쿄역 동편인 야에스八重洲 지역은 분할된 구획과 좁은 도로, 작은 가게들이 밀집해 있어 대규모 오피스 개발이 어려웠지만, 최근에는 다수 업체들이 초고층빌딩 프로젝트들을 진행 중이다. 도쿄역 서편의 금융 중심지인 마루노우치丸の内의 재개발은 일대의 건물 30여 동을 소유해 '마루노우치의 주인'이라 불리는 미쓰비시지쇼가 2000년 초부터 순차적으로 이어가고 있다. 그 연장선으로 현재는 오테마치大手町에 인접한 도키와바시常盤橋 지역에 사업비가 5000억 엔에 달하는 '도쿄 토치Tokyo Torch' 프로젝트를 추진 중이기도 하다. 이 프로젝트의 중심인 도쿄토치타워가 2028년 완공되면 도쿄의 새로운 최고층빌딩이 될 것으로 예상된다. 2003년 롯폰기힐즈 오픈 행사에서 당시 총리였던 고이즈미 준이치로가 했던 "민간의 힘이야말로 도시의 재생 및 구조개혁의 열쇠"라는 말을 도쿄가 증명하고 있는 셈이다.

일본 디벨로퍼들의 저력은 막강한 자본력에만 있는 게 아니다. 길고 지난했던 개발 과정을 살펴보면 그들이 도시공간을 어떻게 재구성하고 지역주민과 함께 발전을 도모했는지 알 수 있다.

롯폰기힐즈의 경우 1986년 재개발 유도지구로 지정된 이후 2003년 완공까지 약 17년이 소요됐다. 롯폰기힐즈 재개발 당시에는 설득해야 했던 권리자만 500명이 넘어 사업이 불가능하다는 여론이 팽배했으나 결국 약 80%의 동의를 얻어냈다. 아자부다이 힐즈는 모리빌딩이 1989년 '거리 만들기 협의회'를 설립한 후, 30년 이상의 긴 세월 동안 약 300명의 권리자들과 끈질기게 논의를 거듭하고 협의해 성공적으로 사업을 진행한 사례다.

일본의 대형디벨로퍼들이 사업을 준비하고 자금을 조달하는 과정은 한국 부동산시장에서 벌어지는 상황 대비 상당한 수준 차이를 보인다. 미쓰비시지쇼의 경우 여러 개발사업을 진행하고 있지만 자기자본비율이 33%에 달한다. 회사 자본 이외에 기존 토지주가 현물출자로 지분투자를 하는 경우도 많다. 과거에는 토지주들이 재개발을 반대하는 경우가 많았지만 부동산 차익을 거둔 사례들이 늘면서 최근에는 긍정적인 분위기가 형성되고 있다고 전해진다. 차입금은 장기성 자금이 90%를 상회하고 평균 만기가 7년에 달한다. 고정금리 비중은 84%로 안정성이 높고, PF대출은 전무하다. 개별 프로젝트가 각각 사업비를 조달하는 것이 아니라 미리 계획된 향후 10년가량의 개발과 임대, 매각 일정을 종합해 자금의 지출과 회수를 예상하며 대응하기 때문이다.

개발 완료 후 엑시트Exit하는 방식은 지역별 전략에 따라 달라진다. 미쓰비시지쇼는 핵심사업지인 마루노우치 일대의 빌딩을 일절 매각하지 않는다. 대신 재개발을 통해 자산가치를 증대하고, 임대료를 올려 받는 방식으로 성장한다. 그 외 지역에서도 준공 후 즉시 분양·매각하는 사례는 거의 없으며, 수년에 걸쳐 직접 우량 임차인을 유치하고 관리를 안정화한 후 매각해 차익을 극대화한다.

부동산 가격상승을 기대하기 어려웠던 일본에서 미쓰비시지쇼는 매력적인 공간을 개발해 수요를 창출하고 자산가치를 높이는 전략을 취했다. 실제로 이 기업이 보유한 부동산들의 시장가치는 2016회계연도에 6조 8000억 엔이었으나 2023회계연도에는 9조 3000억 엔으로 37%가 늘었다. 같은 기간 동안 일본 부동산 가격 상승의 폭은 10%대에 그쳤다.

역시 일본의 대표적 디벨로퍼 중 하나인 모리빌딩은 단순한 재건축·재개발을 넘어 개발지구 주변 지역 전체를 변화시킴으로써 도쿄의 랜드마크 빌딩과 관광명소를 만들어냈다. 1980년대 아크힐즈부터 최근 지어진 아자부다이힐즈에 이르는 '힐즈 시리즈'도 그 결과로 탄생했다. 현재 모리빌딩은 2030년 준공을 목표로 지상 66층, 지하 8층 규모의 제2롯폰기힐즈 개발을 추진 중이다.

모리빌딩에 유명세를 가져다준 롯폰기힐즈는 1986년에 재개발 유도지구로 지정된 롯폰기 롯쵸메六本木六丁目 지역을 재개발한 곳이다. 개발 전에는 1950년대에 지어진 TV아사히テレビ朝日 사옥과 주변 중소공단, 목조주택 등이 복잡하게 들어선 데다 좁고 경사진 길이 얽혀 있어 구급차 한 대가 빠져나가기도 어려운 지역이었다. 1984년에는 TV아사히의 본사 이전으로 대규모 재개발 계획이 준비됐지만 비효율적 행정절차와 토지주들의 반감 등으로 착공에 이르기까지 많은 시간이 걸렸다.

그러나 실제 공사기간은 2000년부터 4년이 채 되지 않았다. 모리빌딩은 '원주민과 함께하는 개발'을 추구, 토지를 매입하지 않는 대신 기존 지권자들에게 맨션 입주와 일정 토지지분을 보장해 재개발 이익을 공유하는 방식을 제안했다. 당시에는 토지주들을 설득하는 데 어려움이 컸으나, 결과적으로 롯폰기힐즈 맨션에 입주한 원주민들은 수억 엔의 시세차익을 거둔 것으로 알려졌다.

아자부다이힐즈는 모리빌딩이 가장 최근에 지은 곳으로, 6400억 엔의 공사비를 들여 2023년 11월 완공했다. 이곳의 콘셉트는 주거와 일, 문화생활, 쇼핑, 여가를 인근에서 해결한다는 '콤팩트 시

그림 5-6. 도쿄의 새로운 랜드마크가 된 아자부다이힐즈

* 출처: 셔터스톡.

터'다.

아자부다이힐즈 역시 설계 난이도가 높고 300여 명의 토지주들로부터 90%의 동의율을 얻어내기까지 14년이 걸리는 등 설득 과정이 어려웠던 것으로 유명하다. 세분화된 부지에 소규모 목조주택과 빌딩이 밀집한 데다 좁은 도로와 심한 고저차이 탓에 개발이 힘들었으나 지금은 오피스와 상업시설, 국제학교, 레지던스, 병원에 이르는 다양한 시설들이 모여 있는 고급 단지로 탈바꿈했다. 무엇보다 아자부다이힐즈의 가장 큰 특징은 광활한 녹지다. 모리빌딩이 초고층건물을 세우는 대신 건폐율을 낮춰 부지면적의 30%를 녹지로 구성한 덕이다. 모리빌딩은 이곳에 푸른 잔디와 나무가 어우러진 공원뿐 아니라 사과나무, 복숭아나무가 자라는 과수원도 만들었다.

일본 부동산시장의 큰손, J-리츠

J-리츠는 글로벌 금융위기와 유럽 재정위기, 동일본지진 등의 여파로 2008~2011년 성장세가 위축되기도 했다. 하지만 2001년 9월 일본빌딩펀드투자법인Nihon Building Fund, NBF과 재팬리얼에스테이트투자법인Japan Real Estate Investment Corporation, JRE이 최초 상장된 이후 2024년 말까지 도쿄증권거래소에 총 57개 리츠가 상장했고, 이들의 시가총액도 총 14조 엔에 이르는 규모로 발전했다.

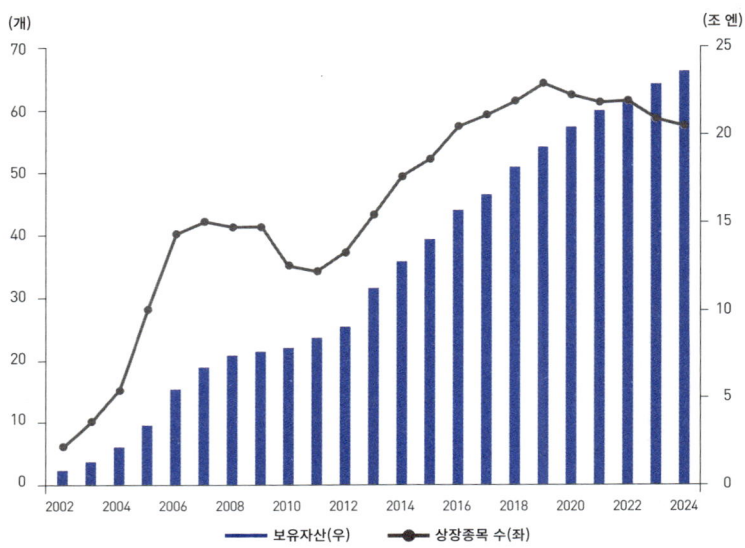

그림 5-7. J-리츠 상장종목 수와 자산규모

* 출처: 도쿄증권거래소, 일본부동산간접투자기구협회, 우리금융경영연구소.

또한 이들의 보유자산 수는 2002년 139개에서 2024년 말 4872개로 급증했고, 같은 기간 자산가치(취득가액)는 7000억 엔에서 23조 6000억 엔으로 커졌다. 일본 정부는 J-리츠의 자산규모를 2030년 40조 엔까지 확대하겠다는 목표를 밝힌 바 있다.

상장종목 수만 많아진 것이 아니다. 리츠별 평균 자산가액은 2002년 1205억 엔에서 2024년 4136억 엔으로 계속해서 늘어났고 개별 리츠의 규모도 증가하는 모습이다. 이는 리츠사들이 신규 자산을 꾸준히 취득할 뿐 아니라 인수합병을 통한 대형화 전략을

그림 5-8. J-리츠별 평균 자산규모

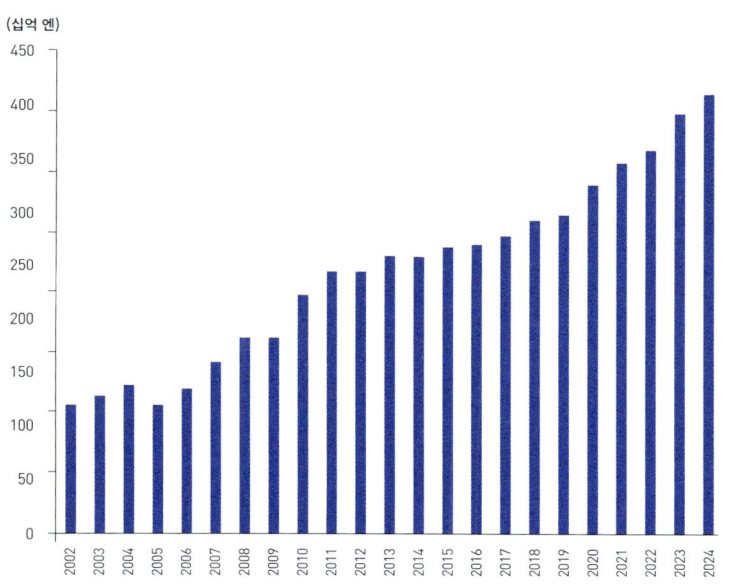

* 출처: 도쿄증권거래소, 일본부동산간접투자기구협회, 우리금융경영연구소.

취하고 있기 때문이다.

일본 리츠시장에서는 M&A가 활발히 이뤄진다. 이는 다른 리츠와의 합병 시 발생한 부의 영업권을 배당에서 제외할 수 있도록 2009년에 법이 개정된 데 더해 2015년 동일 스폰서의 리츠 간 합병도 허용된 덕분이다. 특히 2024년 이후 일본은행이 금리인상으로 통화 정책의 기조를 전환하며 투자수익률이 줄어들 가능성이 커짐에 따라, 업종을 분산해 포트폴리오 효과를 높이기 위한 합병이 늘고 있다. 이러한 흐름은 수치로도 확인된다. 전체 시가총액 중 복합·종합형 리츠 비중은 2013년 36%에서 2023년 말 48%로 확대됐다.

대규모 자본력을 갖춘 J-리츠는 도쿄 중심업무지구Central Business District 지역의 상업용 부동산에 집중적으로 투자, 도쿄 권역의 프리미엄급 오피스와 물류센터 상당 부분을 소유하고 있다. 거래 측면을 보면 2024년 연간 취득물건 수가 292건으로, 리츠당 평균 다섯 개 이상의 부동산을 취득한 것으로 집계된다. 글로벌 시장조사 업체인 CBRE Coldwell Banker Richard Ellis의 조사에 따르면, J-리츠는 2024년 상반기 일본 전체 상업용 부동산 거래금액의 30.4%를 차지했다.

J-리츠가 활성화된 배경으로 아베노믹스의 다양한 투자촉진 정책들을 빼놓을 수 없다. 우선 일본은행은 2010년 투자활성화 목적으로 주식 등 위험자산 매입 프로그램을 시행하며 투자대상에 J-리츠를 포함시켰다. 2024년 3월 이 프로그램이 종료될 때까지 일본은행의 J-리츠 누적 순매수 규모는 6800억 엔에 달했다. 또한 일본에서는 2014년부터 NISA 계좌에서 혜택을 주는 투자대상에도 J-리츠가 포함됐고, 연기금의 리츠투자 또한 허용됐다. 일본공적연금기금Government Pension Investment Fund은 2014년 4월부터 J-리츠 투자를 시작했다.

ETF를 통한 자금유입 비중도 점차 커지고 있다. 부동산리츠지수 연동형 ETF가 도쿄증권거래소에 처음 상장된 2008년 9월 이후 현재까지 J-리츠 관련 ETF는 18개로 늘어났다. 스미토모미쓰이신탁연구소住友三井信託硏究所에 따르면 J-리츠 시가총액의 약 15%가 ETF를 통해 유입된 자금인 것으로 추산된다.

일본 정부의 적극적인 지원은 J-리츠 성장에 마중물 역할을 했다. 하지만 정책의 힘만으로 이 시장이 성장한 것은 아니다. 투자자 유형별 J-리츠 지분율을 보면 신탁은행이 45.2%로 가장 높고, 외국인이 23.7%로 그 뒤를 잇는다. 노후자금을 운용하는 신탁계정과 수익률에 민감한 외국인이 이렇게 적극 취득했다는 것은 J-리츠에 그만큼 투자매력이 있다는 뜻이다. J-리츠의 성공요인은 과연 무엇일까.

J-리츠 성공의 비결은 크게 네 가지로 요약된다. ①탄탄한 건전성과 꾸준한 수익성, ②주주가치 최우선 정책, ③지배구조의 신뢰성, ④정확하고 자세한 공시 등 정보의 투명성이다. 지금부터 이 비결들을 하나씩 좀 더 자세히 살펴보자.

J-리츠의 성공비결 1: 탄탄한 건전성

J-리츠가 그 무엇보다 중시하는 것은 재무건전성이다. J-리츠의 평균 담보인정비율LTV(자산의 담보가치에 대한 대출비율을 나타내는 수치)은 37.5%로, 종목과 섹터에 따라 차이는 있지만 총자산가액 대비 부채비율이 50%를 상회하는 경우가 거의 없다. LTV가

그림 5-9. J-리츠의 평균 LTV 추이

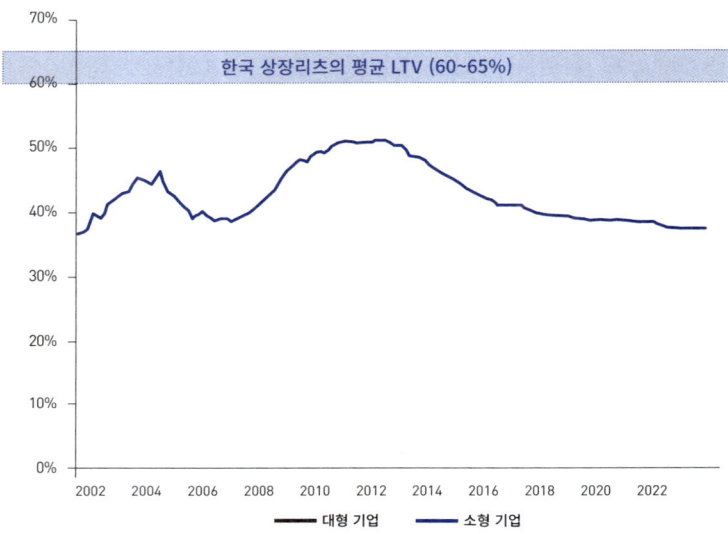

* 출처: 도쿄증권거래소, 일본부동산간접투자기구협회, 우리금융경영연구소.

60~65% 수준인 한국 리츠들과 비교해보면 크게 낮은 수준이다. 사실 2007년경에는 J-리츠의 평균 LTV가 50%를 초과하기도 했다. 그러다 자산가치가 하락했던 2008~2012년에 일부 리츠사가 재무적 위기를 겪는 뼈아픈 경험을 치른 이후, 최근 리츠사들은 부채자금 조달에 보수적인 모습을 보이고 있다.

차입금은 장기 고정금리 위주로 조달해 금리 리스크를 관리한다. 상위권 J-리츠의 경우 대체로 장기 차입금과 고정금리가 전체 차입금의 90% 내외를 차지한다. 자산가치 감소로 LTV가 하락해 상환압력이 커질 수 있기 때문에 무담보 대출이나 회사채를 발행하는 경우가 많은 것도 특징이다.

물론 일본은행이 본격적으로 기준금리를 올리는 시기가 오면 J-리츠의 만기구조가 단기화하고 변동금리 비중이 커지는 등의 이유로 자금조달에 어려움이 생길 수 있다. 그럼에도 그동안 LTV를 철저히 관리해온 덕에 재무안정성이 크게 흔들릴 가능성은 낮다는 분석이 많다.

수익률 극대화를 추구하는 투자가라면, 일본의 초저금리 환경에서 조달비용이 저렴한 대출을 보다 늘리지 않는 것이 다소 어리석은 행위로 느껴질 수 있다. 우리가 직접 만나본 J-리츠 담당자들은 이 같은 질문에 대해 "그것이 바로 J-리츠의 정체성"이라는 답을 내놨다. 지분성 자금을 조달해 잘 운용하고 투자자에게 수익을 돌려주는 것이 리츠의 본질이자 정체성이기 때문에, 적극적으로 레버리지를 일으켜 성장하는 전략은 크게 고려하지 않다는 것이 그들의 설명이다.

같은 맥락에서, J-리츠 운용사Asset Management Company, AMC들은 투자자들에게 안정적인 배당수익을 돌려주는 것을 가장 중요한 과제로 삼는다. 소폭이라도 지속적으로 배당을 확대하는 것이 상당수 J-리츠의 목표다. 이를 위해 수익성을 높이는 것과 동시에 꾸준한 배당이 가능하도록 현금흐름 관리에도 세심한 노력을 기울인다.

J-리츠는 평균 배당수익률이 4.96%로 한국 상장리츠의 6~7%대보다 낮지만, 조달금리 대비로 보면 글로벌 최상위권의 수익률

그림 5-10. 닛폰프롤로지스리츠의 감가상각비 활용 사례

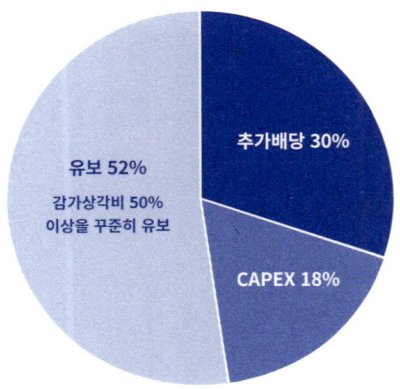

* 출처: 도쿄증권거래소, 일본부동산간접투자기구협회, 우리금융경영연구소.

로 평가받는다. 이러한 수익구조가 가능한 것은 외형확대에 치중하지 않고, 기존 보유자산의 내재수익률보다 낮은 신규자산은 취득하지 않기 때문이다.

   J-리츠는 회계상 소득의 90% 이상을 배당하는 구조인 터라 자본축적이 제약된다는 한계를 갖는다. 때문에 이를 극복하기 위해 감가상각비 등 실제 지출이 아닌 회계상 비용에 해당하는 부분은 미래의 긴급상황 시 활용하기 위해 유보하기도 한다. 일본 최대의 물류센터 리츠인 닛폰프롤로지스리츠 Nippon Prologis REIT는 감가상각비의 50% 이상을 미래배당 용도로 유보, 향후에도 일정한 배당이 가능하도록 현금흐름을 관리한다.

J-리츠의 성공비결 2: 주주가치 최우선 정책

리츠의 본질은 지분을 통한 자금조달, 즉 증자를 통해 운용하고 수익을 창출하며 성장하는 것이다. 또한 소득의 대부분을 배당으로 지급하기 때문에 내부유보를 통한 성장이 사실상 어렵다.

이런 구조에서는 유상증자로 인한 지분희석Dilution 문제가 지속적으로 발생할 수밖에 없다. 밸류에이션이 낮아진 상태에서 증자를 실시하면 신규 주주는 싼 가격에 투자기회를 얻을 수 있으나 기존 주주의 부는 훼손되는 상황이 벌어진다. 때문에 적정한 밸류에이션의 유지는 주주가치 보호에 있어 매우 중요한 요소다. 밸류에이션이 유지되려면 증자를 통해 신규 취득한 자산이 기존 보유자산과 유사하거나 높은 가치를 창출할 수 있어야 한다. 신규 자산의 취득에 신중할 수밖에 없는 이유다.

리츠의 저평가·고평가 여부를 판단하는 밸류에이션 지표로는 보통 순자산가치 대비 주가비율Price to Net Asset Value, P/NAV을 활용한다. 이는 리츠 1주당 순자산가치(보유 부동산의 평가액과 현금성 자산의 총합에서 부채총액을 차감한 것)를 1주당 가격과 비교한 수치로, 일반 기업 주식에서의 PBR과 비슷한 개념이다.

P/NAV가 1 이하라면 이는 해당 리츠의 현재 주가가 실제 가치보다 낮다는 뜻이다. 이러한 저평가의 이유로는 미래의 수익이 현재보다 낮아질 것으로 투자자들이 예상하거나, 배당성향이 비교집단보다 저조하거나, 거시경제 상황의 불확실성이 높거나 등으

로 다양하다.

J-리츠에는 P/NAV가 1을 하회하는 저평가 상황일 경우라면 신규 투자를 포기하더라도 유상증자를 하지 않는 문화가 정착되어 있다. 다만 매우 매력적인 자산이 있고 그것을 취득하면 총수익률이 높아질 것이라 확신하는 경우에는 저평가 상황이라도 유상증자를 통한 자산취득을 제한적으로 추진한다.

신규 부동산 취득 시에는 투자금과 예상수익 등을 자세히 공개한다. 유상증자가 합당한지를 투자자들이 판단할 수 있도록 확실한 정보를 제공하는 것이다. 일본의 대표적 소매 리츠인 재팬메트로폴리탄펀드Japan Metropolitan Fund, JMF의 2024년 9월 유상증자 사례를 보자. JMF는 당시 네 건의 신규 자산 취득을 위해 유상증자를 실시했음에도 주가가 크게 하락하지 않았다. '내재수익률이 4.3%인데 신규 취득이 예정된 자산의 평균 기대수익률은 4.7%니 자산취득 이후에는 전체 자산의 수익률이 올라갈 수 있다'는 점을 IR 자료에 적시하고 홈페이지에 올려 누구든 관련 내용을 확인할 수 있게 한 덕분이었다.

2024년 하반기 JMF의 유상증자 시점 전후에는 한국에서도 상장 리츠의 유상증자 사례가 다수 있었다. 그러나 JMF의 경우와 달리 이 한국 리츠들은 당시 시장으로부터 부정적 평가를 받았고, 유상증자의 후폭풍으로 주가가 20%가량 급락하기도 했다. 기존 발행주식 수를 초과하는 대규모 신주를 발행하면서도 자세한 설명이 부족했거나, 스폰서 기업이 보유했던 자산을 저렴하지 않은 가격으로 매입했거나, 신규 자산 취득 후 오히려 주당 배당금이 줄어들 것이라 예상되는 투자를 진행했기 때문이었다. 한일 양국의 상장리츠 시장이 처한 현실을 극명히 비교할 수 있는 지점이다.

J-리츠의 성공비결 3: 지배구조의 신뢰성

J-리츠의 세 번째 성공비결을 살펴보기에 앞서 그 구조적 특징부터 짚고 넘어가자. 우선 J-리츠는 위탁형 리츠다. 위탁형 리츠는 독립적인 전문 AMC, 또는 외부 위탁업체에 자산의 보유 및 운영관리를 맡기는 방식이다.

또한 J-리츠는 스폰서리츠Sponsored REIT, 즉 모기업 또는 후원기업과 같은 특정 스폰서가 주도적으로 설립하고 운영을 지원하는 리츠이기도 하다. 스폰서는 리츠의 초기 설립, 자산제공, 관리, 자금조달 등을 지원해 리츠의 성과 및 안정성을 뒷받침하는 데 중요한 역할을 한다. 스폰서를 맡는 회사는 주로 부동산개발업체와 금융회사 그리고 부동산을 많이 보유하고 있는 철도회사 등이고, 이런 기업이 AMC의 최대주주가 되는 구조다. 시가총액에서 상위 5개 J-리츠들의 스폰서 기업을 보면 1위인 NBF는 미쓰이후도산(디벨로퍼), 2위 JRE와 3위 닛폰프롤로지스리츠는 각각 미쓰비시지쇼(디벨로퍼)와 프롤로지스Prologis(디벨로퍼), 4위 JMF는 KKRKohlberg Kravis Roberts & Co.(사모펀드), 5위 노무라마스터펀드는 노무라부동산자산(금융사)이 스폰서를 맡고 있다. 모리빌딩 또한 모리힐즈리츠의 스폰서 기업이다.

　스폰서리츠 구조는 스폰서의 평판 및 자산관리 전문성 등을 통해 리츠가 브랜드 파워, 신뢰성 등을 얻을 수 있다는 장점을 갖지만, 지배구조가 부실화될 위험이 높다는 큰 취약점도 있다. 통상 스폰서 기업의 재무상태가 나빠지면 리츠를 자산유동화 창구로 활용하려는 유인이 커진다. 따라서 리츠가 스폰서의 부동산을 취득할 경우에는 가격의 적정성을 확보하는 것이 매우 중요하다.

　J-리츠 시장에는 리츠와 스폰서 간의 독립성 유지를 위한 몇몇 장치가 있다. 우선 리츠가 스폰서로부터 자산을 매입할 경우에는 감정평가액보다 낮은 가격으로 매매가를 결정해야 한다. 감정평가 관련 부정이 발각되면 영업정지·면허취소 등의 조치를 받는다.

　지배구조상 스폰서는 리츠의 투자 의사결정에 직접 개입하기 어렵다는 특징도 주목할 만하다. 한국에서는 스폰서가 리츠의 대주주로서 리츠 이사회의 결정을 좌우하는 경우가 많지만, 일본에서의 스폰서는 리츠운용사의 최대주주일 뿐이다. 시가총액 상위권에 있는 J-리츠들의 대주주는 대부분 일본수탁은행Custody Bank of Japan, 일본마스터트러스트신탁은행The Master Trust Bank of Japan과 같은 재신탁사이며, 이들의 지분율은 40%에 달한다. 스폰서의 리츠 지분은 아예 없거나 10% 미만에 그치기 때문에 스폰서가 리츠에 영향력을 행사하기는 어렵다. 오히려 리츠 운용수익이 높아지면 그와 연동해 스폰서의 수수료 수익도 늘어나기에, 스폰서와 주주의 이해가 상충될 가능성이 낮다.

J-리츠 시장에서 스폰서가 중요한 것은 파이프라인 공급자로서 매우 적극적인 역할을 하기 때문이다. 스폰서가 개발한 신규부동산은 적정가격으로 우선매입 협상권을 보유해 우량 자산을 리츠가 취득할 수 있는 기회를 제공한다. 가격은 두 곳 이상의 외부 감정평가 기관을 통해 산정한다.

2010년 모리빌딩은 롯폰기힐즈 모리타워를 모리힐즈리츠에 매각했다. 리츠를 롯폰기힐즈 투자의 출구수단으로 활용한 것이다. 모리빌딩은 해당 건물을 완공 후 7년간 보유하고 관리하며 우량 임차인을 유치했다. 모리빌딩은 개발비보다 가치를 높여 매각하여 차익을 남기고, 모리힐즈리츠는 우량 자산을 확보할 수 있었다. 모리빌딩은 자산매각 후에도 모리힐즈리츠의 자산관리회사 대주주로서 리츠 관리와 건물 유지보수 등을 담당하고 있다.

반대로 리츠는 직접적인 개발사업이 불가능하기 때문에 리츠가 보유한 노후자산은 스폰서에 매각되어 재개발이 될 수도 있다. 리츠와 스폰서의 상생을 통해 건물의 생애주기별로 대응이 가능한 구조인 셈이다. 자산규모 1위의 리츠인 NBF는 NBF 도라노몬 빌딩의 소유권을 2025년 1월 스폰서인 미쓰이후도산에 매각했다. 이 빌딩은 1963년에 준공되어 대규모 보수가 필요한 상황이었다. NBF는 토지소유권을 유지하고, 미쓰이후도산과 일반정기차지권ふつうしゃくちけん[47] 계약을 동시에 체결해 토지대여에 따른 수입을 얻을 예정이다. 또한 NBF는 재개발 후 건물에 대한 우선사용 협상권을 확보했다.

도큐리츠는 '순환투자모델Capital Re-investment'이라는 개념을 제시한다. 스폰서와 리츠가 주력으로 활동하는 지역의 전반적 가치를 올려 리츠와 스폰서 모두 혜택을 보게 하기 위한 전략이다. 리츠가 스폰서로부터 자산을 매입하고 대금을 지급하면 스폰서는 매각차익을 주변 지역에 재투자해 지역의 환경이 좋아지고 임차수요가 상승하며, 그 결과 리츠가 구매한 부동산의 가치도 높아지는 것을 기대할 수 있다.

J-리츠의 성공비결 4: 정보의 투명성

정보의 투명성은 J-리츠가 한국의 리츠보다 특히 앞서는 부분이다. 각 리츠의 홈페이지에 올라오는 IR 자료만 보더라도 매우 세세한 정보까지 포함하고 있어 깜짝 놀랄 정도다.

J-리츠는 보유하고 있는 자산 포트폴리오에 대해 물건별 취득가격과 매입시기, 임차인, 임대수익, 감정가 등의 정보를 모두 공개한다. 자금조달 측면에서는 대출과 회사채 건별 조달금액, 금리, 실행일, 만기일, 차입기관 등 구체적인 정보를 확인할 수 있다. 전기 대비 실적변동 요인을 사업부문별 및 요인별로 분석해 무엇 때문에 이익이 증감했는지를 투자자가 파악할 수 있게 한다. 더불어 차기 실적전망치와 향후 성장방안, 주주환원 계획 등의 미래정보

그림 5-11. J-리츠의 주주구성

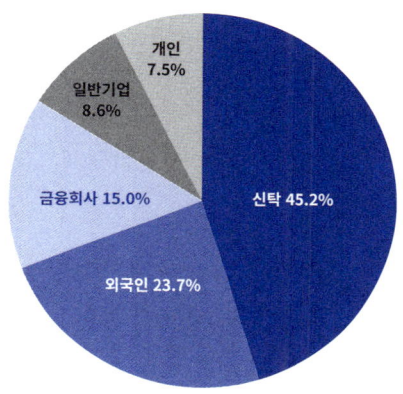

* 출처: 도쿄증권거래소, 우리금융경영연구소.

그림 5-12. J-리츠 거래량Trading Volume 중 외국인의 비중

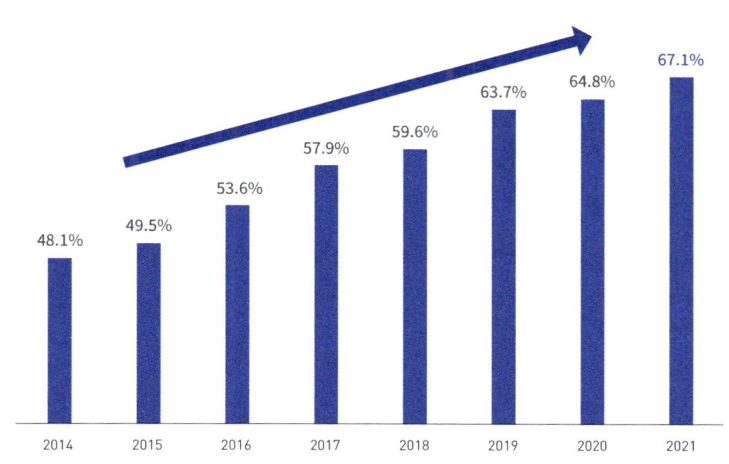

* 출처: 도쿄증권거래소, 우리금융경영연구소.

도 자세히 공개한다. 기간별로 매각예정 부동산과 임대계약 만료 내역을 열거하고, 추가적으로 신규 자산을 취득할 수 있는 재무여력은 어느 정도인지 구체적 금액도 보여준다.

기업활동으로 매출과 수익이 발생하는 일반 기업과 달리 리츠는 순자산가치로 펀더멘털을 측정해야 하는데, 일본은 순자산가치 측정을 위한 감정평가를 6개월마다 의무화하고 있다. 이를 통해 투자자는 주가의 고평가·저평가 여부를 정확히 판단할 수 있다.

일본의 부동산증권화협회Association for Real Estate Securitization, ARES 등도 시장데이터와 월별 수익률, 자산보유 현황 등의 통계정보를 제공한다. 도쿄증권거래소는 매월 〈J-리츠 가이드북J-REITs Guidebook〉을 발행하는데, 영어로 된 정보도 상당히 많아 기관 및 외국인 투자자가 투자의사를 결정하는 데 큰 도움이 된다. J-리츠의 합산 외국인 투자자 지분율이 20%를 훌쩍 넘는 이유다. 한국의 경우 외국인 지분율이 가장 높은 리츠라 해도 그 비중이 10%에 미치지 못하는데, 그 원인을 되짚어볼 필요가 있다.

변화를 모색하는 한국 리츠시장

초고령사회에 진입한 한국은 각 경제주체들에게 이전과는 다른 숙제를 안겨준다. 금융수요 역시 고령화에 대응하는 방향으로 달라질 것이라, 초고령화 시대의 금융 솔루션으로 리츠를 활용해볼 만하다.

우선 노후의 안정적 현금흐름이 필요한 가계에는 이익의 90% 이상을 배당하는 리츠가 훌륭한 연금투자 상품이 될 수 있다. 기업 입장에서도 리츠를 주목할 필요가 있다. 자본효율성 중심의 경영을 펼칠 때 비핵심적 부동산자산을 유동화하는 방편으로 리츠를 활용할 수 있기 때문이다.

리츠는 국내 부동산금융의 고보증·저자본이라는 구조적 문제를 해결하는 도구로도 활용 가능하다. 한국 부동산금융은 2022년 말부터 PF 위기를 겪으며 변화가 불가피한 전환점에 와 있다. 한국 정부는 2024년 11월 발표한 PF 개선방안을 통해, 리츠와 일본식 디벨로퍼 모델을 결합한 '프로젝트 리츠Project REITs'를 도입하고 PF 시장을 이 중심으로 전환하겠다는 계획을 밝혔다.

프로젝트 리츠는 부동산 개발뿐 아니라 준공 후 운영까지 통합해 수행하는 구조다. 자기자본비율이 높은 리츠가 20% 이상의 자본금을 투입해 개발사업을 추진함으로써, 부채에 전적으로 의존하는 한국형 PF의 구조적 취약성을 해소할 수 있다.

프로젝트 리츠는 미래 수요가 높은 자산군 개발로 초기 투자 프리미엄을 취하고, 개발 단계부터 직접 관여해 자산의 품질과 관리의 효율성을 높이는 등 다양한 목적을 추구한다. 특히 인구고령화와 도시노후화 등으로 일본의 경우처럼 도심재개발의 필요성이 높아지고 민간의 개발역량이 중요해짐에 따라, 프로젝트 리츠를 활성화해 경쟁력 있는 디벨로퍼를 육성한다는 것이 한국 정부의 방침이다.

신뢰, 도약의 필수 조건

현재 한국의 리츠시장을 일본의 부동산금융 생태계와 비교해보면 해결해야 할 과제가 많음을 알 수 있다. 한국 리츠시장은 외환위기 이후인 2001년, 기업이 보유한 부동산의 유동화를 통해 기업 구조조정을 촉진하기 위한 목적으로 도입됐다. 시작 시기만 보면 일본과 비슷하지만, 그럼에도 제도적 미흡 등의 문제로 상당 기간 동안 부진이 이어졌다.

다행히 2018년 이후에는 규제가 대폭 완화되며 양적으로 빠른 성장세를 보이는 모습이다. 운용 중인 리츠의 수는 2018년에 217개였으나 2024년에는 386개로 80% 가까이 늘어났고 리츠운용사, 즉 AMC도 같은 기간 29개에서 63개로 두 배 이상 증가했다.

그러나 질적으로도 성장했다고 보기는 어렵다. 운영 중인 리츠 수는 J-리츠가 57개, 한국 리츠(상장리츠 24개 포함)가 386개로 한국이 압도적으로 많다. 하지만 386개 한국 리츠의 총합산가치가 99조 원에 그치는 반면, J-리츠는 26조 엔(약 243조 원)으로 한국보다 20배 크다. 리츠별 규모 면에서도 당연히 큰 차이를 보인다. 상장리츠끼리 비교해도 한국은 평균 자산규모가 1조 원에 소폭 미달하는 데 반해 일본은 평균 5000억 엔(약 4.68조 원)으로 한국의 네 배가 넘는 수준이다.

한국의 비상장리츠는 이보다 더한 열위에 있다. 평균 자산규모가 2000억 원 수준에 불과하고, 리츠 하나에 보유자산이 단 한 개인 1물一物리츠가 대다수이기 때문이다. 이는 곧 포트폴리오 효과를 전혀 기대할 수 없다는 의미이기도 하다. J-리츠가 꾸준히 대형화를 추구하는 것과 달리 한국은 여전히 소규모 리츠 위주다.

최근에는 한국 상장리츠들이 취득자산을 늘리며 다물多物리츠로 성장을 도모하고 있다. 문제는 유상증자 과정에서 시장이 납득하기 어려운 의사결정과 운용사의 역량 부족 등으로 기존 주주의 가치를 훼손하는 일이 자주 발생하고 있다는 점이다.

2024년 8월 이후 한국에서는 24개사의 상장리츠 중 8개사가 총 1조 460억 원에 이르는 유상증자를 실시했다. 그리고 2024년 8월부터 12월까지 해당 리츠들의 주가는 평균 -19.6%를 기록할 정도로 그 성과가 상당히 부진했다. 이는 같은 기간 전 세계 주가지수 중 가장 부진했던 코스피지수의 수익률인 -13.4%보다 한참 낮은 수준이다. 당초에는 금리인하 기대감으로 리츠의 주가가 상승할 것이라는 전망이 많았으나, 유상증자 과정에서 투자자들의 신뢰를 크게 잃은 탓에 따른 결과였다.

근본적인 문제는 한국 리츠들의 부실한 지배구조에서 기인한다. 한국 리츠들 대부분은 독립적인 이사회가 없고 지배주주의 이익편취 리스크가 높은 데다 리츠의 재무상태나 유상증자, 차입 등과 같은 주요 의사결정에 대한 정보조차 충분히 공시하지 않는다.

규모의 대형화 등 질적 성장을 하기 위해서는 시간이 필요하겠지만, 낙후된 지배구조와 투명성 문제는 당장 극복해야 한다. 리츠가 스폰서 기업의 자산유동화 창구로 활용된다는 오명에서 벗어나야 한국 리츠시장의 진정한 발전이 가능할 것이다.

도시경쟁력이 곧 국가경쟁력인 시대

과거에는 국가 간 경쟁력만이 주목받았지만 최근에는 도시의 경쟁력을 중요하게 여기는 분위기가 강해졌다. 한국과 일본이 경쟁하는 것이 아닌, 서울과 도쿄의 승부가 벌어지는 식이다. 이는 대표도시가 곧 그 국가의 위상을 결정짓기 때문이다. 그렇기에 세계 유수의 도시들은 글로벌 기업과 인재를 유치하기 위해 노후화되고 비효율적인 구도심을 업그레이드하며 경쟁하고 있다.

그러나 한국에는 아직 글로벌 시장에서 겨룰 만한 디벨로퍼가 없고, 도시경쟁력을 논하는 건설사는 더더구나 찾기 어렵다. 서울시는 도심개발을 위해 여러 도시재생사업과 주거정비사업을 동시에 추진하고 규제완화계획 등을 발표하고 있으나 정책적 성과는 아직 미흡한 것으로 평가된다.

다만 프로젝트 리츠가 활성화되고 도심재개발이 본궤도에 오르면 한국에서도 일본의 디벨로퍼와 같은 업체가 등장할 날이 올 것이란 기대는 가져봄직하다. 개발경험이 많고 재무건전성이 우수한 대형건설사들이 일부 역할을 할 수 있을 것으로 보이기 때문이다. 금융이해도와 투자자 네트워크가 우수해 자본력이 뛰어난 금융지주회사들도 프로젝트 리츠의 주요 참여자가 될 수 있을 것으로 예상한다.

지금까지 국내에는 장기적 시계視界에서 공간을 개발하고 부동산자산을 운영하고 관리해본 사업모델이 없다 해도 과언이 아니다. 한국의 리츠시장은 이제 막 형성되는 단계로, 초기에는 민관협력형 모델 또는 금융과 산업의 협력형 모델이 향후 글로벌 경쟁력을 갖춘 디벨로퍼이자 리츠사로 성장할 가능성이 높다. 물론 이러한 협력형 모델이 구축되기까지는 금산분리 등 넘어야 할 규제장벽이 많다.

도시를 바꾸는 주역은 민간이다. 그리고 민간이 보다 수월하게 사업을 할 수 있도록 장場을 열어주는 것이 정부의 역할일 것이다. 도시의 경쟁력이 곧 국가의 경쟁력이 되는 시대에, 관官의 역할이 무엇인지 정부가 심도 있게 고민해야 하는 시점이다.

6

일본이 던진 새 어젠다, 전환금융

기후변화, 당장 대응해야 할 현안

거대한 물결이 뉴욕을 집어삼키고 얼음폭풍이 도시를 무자비하게 얼려간다. 사람들은 사투를 벌이며 피난처를 찾지만, 자연의 분노 앞에서는 그저 속수무책일 뿐이다. 영화 〈투모로우 The Day After Tomorrow〉의 한 장면이다.

지구온난화가 초래할 극단적 미래, 즉 온난화 끝에 찾아올 새로운 빙하기라는 충격적인 가능성을 그려낸 〈투모로우〉는 1억 3000만 달러의 제작비로 5억 5000만 달러의 수익을 내며 대성공을 거뒀다. 압도적인 시각적 연출과 롤랜드 에머리히 Roland Emmerich 감독의 명성에 더해 기후변화에 따른 재앙을 현실감 있게 그려냈다는 점에서 이 작품은 전 세계적으로 공감을 불러일으켰다.

〈투모로우〉는 SF영화지만 허무맹랑하지만은 않다. 2023년 7월 유명 국제학술지 〈네이처 커뮤니케이션즈Nature Communications〉에 게재된 한 연구는 북반구의 해수순환 시스템이 2025년부터 붕괴하기 시작하고, 온실가스 배출이 현재 수준으로 계속되면 지구온난화가 빨라지면서 2095년에 해수순환 시스템이 완전히 소멸될 것이라 예측했다. 해수순환은 극지의 찬물과 적도의 따뜻한 물이 교환되는 현상으로, 열뿐 아니라 탄소·산소·영양분을 교환시키고 해수면 높이와 전 지구적 기후 시스템의 안정성을 높인다. 해당 연구의 연구팀은 11만 년 전 시작된 마지막 빙하기의 전조증상이 해수순환 시스템의 변화였음을 강조했다.

〈투모로우〉에서처럼 당장 빙하기가 도래하는 것은 아니라 해도, 이상기후 현상을 줄이려는 노력은 절실히 요구되는 것이 현 상황이다. 국제사회는 1997년 교토의정서를 체결하면서 선진국 중심의 온실가스 감축과 기후변화 완화 노력을 다짐했다.

한 걸음 더 나아가 2015년에는 선진국뿐 아니라 전 세계가 파리기후협약을 통해 교토의정서의 제도적 허점을 보완하고 기후문제의 대응에 동참할 것을 약속했다. 구체적으로는 산업화 이전(1850~1900년) 대비 지구 평균온도의 상승폭을 섭씨 1.5도 이하로 억제하도록 노력하는 데 합의했다. 섭씨 1.5도의 상승폭은 기후재앙을 피하기 위한 마지노선으로 여겨진다. 이를 지키기 위해 각

국가별 여건에 맞춰 탄소로 대표되는 온실가스의 순배출량(총배출량에서 흡수량을 제한 것)을 2050년 내외까지 0으로 만드는 '탄소중립'을 중요 국제적 목표로 선언했다. 이에 참여하기로 한 나라들은 중간점검 차원에서 국가별로 2030년 온실가스 감축목표를 수립하고 이행 수준을 매년 점검하기로 약속했다. 온실가스 감축목표는 2030년 이후에도 2035년, 2040년 등 탄소중립을 달성할 때까지 5년마다 재설정된다.

아시아 기후대응 리더로 부상한 일본

협약체결 10년이 지난 2025년, 지구의 열기는 조금이나마 식었을까? 그렇지 않다. 오히려 지구는 더욱 빠르게 가열되고 있다. 세계기상기구World Meteorological Organization에 따르면 2024년의 지구 평균온도는 산업화 이전보다 섭씨 1.55도가 높았다. 마지노선을 이미 돌파한 것이다. 물론 파리기후협약은 20년 동안의 장기 평균온도를 기준으로 하기에 9개월간 마지노선을 넘어선 것이 곧바로 협약의 실패를 의미하는 것은 아니다. 하지만 지금의 지구가 언제 기후재앙에 휩쓸려도 이상하지 않을 정도로 뜨거워졌다는 것만큼은 확실하다.

최근의 급격한 지구온난화에는 여러 원인이 있다. 2023년 중순부터 1년간 이어졌던 강력한 엘니뇨 현상은 자연적 온난화의 원인 중 하나다. 이전까지 계속된 온난화로 북극의 해빙이 감소하고 그에 따라 반사되는 태양복사가 줄어들어 더 많은 열을 흡수하게 된 '피드백 루프Feedback Loop' 효과도 한몫을 한다. 또한 산업화 이후 장기간 축적된 다량의 온실가스 배출은 기후대응 노력과 관계없이 온난화를 부추기기에 충분했을 수 있다.

그러나 이러한 원인들이 전 세계의 미온적인 기후대응을 정당화해주는 것은 아니다. 협약 이후에도 온실가스 배출량은 매년 꾸준히 늘어났기 때문이다. 국가별 연간 온실가스 배출량 자료를 제공하는 EDGAR Emissions Database for Global Atmospheric Research에 따르면 2023년 전 세계 온실가스 배출량은 530억 톤이었다. 이는 협약이 체결된 2015년 488억 톤 대비 8.51% 늘어난 것이자 연평균 1.03%가 증가한 수치다. 과거 20년 대비 증가세는 둔화(1995년~2015년의 연평균 증가율은 1.83%)했지만, 절대적 배출량이 늘어난 것을 기후변화에 적극 대응한 결과라고 해석하기에는 무리가 있다.

지역마다 차이는 있다. 각 국가들 중 온실가스 감축의 노력이 두드러진 곳은 유럽 국가들이다. 유럽연합EU 국가들은 2030년의 온실가스 배출량을 1990년 대비 55% 감축하겠다는 공격적 감축목표('핏 포 55 Fit for 55')를 세웠다. 재생에너지 확대, 에너지 효율성 강화 등을 골자로 하는 그린딜 Green Deal 공표, 세계 최대의 배출권 거래제인 EU-ETS European Union Emissions Trading System[48] 운영, 재생에너지 발전시설 증설이 용이한 지리적 이점 등 다양한 정책적·환경적 뒷받침이 있기에 가능한 목표다. 영국은 전 세계에서 가

그림 6-1. 주요국의 2030년 온실가스 감축목표 및 2023년 감축수준
(기준연도 배출량 대비)

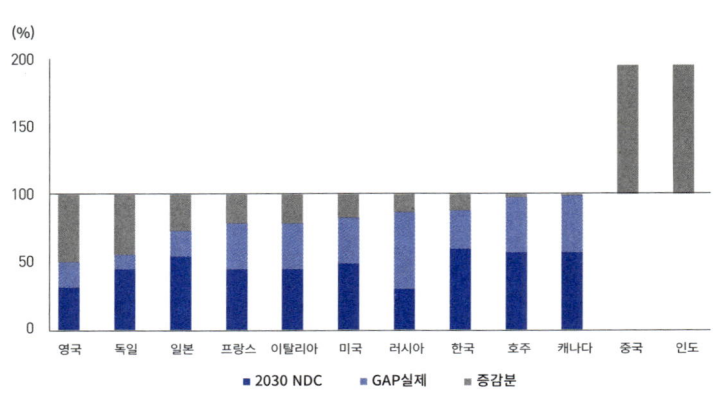

* 출처: UNFCCC, EDGAR, 우리금융경영연구소.
* 주: 국가별 기준연도 온실가스 배출량을 100으로 환산했음. '실제 증감분'은 기준연도 온실가스 배출량 대비 2023년 기준 온실가스 감축량을 의미함. 기준선(100)에서 0으로 내려갈수록 온실가스 감축분이 크다는 것을 의미하고, 기준선 위로 올라간 경우(중국, 인도)는 배출량이 증가했음을 뜻함.

장 강력한 온실가스 감축목표(68% 감축)를 수립했으며, 이를 달성하기 위한 정책들을 적극 전개하고 있다. 2023년 기준 유럽 주요국의 온실가스 감축목표 기준연도 대비 실제 감축률을 살펴보면 영국이 50.1%로 가장 높고, 독일 44.8%, 프랑스 21.9%, 이탈리아 21.2% 등이다.

아시아 국가들의 성적은 전반적으로 저조하다. 온실가스 최다 배출국 중 하나인 중국과 인도는 오히려 배출량이 더 늘었다. 양국은 2030년 배출량 정점을 예상하며, 그 이후인 2060~2070년 목표로 탄소중립을 약속했다. 호주의 경우 2030년 온실가스 배출

목표가 43% 감축이지만 2023년 기준 실제 감축률은 1.6%에 불과하다. 한국은 온실가스 감축목표가 40%, 실제 감축률은 11.8%로 아시아 내에서는 양호한 편이나 유럽국가들에 비하면 크게 뒤처져 있다.

이런 가운데 기후변화에 대응하는 일본의 움직임은 주목할 만하다. 일본의 온실가스 감축목표는 46%로 아시아 국가 중 높은 편이다. 그러나 목표만 높게 잡은 게 아니라서, 2023년까지의 실제 감축률은 27.1%로 아시아 내 압도적인 수준이며 유럽국가들과도 견줄 만하다. 일본은 어떻게 이러한 성과를 낼 수 있었을까?

녹색과 전환, 기후대응의 두 축

기후변화와 관련한 일본의 대응을 살펴보기 전에 앞서 '녹색'과 '전환'의 차이를 알아볼 필요가 있다. 기후대응 활동은 '녹색'으로 표현되는 영역과 '전환'으로 인식되는 영역으로 구분될 수 있다. '녹색활동'은 흔히 알고 있듯 친환경·탄소중립을 위한 활동의 의미를 갖는다. 태양광·풍력 등의 재생에너지 발전, 수소환원제철, 탄소포집·저장 등이 대표적인 녹색활동에 해당한다.

한편 '전환활동'은 탄소중립으로 가기 위한 과도기적 활동으로, 온실가스를 배출하기는 하나 지금보다는 배출량을 줄일 수 있는 활동을 뜻한다. 철강업에서의 예를 들면, 철강사가 철강생산 과정에서 고로高爐를 전기로電氣爐로 바꾸는 것이 대표적인 전환활동 중 하나다. 전기로는 전력을 활용해 고철을 재활용하는 것이기에 석탄(코크스)을 연료로 사용하는 고로에 비해 철강생산 과정에서 온실가스 배출을 70% 이상 줄일 수 있고, 전기로로 전환하는 것도 비교적 신속히 이뤄질 수 있다. 때문에 철강업에서의 탄소배출 감축을 위한 효과적 대안이라는 평가를 받는다.

또 다른 대안인 수소환원제철은 철광석 용해에 필요한 환원제로 석탄 대신 수소를 사용하는 기술이다. 석탄 활용 시에는 이산화탄소가 발생하지만, 수소환원제철 과정에서는 이산화탄소 대신 물이 발생하기 때문에 탄소배출을 획기적으로 제거할 수 있어 궁극적으로 '탄소무無배출'을 지향한다. 수소환원제철이 녹색활동으로 분류되는 이유다. 일본을 비롯한 주요국들은 수소환원제철 상용화 시기를 2030년대 중반으로 목표하고 있는데, 이는 대규모 재생에너지에 기반한 청정수소의 공급이 뒷받침될 때 가능하다.

따라서 수소환원제철 상용화 이전까지는 고로를 전기로로 전환하는 과도기적 단계가 필요하다. 이는 탄소배출을 단기간에 효과적으로 줄이는 동시에, 장기적으로는 수소환원제철 같은 녹색기술이 도입되기 전까지 적용할 수 있는 현실적 방식으로 평가된다.

녹색활동만으로 온실가스 감축목표 및 탄소중립이 달성 가능하다면 굳이 전환활동을 할 이유가 없다. 그러나 앞서 들었던 철강업에서의 예시처럼, 제조업과 같은 탄소다多배출 기업들은 단기간에 사업구조를 녹색으로 바꾸는 게 현실적으로 불가능하다. 에너지 부문도 마찬가지다. 재생에너지를 무한정 늘리면 좋겠지만 지리적·자본적·기술적 한계를 고려하면 단기간 내 대폭 증산하기에는 한계가 있고 대체 저탄소 에너지원도 한시적으로 필요하기 때문이다. 전환활동이 중요한 이유다.

일본이 높은 수준의 감축실적을 달성한 원동력은 이러한 전환활동의 중요성을 일찍 깨달은 데 있다. 일본 정부는 2020년 9월 '2020 기후혁신금융전략'을 발표하면서 기후대응을 위한 3대 축으로 '녹색', '기술혁신' 그리고 '전환'을 선정했다. 전 세계 최초로 국가 차원에서 전환을 기후대응의 핵심수단으로 인정한 것이다.

일본 정부가 발표한 기후혁신금융전략을 살펴보면 녹색·혁신 부문과 전환 부문에 대한 대응 방향에 차이가 있음을 알 수 있다. 녹색·혁신 부문의 경우 새로운 활동을 추가하기보다는 녹색채권 발행이나 기술육성 프로그램 운영 등 기존의 활동들을 계속 추진하겠다는 내용이 주를 이룬다. 반면 전환 부문은 시작 단계인 만큼 앞으로 새로운 기준과 인프라를 구축하고 시범 프로젝트를 통해 경험을 축적해나가자는 진취적인 내용을 담고 있다. 기후혁신금융전략에서 가장 강조하는 부분이 바로 전환활동이라는 점을 시사하는 대목이다.

일본이 전환활동에 주력하게 된 이유는 무엇일까? 이를 알려면 먼저 일본의 산업 및 에너지의 구조를 살펴볼 필요가 있다. 일본의 산업구조는 대부분의 아시아 국가와 마찬가지로 제조업의 비중이 높다. 2022년 GDP 대비 제조업 비중을 살펴보면 일본은

표 6-1. 2020년 일본 정부가 발표한 '기후혁신금융전략'의 개요

구분		현재 상황 및 향후 대응 방향
전환	현재 상황	• 녹색금융과 비교 시 전환금융 지원은 시작 단계로, 국제자본시장협회International Capital Market Association 등 국제기구에서 관련 개념 논의 중
	대응 방향	• **국제적 원칙에 기반한 일본 내 전환금융 기준 개발** 전환이 요구되는 프로젝트를 식별하고, 시범 프로젝트를 통해 대출·채권 발행 조건, 형태 등을 정립
녹색	현재 상황	• 일본 내 녹색금융 규모는 가파른 성장세 시현(녹색채권 발행액: 2014년 338억 엔→2019년 8238억 엔)
	대응 방향	• 녹색채권 시장의 성장지원 지속(신재생에너지, 성장산업 육성 등)
혁신	현재 상황	• 투자기간이 길고 수익성 예측이 어려워 기후기술 투자 유입이 저조하며 기업과 금융회사 간 소통도 부족
	대응 방향	• '탄소배출제로 챌린지Zero Emission Challenge' 지속 집행, 일본투자공사 산하 혁신펀드 조성 통한 리스크머니 공급 추진

* 출처: 일본 경제산업성, 우리금융경영연구소.
* 주: '탄소배출제로 챌린지'는 경제단체연합회 및 신에너지·산업기술개발기구NEDO: New Energy and Industrial Technology Development Organization 간 협력을 통해 39개 기술 테마별로 환경 분야 혁신기술 보유기업의 목록을 작성, 공표해 국내외 투자자에게 정보를 제공하고 민간자금의 유입을 유도하는 프로그램임.

19.2%로 미국(10.5%), 유럽(평균 14.8%, 독일 18.3%, 프랑스 9.5%, 영국 8.1%) 등 주요국을 상회한다. 제조업은 탄소를 많이 배출하고 단기간에 사업구조를 저탄소화하기 어려운 특성이 있다.

에너지 부문의 경우, 일본은 이전부터 태양광 등 재생에너지의 발전비율을 늘려오고 있으나, 그럼에도 유럽의 수준에 도달하기란 사실상 불가능하다. 재생에너지 발전시설을 만들려면 넓은 평지가 필요하지만 일본은 지리적 특성상 산이 많고 평지가 적기 때문이다. 일본의 국토면적 중 평지 비율은 34%로 미국(68%), 독일(69%), 영국(88%)의 절반이 채 되지 않는다.

종합하면 일본은 제조업 비중이 높고 재생에너지 증산여력이 낮아 녹색활동만으로는 온실가스 감축목표·탄소중립 달성이 현실상 불가능하다. 일본 정부는 이를 해결할 수 있는 핵심적 돌파구로 '전환'을 생각해낸 것이다.

전환금융 시대의 개막

본격적인 전환활동을 추진하기 위해 일본 정부가 가장 먼저 한 일은 전환활동에 대한 기준을 세우는 것이었다. 일본 정부는 경제산업성 주도로 전환활동의 기준을 정립한 '탄소중립을 위한 기술로드맵'을 구축했다. 이 기술로드맵은 고탄소 산업별로 특정 시점에 유효한 전환기술을 정의하고 해당 기술의 온실가스 감축효과가 어느 정도인지를 제시한다. 일본 정부는 2021년 10월 철강업 분야의 로드맵 발표를 시작으로 항공·화학(2021년 12월), 전력·가스·석유(2022년 2월), 종이·시멘트(2022년 3월), 자동차(2023년 3월) 등 적용범위를 계속 확대하고 있다.

발전 부문의 로드맵에서는 무탄소 에너지원인 연료암모니아와 석탄을 혼합연소하는 '암모니아 혼소混燒'를 중요 전환기술 중 하나로 간주한다. 암모니아 혼소비율이 높을수록, 즉 석탄 혼소비율이 낮을수록 온실가스 감축효과가 크고, 석탄 없이 100% 연료암모니아만을 활용해 암모니아를 전소할 경우에는 발전 과정에서 온실가스가 배출되지 않는다. 그러니 즉시 암모니아 전소를 도입하면 좋겠지만 현재의 기술력(연료암모니아 생산 시 온실가스 발생 등), 자금력(온실가스의 생산·수입에 드는 비용), 혼소기술 도입 및 상용화에 걸리는 시간 등을 고려하면 현실적으로 당장은 불가능하다.

이에 로드맵에서는 암모니아 혼소기술과 관련해 2030년 이전까지는 혼소비율 20%, 이후부터는 전소화(100%)를 기준으로 설정했다. 이를테면 혼소비율 30%는 2029년까지만 전환활동으로 인정되며, 2030년부터는 암모니아 전소만 인정되는 것이다.

전환활동을 정의하는 것에서 나아가 더 중요한 단계가 남아 있다. 모든 전환활동에는 비용이 들기 마련인데, 이를 누가 부담할 것인지에 대한 과제를 해결하는 게 그것이다. 정부로서는 기업들이 자발적으로 비용을 부담해 각자의 사업구조를 저탄소화하는 것이 재정부담 완화 측면에서 좋을 수 있다. 하지만 기업의 목표는 온실가스 배출감축이 아닌 이윤의 극대화다. 따라서 비용 이상의 수익이 발생하지 않는다면 기업은 전환활동을 하지 않을 테고, 만약 온실가스를 더 배출하더라도 기업의 이익을 늘리는 사업이 있다면 기꺼이 그 사업을 영위할 것이다.

따라서 정부는 기업이 온실가스 감축을 위해 노력하게끔 유인하는 제도를 만들어야 한다. 탄소배출량이 많은 기업에 탄소세 등 비용을 청구하거나, 반대로 전환에 적극적인 기업에는 보조금을 지원하는 것이 그 예다. 전자는 정부가 추가 예산을 확보할 수 있다는 점에선 긍정적이나 기업에 비용부담을 전가해 국가의 산업경쟁력을 떨어뜨린다는 단점이 있다. 후자의 경우에는 기업의 부담이 감소하지만 정부의 재정부담이 늘어난다. IMF는 이처럼 국가가 기후대응을 위해 기후목표, 국가재정 건전성, 정책적 수용성(민간기업으로 탄소비용 전가)의 세 가지를 동시에 만족시켜야 하는 상황을 '기후대응 삼중고Climate Trilemma'라고 표현했다.

'정부와 기업이 어떻게 전환비용을 분담할 것인가'라는 골치 아픈 문제를 해결할 실마리는 바로 금융에서 찾을 수 있다. 이 문제의 해결방안에 금융회사를 포함시키면 이 문제를 둘러싼 논의가 긍정적인 방향으로 움직일 가능성이 있기 때문이다.

그 방안이란 금융회사로 하여금 기업들이 전환에 필요로 하는 자금을 공급하는, 즉 전환금융을 제공하게 하는 것이다. 금융회사 입장에서 이는 새로운 사업기회가 될 수 있고, 국가 입장에서는 금융회사의 자금공급에 힘입어 이자감면이나 보조금 지원 등을 통해 보다 적은 재정지출로 기업의 전환활동을 효과적으로 지원할 수 있다. 또한 기업은 이러한 민관합동 자금지원을 활용해 적은 조달비용으로 사업자금을 확보하기가 용이해진다. 실제로 정부와 민간 금융회사가 기후대응에 필요한 자금을 공동지원하는 '혼합금융Blended Finance'은 '기후대응 삼중고'를 완화할 수 있는 효과적 수단으로 평가된다.

이에 일본 정부는 민간 금융회사의 전환금융 확대를 유도하는 다양한 제도들을 구축했다. 먼저 2021년 5월 일본 경제산업성·금융청·환경성은 공동으로 전환금융의 기준을 제시하는 '전환금융 기본지침'을 수립했다. 국제자본시장협회International Capital Market Association, ICMA의 '전환금융 핸드북'을 준용해 글로벌 정합성을 최대한 확보한 지침이었다.

이 지침의 주요 기준은 ①전환전략 및 거버넌스, ②환경적 중대성, ③과학기반 경로와 목표, ④이행 투명성 등 네 가지다. 지침은 기업이 파리기후협약에 부합하는 전환계획을 수립해야 하며, 그 계획은 기업의 핵심 비즈니스를 저탄소로 전환해야 하는 것이란 점을 강조한다. 또한 일본 내 특수성을 반영하기 위해 정부가 고안한 기술로드맵을 전환금융 판단기준으로 인정했다.

일본 정부는 보조금과 같은 '당근'도 마련했다. '저탄소 전환추진을 위한 금융지원제도'가 대표적이다. 이는 전환계획을 수립해 대출, 채권발행 등 전환금융을 받은 기업이 차질 없이 전환활동을 이행한 경우에는 0.1%p(10bp),[49] 초과 이행한 경우에는 최대 0.2%p(20bp)의 이자를 국가가 대신 지불해주는 제도다. 이 제도를 이용하고자 하는 기업은 우선 전환계획을 세우고, 국가가 인정한 평가기관으로부터 해당 계획을 검증받아야 한다.

기업이 외부의 평가기관으로부터 전환계획을 검증받는 데는 비용이 발생하는데, 적게는 100만 엔에서 많게는 300만 엔까지인

표 6-2. 2021년 일본 정부가 발표한 '전환금융 기본지침'의 개요

구분	현재 상황 및 향후 대응 방향
전환전략 및 거버넌스	• 파리협정에 부합하는 전환전략 수립 • 정의로운 전환 Just Transition • TCFD권고안 등에 기반한 정보공개
환경적 중대성	• 핵심 비즈니스에 대한 전환전략 수립
과학기반 목표와 경로	• SBTi에 기반한 단·중·장기 전환목표 수립 • 국가 내 산업별 로드맵 준수
이행 투명성	• 정량적 지표의 설정·공개 • 정량화가 힘든 경우 외부기관 검증

* 출처: 일본 경제산업성, 우리금융경영연구소.
* 주: TCFD는 Taskforce on Climate Financial Disclosure(기후변화 관련 재무정보 공개 협의체), SBT는 Science-Based Target Initiative(과학기반 감축목표 이니셔티브)의 약자다.

것으로 파악됐다. 일본 정부는 검증비용의 70%를 부담하는 보조금지원 사업(온난화대책 촉진사업비 보조금)을 운영 중이다.

전환금융을 조달한 기업이 전환계획을 차질 없이 이행하는지에 대한 감시도 중요하다. 2023년 6월 일본 정부는 금융회사가 주기적으로 기업의 이행현황을 모니터링하는 데 필요한 기준을 제시하는 '전환금융 사후관리지침'을 마련했다. 전환활동은 단기간에 끝나는 것이 아니라 짧게는 수년, 길게는 10년 이상에 걸쳐 이뤄지기에 주기적이고 면밀한 모니터링이 중요하다.

2023년 7월 일본 정부가 발표한 '녹색전환 Green Transformation, GX 추진전략'에는 대대적인 전환활동 지원책이 담겼다. 이는 전환 부문에 10년(2023~2032년)간 150조 엔을 투입하겠다고 약속한 초대형 정책으로, 정부가 'GX경제이행채'(이하 전환국채)라는 채권을 발행해 20조 엔을 지원하고 민간에서 130조 엔을 맡는 '혼합금융' 방안이다. 60조 엔은 산업전환, 80조 엔은 에너지전환, 나머지 10조 엔은 기술개발에 쓰일 예정이다. GX추진전략에는 전환국채 발행에 따른 재원 확보를 위해 국가 차원의 배출권거래제를 2026년 도입하는 방안도 포함돼있다.

2023년 11월 일본 정부는 전환채권 발행을 위한 '전환채권 프레임워크'를 구축했다. 이어 2024년 2월에는 실제로 1조 6000억 엔 규모의 전환국채를 발행했는데, 이는 전환을 테마로 발행한 세계 최초의 국채다.

또한 2024년 5월에는 전환금융 관련 전문인력의 배양을 위한 'GX스킬표준'을 발표했다. GX인재를 기업의 온실가스 배출량을 산출하는 GX분석가, 전환계획 수립을 지원하는 GX전략가, 전환활동 관련 최신기술을 개발하는 GX인벤터Inventor, 전환금융 관련 투자자들과 협상하는 GX커뮤니케이터의 네 유형으로 분류했다.

메가뱅크, 전환의 마중물

대규모 자금이 투입되는 전환금융 프로젝트에서 핵심역할을 담당하는 것은 바로 메가뱅크, 즉 일본의 대형금융그룹들이다. 정부의 GX추진전략에서 목표로 한 150조 엔의 전환금융 공급규모 중 130조 엔은 주로 민간 금융회사가 담당하는데, 이러한 대규모 지원이 가능해지려면 메가뱅크로 불리는 대형은행들의 참여가 필수적이다.

이에 메가뱅크들은 우선 전환금융을 포함한 '2030 기후금융 목표'를 대폭 상향함으로써 정부 기조에 부응했다. MUFG, SMFG, 미즈호는 2030년까지 기후금융 누적 공급액 목표를 각각 18조 엔, 30조 엔, 12조 엔으로 설정했으나 이후 일제히 50조 엔으로 높였다.

이들은 실제 전환금융 규모도 빠르게 늘려가고 있다. 3대 메가뱅크의 합산 전환금융 공급액은 2021회계연도 당시 2000억 엔에 불과했으나 2023회계연도에는 1조 1000억 엔까지 늘었고, 3년간의 누적 공급액은 2조 엔에 육박한다. 비록 절대적 규모 면에선 아직 기대치에 미치지 못하지만, 우호적인 정부 정책을 바탕으로 메가뱅크가 빠르게 공급규모를 늘려가고 있음을 고려하면 전환금융 분야가 향후 거대한 시장으로 변할 가능성은 충분하다.

메가뱅크가 전환금융을 확대한 배경이 단순히 정부기조에 대한 부응만은 아니다. 전환금융은 메가뱅크가 기업을 대상으로 금융기회를 창출해낼 수 있는 새로운 수단이기도 하다. 메가뱅크들은 고탄소 산업별 대기업을 중심으로 전환금융 공급에 주력했다. 대기업에 집중한 까닭은 중소기업보다 전환계획이 구체적이고 자금상환역량도 우수하며 온실가스 감축효과도 커 도입 초기에 전환금융을 안정적으로 확대할 수 있기 때문이다. 일본 내 전환금융 건당 평균 공급규모는 한국 돈으로 2500억 원, 만기는 7.7년으로 나타났다.

3대 메가뱅크 중에서도 공급규모가 두드러지는 기업은 미즈호다. 2021~2023회계연도 누적 기준 미즈호의 전환금융 공급액은 1조 엔으로 SMFG의 7000억 엔, MUFG의 2000억 엔보다 훨씬 크다.

이는 다른 메가뱅크에 비해 미즈호의 주채무계열(주 채무자 및 그와 관련된 연대책임을 지는 기업 혹은 그 계열사들) 중에는 발전사가 많이 포함돼 있다는 특징 덕분이다. 일본 내 12개 주요 발전사 중 11개사의 주 채권은행이 미즈호다. 발전사는 전형적인 탄소다배출 기업이다. 발전사에 대한 보유자산 비중이 큰 은행은 (발전사의 탄소배출에 따른) 금융배출량 Financed Emissions도 많아질 수밖에 없다. 은행은 이러한 금융배출량을 줄여야 할 사회적 책임을 안게 된다. 미즈호는 이러한 상황을 오히려 기회로 인식하고, 해당 기업들에 전환금융을 적극 공급한 덕에 타 그룹 대비 높은 실적을 시현할 수 있었다.

한편 메가뱅크는 중소기업에 직접 전환금융을 공급하진 않았다. 중소기업들은 대기업과 비교하면 전환계획 수립역량이 부족하고 외부검증에 대한 비용부담도 크게 느끼는 측면이 있는 데다, 전환금융 만기가 길다는 특성상 금융회사 입장에서도 리스크 관리에 대한 부담이 크기 때문이다. 또한 일본 중소기업의 경우 메가뱅크보다는 지방은행에서 주로 자금을 조달하는 경향이 있다. 다만 현지 관계자들은, 메가뱅크는 대기업들의 전환계획에 공급업체의 전환이 포함되도록 유도함으로써 중소기업의 전환을 간접적으로 지원한다고 전했다.

메가뱅크는 전환금융 관련 인프라 구축을 통한 내부역량 강화에도 힘썼다. 우선 정부의 지침을 준용하여 자체 기준을 마련했다. SMFG의 '전환금융 플레이북Transition Finance Playbook', 미즈호의 '전환지원 프레임워크Transition Support Framework'가 대표적인데, 국내뿐 아니라 글로벌 정합성을 고려해 해외에서의 기준도 정립한 것이 특징이다.

또한 메가뱅크는 전담팀을 구축하고 조사연구 기능을 강화함으로써 체계적·전사적인 실행력을 제고했다. MUFG의 경우 국내외 500여 명의 직원으로 구성된 전환금융 전담팀인 '녹색전환 프로젝트팀Green Transformation Project Team, GXPT'을 출범시켰다. 더불어 전환금융 관련 글로벌 동향을 조사하고 MUFG 및 글로벌 사회의 방향성을 제시하는 'MUFG 전환백서MUFG Transition Whitepaper' 시리즈를 2022년부터 매년 발간 중이다. 〈전환백서 1.0〉(2022년)에서는 동남아를 중심으로 국가별 산업구조에 따른 차별화된 접근방식의 필요성, 〈전환백서 2.0〉(2023년)에서는 주요 선진국(유럽, 미국, 일본) 간 전환추진 방식의 차이, 〈전환백서 3.0〉(2024년)에서는 전환추진국들이 공통으로 직면한 문제와 이의 완화를 위한 국제적 협력의 필요성을 강조했다.

메가뱅크는 전환금융이 일본 시장뿐 아니라 해외에서의 기회도 모색할 수단이 될 것으로 기대하고 있다. 특히 동남아는 산업구조가 제조업 중심이고 전력산업에서의 온실가스 배출량이 많아 전환금융 기회가 충분한 지역이다. 이미 MUFG는 동남아 주요 지분투자 은행들[50]의 전환금융 확대를 위해 각국별 전환금융 가이드라인을 마련했다.

메가뱅크는 일본 정부와 협업해 동남아 지역에서의 입지를 강화하려는 움직임도 보여주고 있다. 2024년 10월 메가뱅크는 금융청, 일본국제협력기구Japan International Cooperation Agency, JICA 등의 자국 정부기관들 및 아시아개발은행Asian Development Bank, ADB 등의 국제기구와 손잡고 '아시아 GX컨소시엄Asia GX Consortium'을 출범시켰다. 이 컨소시엄은 아시아 지역의 저탄소전환 방안을 수립하고, 전환금융 중심의 저탄소화에 대한 공감대를 국제사회에 조성해 일관된 의견을 개진하는 데 중점을 둔다.

수조 원의 블루오션이 열린다

한국에서는 전환금융에 대한 논의가 많지 않았으나 최근 들어 관심이 증가하는 추세다. 금융위원회는 2024년 3월 발표한 '기후위기 대응을 위한 금융지원 확대방안'을 통해 국내 산업전환과 에너지전환을 위해 2030년까지 420조 원을 공급할 계획이라고 밝했다. 더불어 2024년 중 '기후금융 태스크포스'를 발족해 운영한 결과, '한국형 전환금융'의 향후 도입에 대해 심도 있는 논의가 필요하다는 공감대를 형성했다고 발표했다.

2025년 1월 2일 한국 기획재정부가 '2025년 경제정책방향'을 발표하면서 '기업의 저탄소전환을 위한 전환금융 가이드라인 마련'을 이 해의 역동과제 중 하나로 선정한 것에도 주목할 만하다. 정부가 전환금융에 대한 기준을 정립하고 민간금융회사의 전환금융 공급을 촉진시키겠다는 의지를 공식화했기 때문이다. 또한 환경부는 2022년부터 '녹색전환 관련 이차보전사업'을 운영 중이다. 이는 전환활동에 대출을 제공한 경우 차주에게 2.20~3.0%p(220~300bp)의 이자를 지원하는 사업이다.

일본의 경우가 그랬듯 한국 역시 녹색활동과 함께 전환활동이 필수적으로 병행되어야 하는 시장이다. 전체 산업에서 제조업이 차지하는 비중이 25.6%로 일본(19.2%)을 상회하는 데다 지리적 조건 면에서도 재생에너지를 대량으로 확충하기 어렵기 때문이다. 글로벌 경영컨설팅사인 보스턴컨설팅그룹Boston Consulting Group은 한국의 전환금융 규모가 2030년에는 7700억 달러, 2050년에는 2~3조 달러에 육박할 것으로 예상했다.

국내 전환금융 시장은 앞으로 점차 수요가 확대될 거라 예상됨에도 아직 뚜렷한 선두주자는 나타나지 않은, 그야말로 '블루오션'인 시장이다. 때문에 시장형성 초기에 선점효과를 극대화하기 위해서는 정부의 전환금융 지침이 나올 때까지 기다리기보다 자체 기준을 우선 정립하고 추후 정부 정책에 따라 조정하는 방안을 검토해볼 수 있다.

다만 전환시장의 선순환을 위해서는 대기업뿐 아니라 중소기업도 참여 가능한 여건을 마련할 필요가 있다. 대기업의 전환활동을 촉진하는 데는 납품업체들의 전환활동이 동반되어야 하기 때문이다. 금융회사 입장에선 도입 초기에는 대기업 중심으로 전환금융을 제공하되, 중장기적으로는 공급업체(주로 중소기업)를 대상으로 한 전환금융 수요의 확대에도 대응하는 방안을 모색해야 한다. 중소기업에 전환금융을 공급하려면 온실가스 배출현황 진단, 전환계획 수립지원 등의 솔루션 제공역량이 뒷받침될 필요가 있다.

국내뿐 아니라 해외, 특히 동남아 지역에서의 전환금융 확대도 전향적으로 검토해야 한다. 이를테면 베트남과 인도네시아 등에서 석탄화력발전소를 건설 또는 운영 중인 국내 기업과 협력, 현지에 전환금융을 공급하는 방안도 고려해볼 수 있을 것이다.

7

메가뱅크의 디지털 반격

'디지털 후진국' 오명 벗는 일본

일본 드라마 〈고독한 미식가孤独のグルメ〉는 '혼밥'을 즐기는 직장인 이노가시라 고로가 주인공이다. "배가 고프다." 이 대사는 모든 에피소드에 어김없이 등장한다. 주인공은 소박한 골목식당에서 음미하듯 식사를 한 후 가게 주인에게 항상 현금으로 값을 치른다. 방영을 시작한 2012년부터 열 번째 시즌이 마무리된 2022년까지 이노가시라는 단 한 번도 카드로 계산한 적이 없다. 신용카드 결제가 보편화된 한국의 사람들에겐 낯설겠지만 일본에서는 일상적으로 볼 수 있는 장면이다.

일본에서는 여전히 현금거래 관행이 이뤄지고 있다. 2019년 26.8%였던 비현금(신용카드나 온라인 등) 결제액 비중은 2023년 39.3%로 오르는 추세를 보이나 다른 국가들에 비하면 여전히 낮은 수준이다. 2021년 기준 한국의 비현금 결제액 비중은 무려 95.3%에 달했고 중국(83.8%)과 호주(72.8%)도 일본을 한참 웃돌았다.

일본은 제조업 중심의 산업구조를 고수하면서 디지털금융의 발전이 상대적으로 부진했다. 디지털전환에 대한 관심이 전 세계적으로 높아진 2000년대 들어서도 제조업 육성에 치중한 탓에 일본에서의 정보기술 발전은 더뎠다. OECD 통계에 따르면 일본의 IT 투자규모는 2000년 1998억 달러(약 295조 원)에서 2020년 1757억 달러(260조 원)로 축소됐다. 반면 같은 기간 미국의 IT 투자규모는 4195억 달러(620조 원)에서 7834억 달러(1157조 원)로 두 배 가까이 증가하면서 일본과 대조적인 모습을 보였다.

일본은 그동안 잦은 자연재해에 따른 금융결제 시스템 마비 위험을 우려해 상대적으로 안전한 현금의 거래 및 보유를 선호하는 분위기가 강했다. 그리고 이 때문에 디지털전환 필요성에 대한 인식이 부족해진 측면이 있다. 국가별 디지털전환 진척률을 살펴보면 일본은 48.4%로 중국(88.3%), 독일(80.6%), 미국(78.6%) 등 주요국 대비 부진한 상황이다.

하지만 그랬던 일본에도 코로나19를 기점으로 비대면 금융 서비스의 수요가 급증하며 변화의 바람이 불기 시작했다. 일본 정부가 디지털전환 가속화 의지를 표명한 것은 그러한 변화 덕분이었다.

일본 정부가 시행 중인 '해외 스타트업 유치 정책'도 IT 발전을 촉진하기 위한 일환이다. 이 정책은 법인설립에 필요한 비용을 지원하고, 외국인 창업과 관련된 규제를 완화하며, 해외 전문인재들에게는 비자 발급요건을 완화하는 등의 특혜를 제공하는 정책이다. 일본 정부는 2027년까지 스타트업 투자에 10조 엔을 투입, 디지털전환에 속도를 낼 방침이다. 기업이 디지털기술을 내재화하고 신규 비즈니스로 원활히 진출할 수 있도록 '산업경쟁력 강화법'[51]과 '회사법'[52] 등 M&A 규제완화도 추진했다.

이러한 상황에서 일본 3대 금융그룹, 즉 메가뱅크도 움직이고 있다. 디지털전환을 위한 일본 내 금융수요가 증가하고 있어서다. 일본의 금융그룹들은 관련 투자를 빠르게 확대하는 분위기다.

일본 내에서의 디지털전환은 한국보다 늦게 시작되었으나, 그럼에도 결코 가볍게 볼 사안이 아니다. 일본 메가뱅크의 자본력과 해외시장 침투율은 한국보다 훨씬 강하기 때문이다. 정부와 기업, 메가뱅크가 함께 뛰어들고 있는 만큼 일본의 디지털전환 움직임을 주목할 필요가 있다.

핀테크 포식자, MUFG

MUFG는 막대한 자금력을 바탕으로 일본 내에서뿐 아니라 해외에서도 핀테크 관련 투자를 확대하고 있다. 계열사와의 업무제휴나 협업이 가능한 생태계를 구축하는 것이 MUFG의 목표다. 이를 위해 규모가 큰 투자는 지주나 은행이 참여하도록, 스타트업 투자는 캐피털이나 기업형 벤처캐피털, 즉 CVC가 담당하도록 이원화했다.[53]

지주와 은행의 투자처를 살펴보면, 일본 내에서는 기술력이 우수하거나 그룹 서비스의 고도화에 활용할 수 있는 기업이 대상이다. 2024년 MUFG는 인공지능 기술역량의 강화를 위해 유니콘 기업인 사카나AI さかなAI 에 투자했다. 또한 자산관리 서비스 업그레이드를 위해 로보어드바이저 업체인 웰스나비 WealthNavi의 지분을 취득하고, 선불카드로 젊은 층의 호응을 얻고 있는 칸무 カンム를 인수하는 등의 투자를 이어가고 있다.

해외에서는 개인금융과 관련한 핀테크 중심의 포트폴리오를 확대하는 중이다. 특히 태국의 어센드머니, 인도의 DMI파이낸스, 인도네시아의 아쿨라쿠 등 지역별 대표 핀테크 기업에 잇따라 투자하는 등 동남아시아 소비자금융시장에서의 점유율 확대에 역량을 집중하는 모습이다.

아시아 핀테크 기업들의 포식자로 부상하고 있는 MUFG는 단순히 문어발식 투자에 그치지 않고 투자대상 기업들과의 시너지를 내기 위한 방안을 고심하고 있다. 아시아 지역 디지털생태계 구축을 위한 이니셔티브인 'MODE MUFG Openly-connected Digital Ecosystem'를 2023년 출범하면서부터다. MODE는 그룹 계열사들을 비롯해 MUFG가 투자하는 핀테크 기업들이 서로 지식을 공유하고 협력하게 함으로써 아시아 지역에서의 디지털금융 생태계를 구축하겠다는 MUFG의 야심을 구현하기 위한 프로젝트다.

미쓰비시UFJ캐피털Mitsubishi UFJ Capital은 벤처기업에 투자하는 '기간펀드', 바이오 분야의 사업화를 지원하는 '생명과학펀드', 일본-대만 간 비즈니스 연계를 위한 '골든 아시아 펀드' 등을 통해

표 7-1. MUFG의 일본 내 및 해외 핀테크 투자현황(지주·은행)

• 일본

투자기업	분야	주요 내용

사카나AI (2024.9)	생성형 AI	• 2023년 설립, 이후 1년 만에 유니콘 기업으로 도약
		  – 최근에는 미국의 엔비디아NVIDIA와 협력 AI 기술개발을 추진 중
		• MUFG는 사카나AI가 보유한 첨단기술역량과 혁신적 모델개발 방법론을 활용, 그룹의 AI전략 강화를 위한 투자를 실행
		  – 지주와 은행이 시리즈A 라운드(300억 엔)에 참여 (일본 기업 중 최대 규모로 투자)

웰스나비 (2024.2)	로보 어드바이저	• 2015년 설립, 이후 NISA와 AI를 결합한 서비스 출시를 계기로 일본 내 최대 로보어드바이저 기업(운용자산 1.34조 엔, 2024. 10)으로 성장 • MUFG은행은 웰스나비 지분(15.5%)의 인수와 함께 사외이사(1인)를 파견하는 협약을 체결 – 자산관리 영업력 강화, 슈퍼앱 구축을 위해 완전 인수를 검토 중(2024.11)
칸무 (2022.12)	선구매 후 결제Buy Now Pay Later, BNPL	• 2011년 설립, 선불카드 출시(2016. 9)에 이어 BNPL 서비스를 제공하면서 일본의 젊은 층으로부터 큰 호응을 얻음 • MUFG은행은 칸무 지분의 70%를 200억 엔에 인수

• 해외

투자기업	분야	주요 내용
어센드머니 (태국, 2024.7)	송금·대출	• 태국 최초(2021년)의 유니콘으로 동남아 7개국(태국, 인도네시아, 미얀마, 필리핀, 캄보디아, 베트남, 말레이시아)에서 디지털금융 서비스를 제공 중 – 금융 소외계층 대상(2023년 말 기준 활성고객 3000만 명)의 송금·대출·자산관리·보험 등 • 모바일 보급률이 높은 태국 내 소비자금융 강화 및 동남아 디지털역량 제고 차원에서 MUFG와 태국 자회사인 크룽시리가 공동투자(1.9억 달러, 지분율 10% 내외)

DMI파이낸스
(인도, 2023.4)
	대출	• 전직 시티그룹 직원들이 2008년 설립한 비은행금융회사
		  – 2025년 1월 기준 디지털대출 이용고객 수는 약 2500만 명
		• MUFG은행은 인도 진출을 본격화하기 위해 2.3억 달러 규모의 투자를 결정
		  – 협업 과정을 통해 DMI파이낸스의 전문성을 보다 적극 활용할 필요가 있다고 판단, 3.3억 달러의 추가 투자계획을 발표(2024.8)

아쿨라쿠 (인니, 2022.12)	BNPL	• 인도네시아를 비롯한 동남아 주요국(필리핀, 베트남, 말레이시아 등)에서 소비자금융업(BNPL, 가상신용카드, 온라인 자산관리 등)을 영위 – 2016년 P2P 대출업체로 설립, 2022년 유니콘 기업에 등극. MUFG은행은 인니 소매시장 내 영향력 확대를 위해 2억 달러를 투자(2022.12)

* 출처: MUFG, 우리금융경영연구소.
* 주: MUFG의 또 다른 투자전략은 스타트업에 대한 투자위험 분산을 위해 계열사별로 분야를 나누어 맡는 것이다. 일본 내 스타트업에 대한 투자는 미쓰비시UFJ캐피털, 해외 기업은 MUIP가 각각 나누어 소액·분산 투자하는 식이다.

318개 기업(일본의 309개 기업, 해외의 9개 기업)에 출자하고 있다.

MUIP는 5개 펀드를 통해 40여 개의 해외 핀테크업체에 투자

표 7-2. 미쓰비시UFJ캐피털의 일본 내 핀테크 투자현황

투자기업	분야	주요 내용
스시톱마케팅 Sushi Top Marketing (2024.8)	대체불가토큰 Non-Fungible Token, NFT	• NFT 배포·관리 서비스 제공업체 　– 사용자가 NFT를 간편하게 취득할 　수 있는 B2C 사업, NFT를 활용한 　서비스 제공기업 대상 B2B 사업 　을 영위
퍼즐러링 Puzzlering (2024.4)	디지털 유언	• 디지털상에서 유언을 남기고 지정 　인에게 전달하는 '마지막 메시지 　last message' 서비스를 제공하는 스 　타트업 　– 급속한 고령화에 따른 디지털유언 　서비스 시장의 성장잠재력에 주목

* 출처: MUFG, 우리금융경영연구소.

중이며 피투자기업의 40% 이상과 업무제휴 또는 협업을 진행, 전략적 투자가 비즈니스에 실질적으로 기여할 수 있는 선순환구조를 구축해나가고 있다.

MUFG는 신기술을 활용한 서비스 고도화에도 공을 들이고 있다. 특히 인공지능, 블록체인 등 내재화가 어려운 분야에서는 핀테크기업과 공동으로 신규 서비스를 출시하거나 연구를 진행하는 전략을 전개한다.

인공지능 기술은 신용평가 모형의 고도화, 자산관리 서비스의 업그레이드, 탄소감축 지원 등에 활용되고 있다. MUFG는 핀테크 기업인 리퀴디티캐피털 Liquidity Capital과 협력, 인공지능 기반 신용

표 7-3. MUIP의 해외 핀테크 투자현황

투자기업	분야	주요 내용

카섬Carsome (2019.12)	중고차 플랫폼 (인도네시아)	• 동남아시아 최대의 중고차 플랫폼
		  - 정보비대칭 완화를 위한 자체 매물검증 시스템을 도입해 경쟁우위를 확보
		• 계열 현지 자동차금융인 ADMFAsia Development Multifinance(MUFG의 인도네시아 현지법인인 다나몬의 자회사)와의 제휴 기반을 마련하기 위해 투자
		  - ADMF는 카섬의 매물검증 시스템을 활용한 보유매물 신뢰도를 제고하고, 카섬은 자사 인증 중고차를 ADMF의 자동차금융 플랫폼에서 판매

무브아프리카 MooveAfrica (2022.3)	자동차 금융 (나이지리아)	• 아프리카 내 비중이 높은 초단기 임시노동자(긱워커Gig Worker) 대상의 자동차금융상품(만기 2~5년)을 제공 • MUFG의 네트워크가 없는 아프리카 대륙으로의 진출 가능성 파악을 위해 투자 - MUIP 투자 이후 MUFG는 협업을 통한 시장진출 방안을 구체화하기 위해 MUFG, 스즈키Suzuki(일본 자동차회사), 무브아프리카 간의 업무협약을 체결(2022.8)

* 출처: MUFG, 우리금융경영연구소.

평가 모형인 '리퀴디티 다이내믹스Liquidity Dynamics'를 도입·적용했다. 이 모형은 은행 거래내역 등 실시간 재무정보와 회계데이터를 활용해 미래의 수입과 현금흐름을 예측할 수 있어 스타트업 대출에 활용된다.

MUFG는 또한 웰스나비(은행), 미라이밸류ミライバリュー(증권) 등

의 로보어드바이저 서비스를 앱에 탑재해 부유층 대상 자산관리 서비스 품질을 높였다. 신재생에너지 기업인 에넷ENNET과 협업해 각 지점에 인공지능 기반의 절전 시스템도 도입했다.

정통 대형금융그룹인 MUFG가 디지털자산 시장에서 과감한 실험에 나선 점은 특히 주목할 만하다. MUFG는 자체 설립한 디지털자산 플랫폼 스타트업인 프로그맷Progmat과 자회사인 MUFJ신탁은행, 다양한 핀테크기업과의 협업을 통해 스테이블코인Stable Coin(미국 달러 등 법정화폐와 연동되어 가치가 일정하게 유지되도록 설계된 암호화폐)의 활용방안과 증권형 토큰의 발행·유통 등을 실험하고 있다.

이를 좀 더 구체적으로 살펴보면 다음과 같다. 2024년 1월부터 MUFG는 디지털지갑 스타트업인 긴코Ginco, 블록체인 기술기업인 스탠더지STANDAGE와 공동으로 스테이블코인 기반 무역결제 시스템 개발을 검토 중이다. 또 같은 해 5월부터는 스테이블코인 발행사인 JPYC, 탄소배출권 마켓플레이스 클리마다오KlimaDAO, 탄소배출권 관리 인프라업체인 옵티지OPTAGE와 공동으로 탄소배출권 거래에서 스테이블코인을 활용하는 방안을 연구하고 있다. 그런가 하면 이보다 앞선 2021년 7월에는 부동산 자산운용사인 케네딕스Kenedix와 함께 부동산을 기초자산으로 하는 증권형 토큰을 발행하기도 했다.

미국에 인터넷전문은행을 세운 SMFG

 SMFG의 디지털전략은 주로 소매플랫폼을 강화하고 중소기업 대상 비금융 서비스를 확충해 고객의 접근성과 편의성을 높이는 데 초점을 맞춘다. 이에 따라 SMFG는 지역별로 차별화된 개인금융 플랫폼 강화 전략을 전개하고 있다.

 우선 자국 내에서는 개인고객의 접근성 강화를 위해 뱅킹·카드·투자·보험·자산관리 서비스를 통합제공하는 슈퍼앱 '올리브Olive'를 2023년 3월 출시했다. 이 앱은 그룹사뿐 아니라 SBI증권, 라이프넷생명ライフネット生命 등 다른 금융회사의 서비스도 이용 가능하게 해놓은 것이 특징이다. SMFG는 또한 일본 내 간편결제 시장에서 경쟁력을 갖추기 위해 한 장의 카드로 신용카드, 직불카드, 포인트 등 복수의 결제수단을 이용할 수 있는 간편결제 서비스 '플렉시블 페이Flexible Pay'를 비자VISA와 공동으로 개발해 올리브에 탑재했다. 고객이 올리브앱에서 한 번의 탭으로 지불옵션 선택이 가능한 것이 특징이다.

 특히 SMFG는 2023년 미국에서 지니어스뱅크Jenius Bank라는 이름의 인터넷전문은행을 열어 미국 디지털 소매금융시장에 본격적으로 뛰어들었다. SMFG는 1981년 인수한 매뉴팩처러스뱅크Manufacturers Bank의 1개 부서를 지니어스뱅크로 전환해 인터넷은행을 론칭했다. 미국 대형은행 대비 '규모의 열위'에 있는 만큼 비용 대비 효율을 극대화하겠다는 전략이다. SMFG 경영진은 매뉴

표 7-4. SMFG의 슈퍼앱 '올리브'의 서비스 커버리지

구분	뱅킹	카드	증권	보험
제공 서비스	잔고 확인/송금	사용내역 확인, 상환일정 조정	잔고 확인, 펀드 매수	계약 확인, 보험 신청
제공 주체	SMBC은행	SMBC카드	SBI증권[54]	라이프넷생명, 스미토모생명, SBI보험, 머니닥터Money Doctor, 베터초이스Better Choice

* 출처: 〈니혼게이자이신문〉, 우리금융경영연구소.

팩처러스뱅크가 점포 수 여덟 개, 자산규모 50억 달러에 불과한 만큼, 영업점 네트워크가 아닌 모바일 앱을 통해 고객을 확보하는 전략이 유효할 것으로 판단했다.

지니어스뱅크는 설립 이후 저축계좌(2023년 11월), 신용대출(2023년 6월) 등 지속적으로 상품·서비스를 확충하고 있으며, 향후 데이터 수집 및 분석 능력의 제고를 통해 고객별 재무상황에 기반한 맞춤형 신용대출상품을 도입하는 등 초기고객 확보를 위해 투자를 집중할 예정이다. 다만 2024년 1분기 기준으로 지니어스뱅크는 상품개발, 연중무휴 콜센터 운영 등에 따른 비용지출 증가로 3830만 달러의 손실을 기록했다.

최근 SMFG는 디지털 영역에서 비금융 사업을 확대해 '글로벌 종합 솔루션 제공업체'로 진화해나갈 것을 선언했고, 이를 이행하기 위해 '플라리타운Plaritown'이라는 플랫폼을 운영 중이다. 중견·중소 기업을 대상으로 다양한 비금융 서비스를 제공하는 플라리타운은 그룹 디지털 자회사가 제공하는 서비스뿐 아니라 외부 파트너사와 연계해 맞춤형 솔루션을 제안하는 컨설팅 서비스를 제공한다는 특징이 있다. 그룹 디지털 자회사가 제공하는 서비스로는 비즈니스 매칭(비즈크리에이트Biz-Create), 전자계약 서비스(클라우드사인Cloudsign), 탄소배출량 데이터 산정(서스타나Sustana), 클라우드 기

표 7-5. SMFG의 중소기업 대상 플랫폼 '플라리타운'이 제공하는 주요 서비스

서비스명	주요 내용

비즈크리에이트 (2019.5)	• 기존의 비즈니스 매칭 서비스를 디지털 플랫폼으로 전환한 버전
	  − SMBC은행과 각 지역 금융회사들이 연계해 비즈니스 매칭 기회를 제공
	  − 비즈니스 파트너(수주처, 발주처, 제휴처 등) 검색 및 영업·거래 제안이 가능

클라우드사인 (2019.1)	• 계약서 작성/체결/보관, 이행 과정을 클라우드상에서 처리 가능한 전자계약 서비스 − '변호사닷컴'과 합작설립한 SMFG의 비금융자회사
서스타나(2022.5)	• 기업고객의 탈탄소정책 지원 서비스 − 배출 온실가스의 계측·정량화, 감축목표 수립, 실행방안 마련 등을 지원
엔코어NCore (2017.8)	• 업무처리(자금회수, 결제 등) 위탁 서비스와 업무 효율화 솔루션(AI, RPA 등)을 제공 − NEC그룹과 합작설립한 자회사

* 출처: SMFG, 우리금융경영연구소.

반의 고객관리 솔루션(세일즈포스Salesforce), 온라인영업 시스템(벨페이스BellFace), 인재 DB 서비스(비즈리치BizReach) 등이 있다. 이 프로젝트에는 매출확대, 비용절감, 인재육성, 보안 분야의 IT 기업 20곳 이상이 참여 중이다.

SMFG가 체계적으로 비금융 사업을 확대할 수 있었던 것은 업계경험이 다양한 인재를 양성하고 아이디어를 공유하는 시스템을 활성화한 결과다. 사업화 구조를 신속히 구축한 것도 효과를 내고 있다.

먼저 SMFG는 직원의 업무경험을 다양화하기 위해 은행과 거래하는 제조·무역업 등 여러 업종의 스타트업에 은행원을 파견하는 '벤처파견제도'를 도입했다. 또 대기업의 신사업 담당자, 벤처캐피털, 스타트업, 대학 등 여러 분야의 사람들과 교류할 수 있는 네트워킹 모임을 활성화했다. 2019년 '홉스링크 도쿄Hoops link Tokyo'라는 이름의 네트워크 모임에서 제시된 아이디어가 '클라우드사인'이라는 전자계약서비스로 실제 사업화되는 사례가 나오기도 했다.

SMFG가 수평적 커뮤니케이션을 유도하기 위해 만든 사내 소통 플랫폼 '미도리 광장みどりの広場'에서도 정보와 아이디어가 공유되고 있다. 특히 대표이사가 참석하는 디지털혁신임원Chief Digital Innovation Officer 주재 월간 미팅에서는 직원들이 아이디어를 발표하는데, 그중 사업화가 결정되는 아이디어에 대해서는 예산까지 즉시 책정하는 프로세스를 도입했다.

또한 SMFG는 그룹 기업금융 부문 내에 '디지털솔루션본부'를 설립하고, 본부 산하에 기업대상 디지털 서비스의 기획·개발을 담당하는 '법인디지털솔루션부'를 2020년 4월에 출범시켰다. 이 조직들을 통해 기업들에게 비금융 서비스를 체계적으로 제공하고 있다.

미즈호의 변신을 이끄는 합작의 기술

디지털전환에 가장 발 빠르게 대처하는 금융회사 중 하나로 꼽히는 미즈호는 일본 내에서뿐 아니라 해외에서도 합작과 제휴, 지분투자 등으로 디지털 역량을 높이기 위한 인프라를 만들어가는 중이다. 특히 금융 분야를 벗어나 비금융 분야에까지 디지털 사업을 확장해나가고 있다.

우선 미즈호는 관료주의적 경영방식에서 벗어나 디지털 관련 아이디어를 다양하게 실험하고 사업화 검토가 가능하도록 블루랩Blue Lab이라는 별도법인을 2017년 6월에 설립했다. 블루랩의 역할은 금융에 국한되지 않고 다양한 산업에서 새로운 사업모델을 개척하는 것으로, 단순히 그룹의 니즈를 반영한 사업의 개발보다는 독자적 아이디어 발굴에 주력하고 있다. 블루랩은 그룹 디지털전략부서와 실리콘밸리 소재 벤처캐피털인 윌WiL이 공동으로 운영하고 있다. 이토추상사, 솜포재팬보험, 다이이치생명보험第一生命保

險 등 다양한 금융회사와 기업들이 출자에 참여했다.

특히 블루랩은 급변하는 기술에 기민하게 대응할 수 있도록 스타트업과 유사한 업무 프로세스와 기업문화를 구축했다. 은행의 순차적 보고·승인 방식에서 탈피해 담당자가 직접 CEO에게 사업 내용을 설명하는 수준으로 보고절차를 단순화했다. 또한 조직의 새로운 변화에 대한 수용성과 실천역량을 제고하기 위해 리더가 먼저 학습하게끔 하는 '변화를 주도하는 리더'라는 인재상을 제시한다.

최근 일본에서는 디지털기술의 내재화를 위해 IT 자회사를 통합하는 사례가 늘어나고 있는데, 미즈호은행 역시 IT 계열사인 미즈호RT와의 통합을 검토 중이다. 디지털전환을 가속화하고 연구·컨설팅 인력과 현업 직원들 간의 협업촉진을 위해서다. 그룹 내 연구, 컨설팅, IT 개발을 담당하는 미즈호RT는 전체 직원 4000명 중 2700명이 IT 인력으로 구성되어 있다.

금융회사와 IT 자회사의 통합은 2021년 11월 개정 은행법의 시행으로 가능해졌다. 이 법은 은행의 IT 시스템 판매, 컨설팅 등 비금융업 진출의 허용을 골자로 한다. 미즈호은행은 계열사 통합을 통해 업무절차를 간소화하고 시스템 오류를 예방하며 업무중복을 해소할 수 있을 것으로 기대하고 있다. 은행이 IT 자회사를 편입한 것은 메가뱅크 중 최초 사례인데, 이런 움직임은 향후 다른 은행들에도 영향을 미쳐 유사한 통합 사례가 확산될 가능성이 높다.

미즈호는 메가뱅크 중 하나지만 MUFG나 SMFG에 비해 글로벌 경쟁력이 뒤처지는 상황이다. 이를 만회하기 위해 미즈호는 아시아 지역의 핀테크 플랫폼에 대한 투자를 확대하고 있다. 아시아 지역은 경제성장률이 높음에도 은행을 이용하는 인구가 적어 성장잠재력이 크기 때문이다.

스타트업들의 각축장이 되고 있는 인도네시아에서 미즈호는 2024년 3월 현지 최대 BNPL 핀테크기업인 크레디보Kredivo에 1억 3000만 달러(지분 10%)를 투자했다. 크레디보는 인도네시아 BNPL 시장에서 50% 이상의 점유율을 확보한 강력한 플레이어다. 미즈호는 크레디보와의 협력을 통해 소매고객을 대상으로 하는 디지털금융 서비스를 개발할 계획이다.

디지털대출시장이 빠르게 성장 중인 인도에서도 미즈호는 현지 핀테크기업인 키세츠세종파이낸스인디아Kisetsu Saison Finance India, KSFI의 지분 15%를 1억 5000만 달러에 사들였다. KSFI는 일본 신용카드사인 크레디트세종Credit Saison의 인도 현지법인으로, 미즈호는 오프라인 지점의 확대보다 디지털기술을 활용한 사업 가능성을 기대하고 투자를 결정했다. 앞으로 KSFI와 디지털 플랫폼 및 비즈니스 노하우를 공유해 새로운 서비스를 개발할 예정이며, 향후에는 기업공개IPO도 추진할 계획이다.

또한 미즈호는 디지털역량 인프라를 강화하는 차원에서 인도시장을 공략하는 데 힘을 쏟고 있다. 로봇을 통한 업무자동화, 인공지능, 사이버 보안 등 최신 IT 기술을 연구하기 위한 '글로벌 비즈니스 센터'를 2024년 1월 인도 첸나이에 개설한 것이 그 예다.

최근에는 금융과 비금융 부문 디지털사업의 다각화에 공을 들이고 있다. 일본 최대 온라인 쇼핑몰인 라쿠텐 계열의 온라인 증권사 라쿠텐증권과 손잡은 것이 대표적 예다.

미즈호증권은 2022년 10월 온라인 증권사인 라쿠텐증권 주식 20%를 5억 5200만 달러에 인수해 온라인 증권중개, 자산관리 컨설팅, 주식·채권 발행 등에서 협업하기로 했다. 미즈호증권이 라쿠텐증권의 지분을 인수한 이유는 젊은 고객층을 확보하고 서비스 범위를 확대하기 위해서였다.

계좌보유 고객의 82%가 50대 이상일 정도로 고령 부유층 대상의 대면 서비스에 중점을 두어왔던 미즈호증권은 지속적으로 고객 수가 감소하는 문제에 직면하고 있었다. 이에 경영진은 신규 고객 중 84%가 40대 이하인 온라인증권사 라쿠텐증권에 주목했고, 두 회사가 손잡으면 고객 연령대가 높은 자사의 고객기반을 효과적으로 보완할 수 있을 것이라 판단했다. 미즈호증권은 자사가 인수·주선하는 주식과 채권, 펀드의 판매채널로 라쿠텐증권을 활용하고, 새로운 고객들에게 대면 자산관리 컨설팅 서비스를 제공하겠다는 전략을 수립했다.

두 회사는 2023년 10월 금융상품중개업을 영위하는 합작법인 미라이웰스파트너스MiRai Wealth Partners를 설립하고(미즈호증권이 95%, 라쿠텐증권이 5%를 출자) 이듬해 4월부터 영업을 시작했다. 이 법인은 퇴직금 운용, 상속 등의 니즈가 있는 라쿠텐증권 고객을 대상으로 미즈호증권·미즈호은행의 상품과 서비스를 제공하고 있다. 미즈호는 라쿠텐증권의 젊은 고객을 타깃으로 노후 대비, 상속 등 장기 자산운용 서비스로 고객범위를 확장한다는 방침이다. 합작회사 설립으로 미즈호증권은 온라인 거래고객과 대면 고객 모두에게 자산관리 컨설팅을 제공함으로써 업계 최초로 '하이브리드형 종합자산 컨설팅'을 추진할 수 있게 됐다는 것이 시장에서의 평가다.

한편 미즈호는 비금융부문의 디지털사업도 강화하고 있다. 계열 CVC인 미즈호이노베이션프론티어MHIF는 법인고객을 대상으로 하는 '전문인력 매칭 플랫폼' 도입을 위해 HR 스타트업인 코코나라ココナラ의 지분 49%를 2023년 9월 취득했다. 일본 내 최대 재능마켓 플랫폼 운영업체인 코코나라는 개인 간 거래 외에도 기업 대상 인재매칭, 업무효율화 서비스를 제공하고 있어 향후 법인을 타깃으로 하는 비금융 서비스가 강화될 것으로 보인다.

2024년 4월에는 금융교육 게임 앱 개발을 위해 대형 게임회사 세가SEGA와 손잡고 '미즈호포셰트Mizuho Pochette'라는 합작사를 설립할 계획도 발표했다. 이는 사내 공모전 아이디어가 최초로 사업화된 것으로 MHIF가 59%, 세가의 자회사인 세가XDSEGA XD가 34%를 출자할 예정이다. 합작사는 초등학교 저학년인 자녀와 부모 간 커뮤니케이션을 통해 용돈관리 및 경제상식 관련 교육콘텐츠를 제공하는 게임을 2025년 4월에 출시할 계획으로, 사회적 책임 이행을 넘어 실제 수익창출까지 가능한 앱을 개발한다는 방침이다.

아시아 유망 핀테크업체들을 싹쓸이한 일본

일본의 메가뱅크는 개인금융, 기업금융, 글로벌 등 본업 경쟁력 강화를 위한 디지털역량 제고에 힘쓰고 있다는 공통점을 갖는다. 그러나 자세히 들여다보면 세부 전략에서 차이가 있음을 알 수 있다.

MUFG는 강력한 자금력을 바탕으로 기술력을 보유한 국내외 핀테크 기업에 적극 투자함으로써 AI, 디지털자산 등 신기술을 활용한 미래 먹거리 창출에 초점을 둔다. SMFG는 금융솔루션 제공업체를 목표로, 기업금융 부문에서 경쟁사들보다 열위에 있는 현실을 극복하기 위해 중소기업고객을 대상으로 하는 비금융 서비스의 확충에 주력하고 있다. 미즈호는 별도의 디지털법인 출범, 조직개편 등 조직의 디지털역량을 업그레이드하기 위한 인프라 구축에 노력을 기울이는 모습이다.

한국의 금융회사들도 해외로 눈을 돌려 다양한 스타트업에 투자를 진행하고 있으나, 자금력과 네트워크 측면에서 메가뱅크에 크게 뒤지고 있음은 부정할 수 없는 사실이다. 특히 한국 금융회사들이 전략적 거점지역으로 설정한 아시아 시장은 이미 메가뱅크가 선점한 곳이기도 하다. 메가뱅크는 인도네시아의 아쿨라쿠와 크레디보, 인도의 DMI파이낸스와 KSFI, 태국의 어센드머니 등 아시아 지역에서 영향력 있는 핀테크 기업에 자금을 투입해 먼저 시장을 침투한 상황이다.

한국 금융회사들이 일본 금융그룹과의 격차를 줄이려면 진출 지역의 시장을 면밀히 모니터링하면서 유망 스타트업을 발굴하고 선제적 투자를 진행해야 한다. 일본은 제조업 중심의 산업구조와 사회적 환경으로 디지털금융의 발전이 더딘 편이었다. 하지만 일본 메가뱅크는 막대한 자금력과 광범위한 글로벌 네트워크를 기반으로 디지털금융 경쟁력을 빠르게 강화해가고 있다. 비록 출발은 늦었지만 빠른 속도로 디지털선진국과의 격차를 줄여나가고 있는 일본 3대 금융그룹의 디지털전략과 실행 프로세스에 대해 한국 금융회사들은 경각심을 갖고 대책을 마련할 필요가 있다.

부록

지난 30년간의
일본 경제와 은행*

−아마야 토모코
노린추킨종합연구소農林中金総合研究所 시니어 어드바이저, 전 일본 금융청 차관

1. 지난 30년간의 일본 경제

일본 경제의 지난 30년은 대략 10년씩 세 시기로 나눌 수 있습니다.

첫 번째 시기는 1990년대 초 버블붕괴부터 2003년까지입니다. 이 시기에는 금융 시스템이 혼란스러웠고, 기업 부문에서의 고통스러운 구조조정 과정이 있었습니다. 은행들은 부실채권을 처리해야 했고 기업들은 과잉생산능력, 과잉고용, 과도한 부채를 해결

---

* 이 글은 2024년 12월 3일 열린 WFRI 콘퍼런스의 기조연설을 번역, 수정한 것이다.

해야 했습니다. 경제성장률은 자연스럽게 둔화되었습니다.

다음 시기는 2003년경부터의 10년입니다. 이 시기는 은행들이 부실채권을 처리하고 기업들이 과도한 부채를 해소한 직후였습니다. 초기에는 부실채권 문제가 해결되면 기업 부문이 적극적인 투자를 재개하고 경제가 성장경로로 돌아설 것이라 예상되었으나, 실제로는 그렇지 않았습니다.

기업들은 투자에 신중했고, 기업 부문은 저축과 투자의 불균형 상태를 유지했습니다. 제한된 투자자금을 기업들 대부분이 해외로 돌린 결과, 일본 내 자본축적과 노동생산성 증가가 둔화되었고 잠재성장률은 낮았습니다. 노동생산성이 증가하지 않으면서 임금도 제자리였고, 소비는 침체되었으며, 기업들은 투자에 신중해졌습니다. 일본 경제는 1990년대 후반부터 지속된 디플레이션에서 벗어나지 못했습니다.

2008년 글로벌 금융위기와 2011년 일본 대지진 등의 어려움을 이 시기에 일본 경제가 직면했다는 점도 간과할 수 없습니다. 이전에는 적극적으로 투자했던 기업들이 심각한 어려움을 겪었고, 경영자들은 기업의 생존과 고용안정을 최우선으로 삼아야만 했습니다. 이러한 경험은 경영자들이 신중한 태도를 유지하는 원인이 되었습니다. 또한 고용유지를 위한 정책적 조치가 취해지면서 기업들은 인력을 과도하게 보유하고 생산축소에도 한계가 있었습니다. 그 결과, 치열한 시장경쟁이 지속되었고 가격인상이 회피되었으며 임금은 억제되었습니다.

이러한 과정 속에서 사람들은 가격과 임금이 오르지 않는 것이 당연하다고 인식하게 되었습니다.

저출산과 고령화가 이 시기의 침체에 영향을 미쳤을까요? 노동가능인구는 감소했지만 고령자와 여성의 노동참여율 증가로 고용인원이 크게 줄어들지 않았기에 인구변화가 노동력 측면에서 경제성장에 중요 제약요인으로 작용했다고 보기는 어렵습니다. 다만 인구가 계속 줄어들 것이라는 인식이 신중하고 보수적인 의사결정을 악화시킨 측면은 있을 수 있습니다.

세 번째 시기는 2013년 이후입니다. 대규모 통화완화 정책이 디플레이션을 끝냈습니다. 이는 소비자물가지수의 전년 대비 변화율이 제로 또는 마이너스였던 상황에서 벗어났음을 의미합니다.

그러나 몇 년간 물가상승률은 낮았고 일본은행이 설정한 2% 목표에 도달하지 못했습니다. 이는 장기적 디플레이션 기간 동안 가격과 임금은 오르지 않는 것이라고 인식된 습관 및 행동패턴이 쉽게 변화하지 않았기 때문입니다. 물가상승률이 2%를 초과하며 임금과 가격 모두 상승하는 선순환이 형성된 것은 2020년대에 접어들면서부터, 특히 코로나19 위기가 끝난 뒤 경제재개로 수입 가격이 급등하고 경제회복과 노동시장의 긴장이 맞물리면서부터였습니다.

기업들은 투자행동에서의 과잉이 줄었습니다. 그럼에도 기업 부문은 여전히 과잉저축의 상태를 유지했고 잠재성장률은 낮았습니다. 이 와중에 기업투자 촉진을 위한 다양한 조치들이 있었습니다. 그중 수탁자 책임에 관한 원칙이라고도 불리는 '스튜어드십 코드Stewardship Code'와 '기업지배구조 모범규준Corporate Governance Code'이 있습니다. 이 제도들은 유럽과 미국에서는 글로벌 금융위기 이후 과도한 리스크를 감수하는 경영을 억제하려는 수단으로 추진되었지만, 일본에서는 경영진에게 기업가치의 적극적 개선이라는 압박을 가하기 위한 수단으로 활용되고 있습니다.

최근 저출산과 고령화는 노동시장의 긴장을 초래했고, 기업들은 노동력 부족에 대응하기 위해 투자를 해야만 했습니다. 또한 가격이 적당히 오를 수 있다는 기대가 형성되면서 미래 지향적인 투자도 더 용이해졌습니다. 중요한 것은 이러한 선순환이 앞으로 더욱 강화되어야 한다는 점일 것입니다.

2. 금융기관이 걸어온 길

이제 이 시기 동안 일본의 은행들이 어떻게 대응했는지 살펴보겠습니다.

은행들은 저금리 지속, 기업 부문의 투자미진 등으로 대출의 기회가 줄어들면서 어려움을 겪었습니다. 많은 은행들이 주택대출과 같은 소매금융에 집중해 기업대출의 감소를 보완하려 했습니다. 그러나 금융기관들 간의 치열한 경쟁 탓에 금리는 충분한 스프레드를 확보할 수 없는 수준으로 하락했습니다.

일부 은행은 소매고객 대상의 금융상품 판매에서 발생하는 수수료 수입에 집중했습니다. 그러나 수수료 수입을 늘리기 위해 단기 거래를 권유하거나, 경험이 부족한 소매고객에게 복잡한 금융상품을 판매하는 등의 부적절한 판매 사례도 발생했습니다.

한편 부실채권 처리가 완료된 이후 은행들의 실적은 대체로 안정적이었으나 수익은 낮았습니다. 신용비용은 특정 기간을 제외하고는 낮게 유지되었습니다. 금리가 낮아지면서 채권 포트폴리오의 평가이익이 발생하기도 했습니다.

이러한 배경 속에서 일본의 은행들은 해외에서의 사업확대에 적극적으로 나섰습니다. 이는 단기적인 저수익을 보완하기 위해서이기도 했지만, 경제가 성숙기에 접어들고 인구가 감소하는 국내에서는 성장의 여지가 제한적이니 해외에서 기회를 찾아야 한다는 장기적 관점도 포함되어 있었습니다.

2000년대 중반, 부실채권 처리가 완료된 뒤 일본 은행들은 해외사업을 확장하기 시작했습니다. 그 후 2008년 글로벌 금융위기가 발생했습니다. 일본 은행들은 증권화 사업에 대한 노출이 적었고, 2000년대 전반기 동안 해외시장에서 적극적으로 활동하지 못했던 탓에 유럽과 미국의 동종업계보다 금융위기 영향을 덜 받았습니다. 따라서 리먼브라더스Lehman Brothers 붕괴 이후 일본 은행들은 어려움을 겪고 있는 유럽 및 미국 금융기관들에 투자했고, 그들의 사업을 인수했으며, 그들이 축소하거나 철수한 시장의 공백을 채우면서 사업을 확장했습니다. 이러한 확장은 그 이후로도 계속되고 있습니다.

과거 일본 은행들의 글로벌 확장은 국내 수익에 의해 지원되었고 해외사업의 수익성은 간과되었습니다. 그러나 지금은 해외사업을 성장기회로 삼아, 해외로 진출한 자국 기업뿐 아니라 현지 고객들을 대상으로 영업을 확대하고 있으며, 성장성이 높은 아시아 및 대규모 시장을 보유한 미국을 중심으로 사업을 전개 중입니다. 아울러 해외사업의 중요성이 커짐에 따라 각 은행들은 이제 경쟁사들을 일률적으로 따라 하기보다는 각자의 글로벌 전략을 기반으로 사업을 확장하고 있습니다.

이렇듯 일본 은행들의 글로벌 사업이 수익원으로서 갖는 중요성이 커짐에 따라, 그에 맞는 거버넌스의 중요성 또한 높아지고 있습니다. 예를 들어 다음과 같은 점들을 강화하는 것이 필수적입니다.

- 각 시장의 특성에 맞는 리스크 관리
- 글로벌 의사결정을 위한 경영정보 시스템
- 지역별 법과 규제에 맞춘 내부통제(컴플라이언스)
- 다양한 배경을 가진 인재 관리

일본 금융청은 해외 사업의 거버넌스 효과성에 주목하고 있습니다. 그중 가장 중요한 요소는 인적 자원입니다. 글로벌 시장과 관행에 대한 전문지식을 갖춘 인재들도 필요하지만, 해외사업을 관리하고 세계적 관점에서 경영결정을 내릴 수 있는 인재의 육성이 시급합니다. 또한 해외인력을 전체 그룹의 인사 시스템에 통합하는 작업도 필요합니다.

3. 결론

지난 30년, 특히 지난 20년을 돌아보며 일본에서는 기업과 금융기관 들의 과도한 리스크 감수와 공격적 경영을 억제하는 다양한 정책적 조치들이 있었지만, 과도하게 보수적인 경영을 보다 공격적인 경영으로 변화시키는 정책도구는 거의 없었다고 인식하고 있습니다. 정책조치들은 대개 환경개선을 위한 간접적 조치로 한정되었고, 신중한 경영자들의 사고방식을 바꾸기가 쉽지 않았습니다.

한국인들은 공격적 성향으로 잘 알려져 있습니다. 저는 성숙한 경제와 급격한 인구변화라는 도전 속에서도 여러분이 공격적인 성향을 잃지 않기를 바랍니다. 오히려 그 공격적인 성향을 활용해 이러한 도전들을 극복할 수 있을 거라 믿습니다.

주

1 국제연합UN 기준에 따르면 전체 인구에서 65세 이상인 노령인구가 차지하는 비율이 7% 이상이면 고령화사회, 14% 이상이면 고령사회, 20% 이상이면 초고령사회로 구분된다. 일본의 경우 고령화사회 및 고령사회의 기준은 국제연합의 기준과 동일하지만, 초고령사회의 기준은 21%로 잡는다.
2 일본 총무성의 '2009년 전국소비실태조사'에 따르면 일본 고령자 세대의 소비규모는 약 106조 엔인데, 이는 2011년 일본 국내총생산의 민간 최종 소비지출인 284조 엔의 37.3% 수준이다.
3 이는 기시다 내각이 발표한 '새로운 자본주의 정책'의 일환으로, 가계자산을 저축에서 투자로 전환시켜 '가계의 자산소득Asset-based Income'을 두 배로 늘리는 것이 목적이다.
4 이는 신 NISA 관련 정보를 제공하는 공식 웹사이트인 '新NISAナビ'의 2025년 1월 14일 시점 자료를 참조한 것이다. 해당 사이트에서는 라쿠텐증권, SBI증권, 모넥스증권, AU카부콤증권, 마츠이증권을 주요 인터넷증권사로, 노무라증권, 야마토증권, 미즈호증권을 전통 증권사로, MUFJ, SMBC, 미즈호은행, 유초은행ゆうちょ銀行, 리소나은행りそな銀行은 주요 은행으로 분류했다.
5 라쿠텐증권은 2019년 12월부터 전 계좌에서 투자신탁 매매수수료를 무료화했고, 2023년 10월부터는 일본 주식에 대한 매매수수료를 무료화한 바 있다.
6 iDeCoナビ 사이트 내 금융회사별 수수료(계좌관리료) 비교 페이지를 참조.
7 미즈호은행 IR자료(2024회계연도 상반기 결산)에 따르면 2024년 1~6월 미즈호은행의 신규계좌 개설자 중 50~60대가 차지하는 비중은 약 57%다. 반면 라쿠텐증권의 경우에는 30~40대가 약 76%를 차지한다.
8 대출상환 시 담보주택 처분대금을 초과하는 대출금에 대해 상속인이 차액상환 의무를 갖는 경우는 소구형Recourse, 담보주택 처분대금 한도 내에서만 상속인이 상

환 의무를 갖는 경우는 비소구형Non-recourse으로 구분한다.
9　노년학에서는 비교적 건강하고 자주적인 생활을 할 수 있는 75세 미만을 '노년 전기The Young Old', 신체적·정신적 기능 손상의 경험으로 생활에서 의존성이 증가하는 75세 이상 시기를 '노년 후기The Old Old'로 구분한다.
10　일본에서는 요양, 돌봄을 '개호'라 통칭하나, 한국 독자들의 편의를 위해 이 책에서는 고유명칭(개호보험 등)을 제외한 일반 용어는 '요양'이라는 단어로 대체했다.
11　2016년, 2019년, 2021년 일본 정부는 일련의 은행법, 보험업법 개정을 통해 금융회사의 부수업무와 자회사 업종을 확대했으며, 이에 따라 은행과 보험회사는 헬스케어, 요양 서비스를 비롯해 다양한 비금융업으로의 진출이 가능해졌다.
12　개호보험이 적용되는 요양기관(시설 서비스, 재가 서비스, 데이케어 서비스, 용구 대여 등)과 적용되지 않는 기관[유료 노인홈(양로원), 서비스 제공형 고령자 주택 등]을 함께 운영하는 요양 서비스 전문회사를 일컫는다.
13　예상 간병기간 181.5개월에 월 필요액 15만 7000엔을 곱하여 산출한 액수다.
14　개호보험은 간병이 필요한 정도에 따라 대상자의 상태를 요개호 1~5등급(등급이 높을수록 간병 필요도가 높음)으로 나눈다. 직접 간병은 필요 없으나 일정 도움이 필요한 경우라면 요지원 1, 2등급으로 판정한다. 우리나라의 노인장기요양보험은 총 여섯 단계로 장기요양인정등급(치매 환자 대상인 5등급과 인지지원등급 등 2개 등급 포함)을 판정한다.
15　요양시설 입소자의 회복을 촉진하기 위한 차원에서 요양사업자인 솜포홀딩스(솜포케어)와 아이엘소액단기보험회사가 공동으로 연구하여 보험을 개발했다.
16　타익 신탁은 위탁자인 기업의 소유주가 자신이 아닌 후계자를 수익자로 지정하는 신탁이다. 위탁자는 경영권을 유지하면서도 배당 등을 수익자에게 줄 수 있으며, 신탁 종료 시 수익자인 후계자가 자사주를 받을 수 있도록 설계한다. 또한 신탁의 종료 시점을 정할 수 있어 현 소유주의 의사에 따른 유연한 사업 승계가 가능하다. 수익자 연속신탁은 후계자를 수익자로 지정하되 그가 사망할 경우에는 그다음 순위의 후계자가 새롭게 수익권을 취득할 수 있게끔 설계, 만일의 사태에도 혼란 없이 사업승계가 원활히 이루어지게 한다.
17　1991년의 492조 엔에서 2021년의 553조 엔으로 증가했다.
18　1992년에 130%였던 일본 상업은행의 예대율은 2022년에 59%까지 하락했다가 2024년에 61%로 소폭 상승했다.

19 2008년 글로벌 금융위기 이후 미 연준이 택한 양적확대Quantitative Easing도 2013년 일본은행의 QQE를 참고한 것이었다.

20 거시적으로는 아베노믹스를 계승하는 한편 성장전략으로 친환경에너지 및 디지털 활용을 위한 과학기술 투자강화, 혁신을 주도하는 스타트업 지원을 통한 기업 활성화, 디지털사회를 통한 지방 활성화, 글로벌 공급망 대응 등을 추진했다.

21 비정규직·일용직을 포함한 전체 고용인의 사회보험 적용 추진, 하청업체의 갑질 행위 등에 대한 감독 강화, 자녀양육 세대의 주거비·교육비 등 지원, 공적 부문 종사자들의 임금인상 등의 분배 정책을 추진했다.

22 일본 내각부는 엔화 10% 절하 시 1년차 실질GDP 성장률이 0.45%p 개선되는 것으로 추정했다.

23 2024년 일본 재무성 발표에 따르면 2023년말 기준 일본 정부, 기업, 개인의 해외 자산에서 외국인투자자가 일본에 보유한 자산인 대외부채를 뺀 순대외자산 평가액이 471조 엔으로 집계되었다. 5년 연속 사상최대치를 경신했으며 33년 연속 세계 1위를 기록한 것이다. 일본 다음으로 순대외자산이 많은 국가는 독일(454조 엔), 중국(412조 엔) 순으로 나타났다.

25 마이나비커리어리서치랩, '퇴직대행 서비스에 대한 조사 리포트'(2024년 10월 3일), 최근 1년 내 이직·퇴직한 사람 800명과 기업 1600곳을 대상으로 실시.

25 2021년에 16.3%였던 이 수치는 2022년에 19.5%, 2023년에 19.9%, 2024년에 23.2%로 증가했다.

26 300명 미만 중소조합의 인상률도 4.45%에 달했으며, 대기업 기준 하계 상여금도 4.31% 증가했다.

27 일본은 순금융자산의 절반 이상을 60세 이상 노령층이 차지하고 있고, 30세 이상 인구 중 43%는 부채 없이 주택을 한 채 이상 소유하고 있다.

28 최근 일본 정부는 디플레이션의 지속적 탈출에 대한 기대감과 의지를 표명하고 있다. 2024년 5월 한국은행의 도쿄사무소는 보고서에서 "일본 정부는 디플레이션 탈출 선언 여부에 대해 고심 중"이라 밝혔고, 2024년 9월 이시바 총리는 "물가상승을 웃도는 임금인상을 통해 디플레이션을 확실히 탈피해나가야 한다"라고 이야기한 것이 그 예들이다.

29 한국의 잠재성장률은 향후 점점 낮아질 것으로 전망된다. KDI는 한국의 잠재성장과 관련한 '기본 시나리오'에서 2023~2030년 1.9%, 2031~2040년 1.3%,

2041~2050년에는 0.7%까지 잠재성장률이 떨어질 것으로 예측했다. 여기에 더해 생산성이 정체되는 '비관 시나리오'에서는 잠재성장률이 2023~2030년 1.5%, 2031~2040년 0.9%, 2041~2050년에는 0.2%까지 하락할 것으로 예상했다.

30 한국의 출생아 중 첫째 아이의 비율이 57%로 OECD 회원국 중 가장 높다. 1975년생 여성 기준으로 일본은 평생 자녀를 갖지 않는 비율이 28.3%로 한국(12.9%)보다 높지만, 여성이 아이를 낳기로 한 경우 여러 명을 낳은 경향이 있어 결과적으로 일본의 합계출산율이 한국을 상회했다.

31 1984~1990년에 일본에서는 '부동산 가격 상승→담보가치 상승→은행 대출 확대→부동산가격 상승'의 신용팽창 고리가 형성되었다. 이는 일본은행의 저금리(1986년 1월에 4.5%였던 재할인율이 1989년 5월에는 2.5%로 낮아짐), 일본 상업은행들이 보유한 주식들의 평가익 중 45%를 자본으로 인정하는 법안 통과, 장기 보유 부동산에 대한 세제혜택(높은 양도세, 낮은 보유세)을 배경으로 했다.

32 한국의 GDP 대비 민간신용 비율은 2023년 3분기에 209%, 2024년 1분기에 204%였고, 일본의 GDP 대비 민간신용 비율은 1994년 4분기에 214%였다.

33 금융취약성지수는 중장기적 금융 취약성 상황을 나타내는 개념으로, 주식·부동산 등 자산 가격과 가계와 기업의 신용 레버리지 및 채무상환부담 수준, 금융기관의 복원력, 대외부문 충격흡수 능력 등을 나타내는 다양한 지표를 활용해 우리 금융시스템의 중장기적 취약성을 분기단위로 측정하는 지수다.

34 한국은행은 기준금리를 2021년 8월 0.50%에서 2024년 9월 3.50%까지 단계적으로 인상했다.

35 일본은행의 NPL 비율은 1991년 버블붕괴 이후 10년 동안 계속 상승하다 2001년에 8.7%를 기록하며 정점을 찍은 이후 점차 하락했다.

36 엔달러 환율이 1985년 2월 260엔에서 1986년 8월 150엔으로 42% 절상되자 일본의 소비자물가상승률은 1%를 하회했다. 이에 수출경기의 부진을 우려한 일본은행은 1986년 1월부터 정책금리를 5.00%에서 4.50%로 인하했으며, 1987년 2월에는 2.50%까지 낮추고 이 수준을 장기간 유지했다. 이어 1989년 3월이 되어서야 3.25%로 인상했고, 1990년 8월에는 6.00%까지 급격히 높였다.

37 1988년 1월 미국의 레이건Reagan 대통령과 일본의 다케시타竹下 총리는 정상회담 후 "일본은행은 경제의 지속적 성장과 환율안정을 도모하기 위해 낮은 단기금리가 실현될 수 있도록 노력해나가기로 했다"라고 발표했다.

38 일본은행의 독립성 강화를 골자로 하는 '신新 일본은행법'이 1998년에 제정되기 이전까지 일본 정부는 일본은행에 대한 감독, 특정조치 명령, 예산 승인, 임원 해임 등 광범위한 권한을 갖고 있었다.

39 일본은행은 1999년 2월 제로금리를 도입했으나, 2000년 8월의 일시적 경기회복 조짐에 기준금리를 0.25%로 인상했다. 그러나 당시는 금융기관들의 부실채권이 정리되지 않은 시기였기에, 일본은행의 이러한 섣부른 긴축기조가 결과적으로 실기失期로 이어진 것이란 평가를 받았다. 2001년 2월 일본은행은 기준금리를 다시 0.15%로 인하한 데 이어 3월에는 전 세계 최초로 양적완화 정책을 채택했다.

40 2014년 KDI는 일본의 재정 비효율성 요인 중 하나로, 대선거구와 의원내각제하에서 재정지출에 대한 지역 출신 국회의원의 영향력이 크다는 점을 지목한 바 있다.

41 아시아개발은행의 보고서에 따르면, 1990~1993년 일본 공공투자의 한계생산성(0.059)은 민간투자의 한계생산성(0.241)의 4분의 1 수준이었다.

42 2023년 말 16개 공공 금융기관의 정책금융 잔액은 약 1868조 원(보증 935조 원, 대출 741조 원, 보험 104조 원, 투자 87조 원)으로 중앙정부 국가채무(1092조 원)의 1.7배 수준이다.

43 예를 들자면 한국 금융회사의 해외진출 실효성을 근본적으로 높이려면 외환거래에 대한 규제를 상당폭 완화하거나(일본은 1998년 금융회사의 외환거래를 전면 자유화했음), 은행 CET1자본비율Common Equity Tier 1 Capital Ratio(은행이 위험자산에 대해 얼마나 충분한 자본을 보유하고 있는지를 평가하는 데 사용되는 지표) 산정 시 환율 영향력을 줄이는 방안을 모색할 필요가 있다.

44 2024년 '경제 및 재정 관리 개혁에 관한 기본방침 2024'의 노동시장 개혁 부분(p.8)에서 재택근무, 유연근무 도입과 함께 선택적 주4일제 보급을 추진한다고 밝혔다.

45 '토스뱅크 혁신한 공로 인정… 스톡옵션 대표보다 더 받은 직원 등장', 〈조선비즈〉, 2024.6.7.

46 이 대책에는 설비투자에 대한 세제지원과 금융지원이 포함되었다.

47 일정 기간 동안 토지를 빌려주는 계약 형태. 토지소유자는 토지사용권(차지권)을 제공하고 그 대가로 일정한 임대료(토지대여료)를 받게 된다.

48 정부가 탄소다배출 기업들에게 매년 탄소배출권을 할당하면 온실가스 배출량이 할당량 이상인 기업은 탄소배출권을 구매하고, 반대로 할당량보다 배출량이 적은

기업은 잉여배출권을 판매·이월할 수 있는 제도.
49 'bp'는 'Basis Point'의 약자로 1bp는 0.01%p에 해당한다.
50 베트남의 비에틴은행, 태국의 크룽스리, 필리핀의 시큐리티은행, 인도네시아의 다나몬은행이 이에 해당한다.
51 2013년 12월에 공포된 법안으로 M&A 절차를 간소화하는 것이 주요 골자다.
52 2025년 중 개정 예정으로, 일본 기업이 자사주를 활용해 해외기업 인수를 허용하는 법안이 포함되어 있다.
53 MUIP는 일본 메가뱅크 중 최초(2019년 1월)로 세워진 CVC다.
54 인터넷 서비스에 강점을 가진 SBI증권과의 협업을 통해 잠재고객을 확보(참고로 SMBC니코증권의 경우에는, 이전처럼 오프라인 서비스 위주로 운영하되 향후 온라인 서비스 추가 여부를 검토할 예정).

참고문헌

1장

일본 금융청, 'NISA口座の利用状況調査', 2024.12.
일본증권업협회, 'NISA及びジュニアNISA口座開設・利用状況調査', 2024.12.
JA공제종합연구소, '共済総研レポート-民間介護保険の現状', 2010.12.

2장

노무라증권, 'Japan: Crash course in Japanese Economy's Lost Three Decades', 2023.6.8.
노무라증권, 'South Korea's Deflation Fears Are Overdone', 2013.6.17.
모건스탠리, 'A Revitalised Japan', 2024.5.19.
모건스탠리, 'The Viewpoint: Japan's reflation story What's different this time', 2024.2.18.
시라카와 마사아키, 《일본의 30년 경험에서 무엇을 배울 것인가》, 부키, 2024.10.
일본은행, 'Broad-Perspective Review Series, Central Bank Finances and Monetary Policy Conduct', 2023.12.
일본은행, 'Outlook for Economic Activity and Prices', 2024.10.
일본은행, 'Financial Results of Japan's Banks for Fiscal 2023', 2024.9.
Thomas F. Cargill, Michal M. Hutchison, Takatoshi Ito, 'Financial Policy and Central Banking in Japan', 2000.
Richard C. Koo, 〈The Holy Grail of Macroeconomics〉, (2009)
Thomas F. Cargill, Michal M. Hutchison, Takatoshi Ito, 〈The Political Economy of Japanese Monetary Policy〉, (1997)

3장

노동정책연구·연수기구, '60대 고용생활조사', 2020.

닛케이 아시아, 'Japanese Companies Navigate as Job Hunters Get Choosier', 2024.4.

미쓰비시UFJ 금융그룹, 'Human Capital Report 2023'.

미쓰이스미토모 금융그룹, 'Sustainability Report 2024'.

미즈호 금융그룹, 'Human Capital Report 2024'.

미쓰비시UFJ 금융그룹, 'MUFG Way – Bringing It to Life', 2022.

〈비즈워치〉, '5대 은행 하반기 2천명 채용… 초년생 자리는 절반뿐', 2022.10.

〈아사히신문〉, 'Study: Gender Gap in Wages Widens in Japan as Employee Age', 2024.3.

〈아시아경제〉, '취준생 선호 1위 인터넷은행 3사, 신입직원은 2.8% 불과', 2022.9.

일본 총무성통계국, '고연령자 취업률'.

일본 후생노동성, '令和5年就労条件総合調査 結果の概況', 2023.10.

세계은행, 통계DB(일본과 한국의 연령대별 인구비율, 여성노동시장참여율).

잡코리아, '직장인이 희망하는 은퇴 연령 '60세'… 현실은?', 2023.10.

〈조선비즈〉, '토스뱅크 혁신한 공로 인정… 스톡옵션 대표보다 더 받은 직원 등장', 2024.6.

통계청, '2023년 경제활동인구조사 고령층 부가 조사', 2023.7.

한국고용정보원, '2022~2032년 중장기 인력수급 전망 및 추가 필요인력 전망', 2024.3.

한국경제인협회, '저출산·고령화에 대한 기업 인식조사', 2024.5.

Global News, 'A Long Weekend Every Seek? Why Japan Is the Latest Urging Firms to Consider It', 2024.9.

Mckinsey & Company, 'Diversity Wins: How Inclusion Matters, 2020.5.

Parsol 종합연구소, '제3회 부업 실태와 의식에 관한 정량조사 조사결과', 2023.10.

Works Flash, '제41회 Works flash 대졸구인배율조사(2025년졸)', 2024.4.

4장

생명보험협회, 〈월간 생명보험〉, 통권 547호(2024년 9월호)

한국은행, 〈금융안정보고서〉(2024년 6월)

Payments Japan, '「キャッシュレス・ロードマップ2023」を公表しました', 2023.8.

5장

나미선, '일본 도시의 역사와 디벨로퍼의 변신', 대신증권, 2023.1.

닛세이기초연구소, 'わが国の不動産投資市場規模(2024年)', 2024.12.
〈닛케이신문〉, '約2300億円で虎ノ門パストラルを落札森トラストとダヴィンチ', 2007.10.1.
다케나카 헤이조, '구조개혁의 진실: 일본 정부개혁의 숨은 뒷이야기', 한국경제연구원, 2008.3.
도로정책 Brief, '지하도로 상부 개발 사례소개 및 시사점: 일본의 도라노몬 개발사업', 2023.7.
도쿄증권거래소, 'J-REITs Guide Book', 2024.11.
〈매일경제〉, '[매경이 만난 사람] 낡은 도쿄 도심 대혁신한 모리 히로오 일 모리빌딩 부사장', 2016.10.17.
미쓰이스미토모 신탁연구소, 'J-REIT(不動産投資信託)市場の軌跡と展望に関する調査', 2024.10.
박원석, '도시재생사업에서 리츠의 활용 방안', 〈주택도시연구〉 제7권 제2호, 2017.8.
〈아사히신문〉, '高さ日本一のビル麻布台ヒルズの開業は11月24日', 2023.8.8.
〈요미우리신문〉, '六本木ヒルズ開業20年で与えてきた社会的影響…勝ち組象徴する「言葉」と職住近接の「街」', 2023.4.25.
이경자, '글로벌 리츠-왜 일본 리츠에 주목하는가', 삼성증권, 2023.9.
일본 국토교통성, '부동산 증권화 실태조사', 2023.
일본 국토부, 'Growth Strategy And Regional Revitalization From Real Estate Market', 2015.
일본부동산증권협회, 'ARES 월간리포트', 2024.10.
일본은행, 'Flows of Overseas Funds in the Real Estate Market', 2002.9.
일본은행, 'Japan's Nonperforming Loan Problem', 2002.10.
임희지·양은정, '직주유職住遊 복합 집적도시 구상과 서울시 공간구조 개편사업 추진 방향', 서울연구원, 2024.12.
정성춘, '일본 금융개혁의 특징과 과제', 〈세계경제〉 2004년 1월호.
〈한국일보〉, '[도시재생, 일본에서 배운다] 세금 한 푼 안 쓰고 세운 새 구청, 도쿄 랜드마크로 부활', 2019.5.21.
현석, '일본 부동산대출 총량규제의 교훈과 시사점', 〈자본시장포커스〉 2017-18호, 2017.9.
J-REITs협회, 'J-REITs 연표', 2024.11.

6장

관계부처 합동, '2025년 경제정책방향', 2025.1.

금융위원회, '기후위기 대응을 위한 금융지원 확대방안', 2024.3.

금융위원회, '제6차 기후금융TF 및 24년 기후금융 추진현황(보도참고)', 2024.12.

미쓰비시UFJ 금융그룹, 'Transition Whitepaper 2022: An MUFG Perspective on How Japanese Companies Are Moving Towards Carbon Neutrality', 2022.

미쓰비시UFJ 금융그룹, 'Transition Whitepaper 2023: An MUFG Perspective on Energy Transition in Japan Where We Are and Where We Are Headed', 2023.

미쓰비시UFJ 금융그룹, 'MUFG Transition Whitepaper 2024: We Speak in "UNITED LANGUAGE"', 2024.

미쓰비시UFJ 금융그룹, 'MUFG Announces New Medium-term Business Plan', 2024.4.

미쓰비시UFJ 금융그룹, 'MUFG Investors Day 2024', 2024.7.

미쓰이스미토모 금융그룹, 'Transition Finance Playbook 2.0', 2023.5.

미즈호 금융그룹, 'Transition Support Framework', 2024.

삼성증권, '일본, 돌아온 벤처 투자의 시대: 현재 일본 스타트업 시장 상황은?', 2024.7.

유엔산업개발기구, 'International Yearbook of Industrial Statistics 2024', 2024.11.

일본경제단체연합회, '日本産業の再飛躍へ', 2024.4.

일본 경제산업성, 'Climate Innovation Finance Strategy 2020', 2020.9.

일본 경제산업성, 'Technology Roadmap for "Transition Finance" in Iron and Steel Sector', 2021.10.

일본 경제산업성, 'Technology Roadmap for "Transition Finance" in Chemical Sector', 2021.12.

일본 경제산업성, 'Transition Roadmap for Power Sector', 2022.2.

일본 경제산업성, 'Technological Roadmap for "Transition Finance" in Gas Sector', 2022.2.

일본 경제산업성, 'Roadmap for "Transition Finance" in Oil Sector', 2022.2.

일본 경제산업성, 'Technology Roadmap for "Transition Finance" in Pulp and Paper Sector', 2022.3.

일본 경제산업성, 'Technology Roadmap for "Transition Finance" in Cement Sector', 2022.3.

일본 경제산업성, 'The Basic Policy for the Realization of GX: A Roadmap for the Next 10 Years', 2023.2.

일본 경제산업성, 'Technology Roadmap for "Transition Finance" in Automobile Sector', 2023.3.

일본 국토교통성, 'Domestic Marine Transport/Summary of the Study Group for Promoting Carbon Neutral Domestic Marine Transport', 2021.12.

일본 국토교통성, 'Aviation Sector/Procedure Chart for the Promotion of Decarbonization of Aviation', 2024.5.

일본 금융청, 경제산업성, 환경성, 'Basic Guidelines on Climate Transition Finance', 2021.5.

일본 금융청, 경제산업성, 환경성, 'Transition Finance Follow-up Guidance: Guidance for an effective dialogue with fundraisers', 2023.6.

일본 내각비서실, 금융청, 경제산업성, 환경성, 'Japan Climate Transition Bond Framework', 2023.11.

Ditlevsen, P., Ditlevsen, S., 'Warning of a Forthcoming Collapse of the Atlantic Meridional Overturning Circulation', Nature Communications 14(1), 2023.

GX League, 'GX Skill Standard', 2024.5.

IMD, 'IMD World Competitive Booklet 2024', 2024.

International Capital Market Association, 'Climate Transition Finance Handbook', 2020.12.

International Monetary Fund, 'Climate Crossroads: Fiscal Policies in a Warming World', 2023.10.

World Meteorological Organization, 'WMO confirms 2024 as warmest year on record at about 1.55℃ above pre-industrial level', 2025.1.

참여한 분들

1장
심현정 금융혁신연구실 수석연구원

2장
권영선 연구본부장
이혜인 경영전략연구실 책임연구원

3장
김진선 기업문화연구실 실장
김혜선 기업문화연구실 선임연구원

4장
이경훈 경영전략연구실 선임연구원
손준범 경영전략연구실 실장

5장
김수진 금융혁신연구실 선임연구위원

6장
신동림 금융혁신연구실 책임연구원

7장
주성철 경영전략연구실 수석연구원

원고 집필 자문
하수정

일본 경제 대전환

초판 1쇄 발행 2025년 6월 18일
초판 3쇄 발행 2026년 1월 12일

지은이 우리금융경영연구소
펴낸이 최순영

출판2 본부장 박태근
디자인 윤정아
교정·교열 장윤정

펴낸곳 ㈜위즈덤하우스 **출판등록** 2000년 5월 23일 제13-1071호
주소 서울특별시 마포구 양화로 19 합정오피스빌딩 17층
전화 02) 2179-5600 **홈페이지** www.wisdomhouse.co.kr

ⓒ 우리금융경영연구소, 2025

ISBN 979-11-7171-440-7 03320

- 이 책의 전부 또는 일부 내용을 재사용하려면 반드시 사전에 저작권자와 ㈜위즈덤하우스의 동의를 받아야 합니다.
- 인쇄·제작 및 유통상의 파본 도서는 구입하신 서점에서 바꿔드립니다.
- 책값은 뒤표지에 있습니다.